| 蓟汉丛书 |

章太炎研究中心 主编

汤炳正——著

汤序波——整理

渊研楼文录

上海人民出版社

1997 年摄于家中（沈建中摄）

1952 年摄于四川南充　　　　1997 年摄于家中（沈建中摄）

1987 年摄于书房

1936年秋，章氏国学讲习会部分成员摄于苏州公园。其中研究生：姚奠中（右三）、柏耐冬（右八）、汤炳正（右九）、李恭（右十）、孙立本（右十一）

1986年赴浙江医院看望姜亮夫（左一）

为杭州章太炎纪念馆"膏兰室"书楹联

作者手稿

《语言之起源》手稿一叶（1989 年）

1944 年致同门李恭书札

写《橘颂》

1981 年写《史宴簋》

书《诗品·形容》

汤炳正(右二)1988年6月在贵阳三哥汤浩正(右三)家，与儿子汤世洪、儿媳张世云合影

古有今名傳孟光

晚成大器誇明允

序波 孟骞结婚之书

祖父汤炳正贺

1991年为汤序波孟骞书喜联

章太炎研究中心

顾问(按姓氏音序排列)

总　序

　　余杭章太炎先生是中国近代首屈一指的革命家、思想家、学问家，德业文章，世所景仰。太炎先生哲思深湛，接续吾华国故之统绪，洞达小学、经学，为乾嘉汉学之殿军；更承先启后，熔铸西学、佛学之精微。洋洋大观，径行独往，卓然成一家之言。其所试图重构的思想和文化，其所试图重新阐释的中国传统，是有着普遍主义的价值的。它是"国学"，却又远远超出"国学"的范畴。我们以为，太炎先生的思想和学术，不仅属于中国，也属于世界。

　　章太炎是故乡余杭的一张"金名片"，太炎先生故居、太炎中学、太炎小学、太炎路（街）等都体现了余杭对太炎先生的崇高敬意与深厚感情。长期以来，余杭对太炎先生相关的研究、普及、出版等工作都给予了大力支持。在余杭的支持下，2017 年，《章太炎全集》由上海人民出版社出齐，标志着章太炎研究进入了一个新的阶段。

　　太炎先生嫡孙章念驰先生，多年来持续关注、支持"章学"的出版与研究工作。近年来，他将家藏的大量珍贵文物捐赠给余杭章太炎故居纪念馆，并提出"以捐助研"的新理念，希望进一步推动章太炎相关研究。这一想法得到了余杭区委、余杭区政府、余杭区文广旅体局

1

等单位的大力支持,并由章太炎故居纪念馆负责落实具体事务。

经过一系列筹备工作,在各方的支持与配合下,章氏后裔、余杭区委、余杭区政府、余杭区文广旅体局、余杭章太炎故居纪念馆、上海人民出版社及学术界相关章学研究学者成立章太炎研究中心。中心主编《章太炎研究》集刊,推出以太炎先生及其弟子相关研究为主的"菿汉丛书",定期联合海内外研究机构组织召开章太炎学术研讨会、学术工作坊,希望可以不断推动"章学"研究的拓展与深化,传承并发展太炎先生的学术、思想与精神。

章太炎研究中心

2023 年 10 月

目　录

屈学答问

一　楚文化的"内向"特征与中原一致　　　　　　　　　　　3

二　楚文化以中原文化为主流并吸取了南方土著文化　　　19

三　楚文化由北南下的历史事实与理论根据　　　　　　　23

四　屈赋以伍子胥自喻的历史背景　　　　　　　　　　　26

五　屈原思想融会各家而非杂家　　　　　　　　　　　　30

六　儒道二家皆言"无为而治"而实质不同　　　　　　　32

七　屈子宇宙观的唯物倾向　　　　　　　　　　　　　　34

八　申、商异派的社会根源　　　　　　　　　　　　　　37

九　屈原"忠君"的历史进步意义　　　　　　　　　　　39

一〇　《九歌》决非汉代作品　　　　　　　　　　　　　41

一一　郭沫若释《山鬼》的"於山"为"巫山"，断章取义不足信　　44

一二　闻一多校《怀沙》的"本迪"与"卞迪"，主观臆断不足取　　47

一三　《史记》所载先秦人物，与屈原一样多未见于今天的
　　　先秦典籍，但决不等于先秦本无其人　　　　　　49

一四　重排《天问》的章节次序，是最省事而又最粗暴的作法　51

一五　汉初楚辞之学崛起于江淮之间的历史原因　　　　　55

一六　《远游》决非抄袭《大人赋》或《大人赋》的初稿　　57

一七　《九歌·国殇》乃楚俗国家行傩之歌，其余篇章与傩无关　65

一八 "以屈证屈",本义自见　72

一九 研究屈赋要善于提出问题,又要善于解决问题　74

二〇 不能迷信《楚辞》古本,要能独立思考　75

二一 屈原曾到汉北的一些旁证　77

二二 南北朝时期为屈学之低潮　78

二三 应当正确对待《楚辞》中的汉人作品　82

二四 屈赋虽多偶句,也具有错落美的特征　84

二五 读史能通国俗,才知《哀郢》首段实指顷襄元年秦攻丹淅
的国内形势　93

二六 清儒训骚,往往因吹求过甚,反失本义　95

二七 屈原并非"巫官",屈赋并非"巫辞"　97

二八 治屈赋各有所难,亦当各有所重　114

二九 同一神话之分化,往往由神话本身两种不同特征而引起　116

三〇 《天问》问句的修辞,变化多端,无板滞感　118

三一 《七谏》不见于《东方朔传》的原因　130

三二 《天问》《招魂》中的神话原型不容忽视　132

三三 屈赋词序例置现象多见于中原,并非楚语所独有　134

三四 依古籍校改《楚辞》文字,当持审慎态度　135

三五 "山无草木曰岵",疑于义者当求之于声　136

三六 屈赋联绵词与迭音词交互作用以求错落之例繁多　137

三七 诗骚异体的原因,乃由口头歌唱与书面记录之不同所
造成　140

三八 楚国之外,徐宋鲁诸国亦有"令尹"之称　146

三九 屈原北走汨罗的目的,为救国,非为自沉　148

四〇 诗骚中比兴说的特例　151

四一 班固曾撰有《离骚赞》一书,今已佚亡　154

四二　出土楚简以"二"为重文符号之例类繁多,"些"类重文,
　　　乃其通例　　　　　　　　　　　　　　　　　　　159

四三　屈原初放东居陵阳,其地乃楚国东境的文化中心与交通
　　　要道　　　　　　　　　　　　　　　　　　　　　163

四四　以韵律为根据,可校正屈赋之许多误文　　　　　　　165

四五　屈原二十几岁即任"左徒",不合于《曲礼》而合于当时的
　　　历史事实　　　　　　　　　　　　　　　　　　　168

四六　王逸注屈赋之失误,多属学识问题,并非全是时代局限　169

四七　汉代以比兴释屈赋之风已盛,而王逸过于穿凿,反失
　　　本义　　　　　　　　　　　　　　　　　　　　　170

四八　刘安被诛后,最早得见《离骚传》者,刘向最有条件　　171

四九　《天问》"顾菟"之得其正解,乃几代学人不断探索之结果　173

五〇　屈原所草"宪令"对当时贵族有极大的制约作用,
　　　故夺稿,遭谗,被放,乃历史必然　　　　　　　　　175

五一　在楚国广阔领域中,与中原语言之间,亦当有音系之异,
　　　不特音值有别　　　　　　　　　　　　　　　　　176

五二　对屈学遗产要善于继承,不能抱虚无主义态度　　　　178

五三　不能以"三五"之言,否定《抽思》为屈作　　　　　　180

五四　刘向纂定《楚辞》之后的后人增补,亦犹刘向纂定
　　　《列女传》而后人又增补以东汉妇女传记　　　　　　181

五五　鄂君启节之"郢",当在汉北,即今湖北郧县、郧西之地,
　　　决非汉水下游潜江流域之郢　　　　　　　　　　　182

五六　《涉江》之"南夷",乃指当时溆浦一带的巴、濮诸族而言,
　　　非指楚人　　　　　　　　　　　　　　　　　　　183

五七　"克"字从"古"得声,故"克"得与《尔雅》"辜月"之辜相通　184

五八　"克"从"古"声,故与"辜""嫭"皆有肩任负荷之义　　　185

五九　武王以辜（克）月伐纣之事，证以长沙楚帛书十一月
　　　"利侵伐"之言益信　　　　　　　　　　　　　　　186

六〇　丹淅即楚初封之丹阳，"三户"即在其地　　　　　　188

六一　《屈赋修辞举隅》之目的，是解决校勘、训诂难于解决的
　　　问题　　　　　　　　　　　　　　　　　　　　　190

六二　汉唐摹屈赋者，多失屈赋修辞之妙谛　　　　　　　　192

六三　中原文化与楚文化的主流相同，故以中原典籍释屈赋，
　　　极少扦格　　　　　　　　　　　　　　　　　　　193

六四　利用出土文物释屈赋，必以典籍知识为前提　　　　　194

六五　读书必明体例，《说苑·谈丛》足证《渔父》"新沐"
　　　二句为古谚，下文非古谚　　　　　　　　　　　　196

六六　读书宜识字，"睢"与"睢"，"汩"与"汩"，不能混为一谈　197

六七　出土汉简帛对训释《楚辞》异文，有重要参考价值　　199

六八　《东方朔传》朔作品"八言七言"，乃指当时七字句或
　　　八字句的诗歌　　　　　　　　　　　　　　　　　201

六九　《哀郢》的"陵阳"、《招魂》的"庐江"，地望相连，于古有证　202

七〇　训释《天问》必须宏观与微观紧密结合　　　　　　　203

七一　春秋时代"谐音双关语"早已流行，故二湘修辞采用之　204

七二　追本溯源，《楚辞》之"辞"的本义为争论是非之言　　205

七三　《屈赋新探》虽早脱销，尚无重版之期　　　　　　　206

七四　姜亮夫氏对"屈原否定论"的论点与态度　　　　　　207

七五　批评"屈原否定论"，并不是学术史上由疑古思潮又回到
　　　盲目信古的老路　　　　　　　　　　　　　　　　209

序跋荟存

一　《湘西民歌集》序　　　　　　　　　　　　　　　　213

二　《论章太炎》序　　　　　　　　　　　　　221

三　《屈赋新探》前言　　　　　　　　　　　　222

四　《屈原论稿》读后
　　——关键在勇于探索　　　　　　　　　224

五　《二毋室论学杂著选》序　　　　　　　　　227

六　《〈切韵考外篇〉刊误》序　　　　　　　　229

七　《屈赋新探》后记　　　　　　　　　　　　231

八　《楚辞类稿》自序　　　　　　　　　　　　237

九　《语言之起源》自序　　　　　　　　　　　239

一〇　《楚辞研究与争鸣》序　　　　　　　　　241

一一　《九歌论笺》序　　　　　　　　　　　　243

一二　《现代楚辞批评史》序　　　　　　　　　244

一三　《渊研楼酬唱集》序　　　　　　　　　　247

一四　《离骚大观》序　　　　　　　　　　　　251

一五　台版《屈赋新探》《楚辞类稿》序言　　　253

一六　《当代楚辞研究论纲》序　　　　　　　　254

一七　旧校本《顾亭林诗文集》跋　　　　　　　257

一八　《离骚校诂》序　　　　　　　　　　　　259

一九　《自在》序　　　　　　　　　　　　　　261

二〇　《楚辞研究》前言　　　　　　　　　　　263

二一　《九章研究》序　　　　　　　　　　　　268

二二　《语言之起源》补记　　　　　　　　　　270

二三　《汉楚辞学史》序　　　　　　　　　　　276

二四　《千家诗新编》序　　　　　　　　　　　278

二五　《墨子研究》书后　　　　　　　　　　　280

二六　《屈原与他的时代》序　　　　　　　　　282

二七　《楚辞今注》序　　　　　　　　　　　　　　284

二八　题《刘伯骏先生绘画册》　　　　　　　　　286

二九　《楚辞研究全书》序　　　　　　　　　　　289

三〇　二十集电视剧本《屈原》审查意见　　　　292

三一　《楚辞文心管窥》序　　　　　　　　　　　297

三二　《辞赋论集》序　　　　　　　　　　　　　299

三三　跋太炎先生《遗嘱》

　　　　——为纪念太炎先生逝世六十周年而作　301

三四　《楚辞学文库》总序　　　　　　　　　　　304

三五　《楚简帛研究》序　　　　　　　　　　　　307

三六　《儒道诗学与阐释学》序　　　　　　　　310

书信拾遗

一　　致汤国梨　　　　　　　　　　　　　　　315

二　　致孙作云　　　　　　　　　　　　　　　318

三　　致李延陵　　　　　　　　　　　　　　　320

四　　致汤国梨　　　　　　　　　　　　　　　323

五　　致姚奠中　　　　　　　　　　　　　　　325

六　　致汤国梨　　　　　　　　　　　　　　　327

七　　致汤国梨　　　　　　　　　　　　　　　329

八　　致姚奠中　　　　　　　　　　　　　　　330

九　　致王焕镳　　　　　　　　　　　　　　　332

一〇　致姚奠中　　　　　　　　　　　　　　　333

一一　致姚奠中　　　　　　　　　　　　　　　335

一二　致姜亮夫　　　　　　　　　　　　　　　336

一三　致汤国梨　　　　　　　　　　　　　　　337

一四　致金德建 338

一五　致《社会科学战线》编辑部 339

一六　致姜亮夫 341

一七　致饶宗颐 342

一八　致郑文 344

一九　致萧兵 346

二〇　致赵逵夫 347

二一　致赵逵夫 349

二二　致章念驰 351

二三　致聂石樵 353

二四　致黄中模 354

二五　致王元化 356

二六　致［黎］传纪 357

二七　致朱季海 360

二八　致赵逵夫 361

二九　致姜亮夫 363

三〇　致王仲荦 364

三一　致常振国、降云 365

三二　致周啸天 366

三三　致王利器 368

三四　致张啸虎 369

三五　致郭在贻 370

三六　致姜亮夫 372

三七　致张啸虎 373

三八　致稻畑耕一郎 374

三九　致李希泌 376

四〇　致赵逵夫　　　377

四一　致戴志钧　　　379

四二　致潘景郑　　　380

四三　致萧兵　　　381

四四　致《云梦学刊》　　　382

四五　致《社科纵横》　　　384

四六　致《文学评论》　　　386

四七　致吴贤哲　　　388

四八　致杨乃乔　　　391

四九　致郑在瀛　　　393

五〇　致黄灵庚　　　394

五一　致梅桐生　　　396

五二　致浦士培　　　397

五三　致竹治贞夫　　　398

五四　致刘信芳　　　400

五五　致竹治贞夫　　　403

五六　致敏泽　　　405

五七　致刘信芳　　　407

五八　致何新　　　411

五九　致竹治贞夫　　　412

六〇　致稻畑耕一郎　　　414

六一　致新田幸治　　　416

六二　致冯俊杰　　　417

六三　致潘力生　　　419

六四　致竹治贞夫　　　421

六五　致郭维森　　　423

六六　致竹治贞夫　　　　　　　　　　425

六七　致陆天华　　　　　　　　　　　427

六八　致杨乃乔　　　　　　　　　　　429

六九　致苏雪林　　　　　　　　　　　431

七〇　致夏传才　　　　　　　　　　　432

七一　致黄中模　　　　　　　　　　　433

七二　致陆天华　　　　　　　　　　　435

七三　致陈怡良　　　　　　　　　　　437

七四　致章念驰　　　　　　　　　　　438

七五　致夏传才　　　　　　　　　　　439

七六　致张中一　　　　　　　　　　　441

七七　致廖化津　　　　　　　　　　　442

七八　致竹治贞夫　　　　　　　　　　444

七九　致刘毓庆　　　　　　　　　　　446

八〇　致毛庆　　　　　　　　　　　　448

八一　致小南一郎　　　　　　　　　　449

八二　致徐志啸　　　　　　　　　　　450

八三　致龚克昌　　　　　　　　　　　451

八四　致褚斌杰　　　　　　　　　　　452

八五　致刘信芳　　　　　　　　　　　453

八六　致戴锡琦　　　　　　　　　　　457

八七　致萧德君　　　　　　　　　　　458

八八　致姚奠中　　　　　　　　　　　460

八九　致聂石樵　　　　　　　　　　　462

九〇　致竹治贞夫　　　　　　　　　　464

九一　致姚奠中　　　　　　　　　　　465

九二　致刘信芳　　　　　　　　　　　　　　　466

九三　致陈怡良　　　　　　　　　　　　　　　467

九四　致竹治贞夫　　　　　　　　　　　　　　468

九五　致刘信芳　　　　　　　　　　　　　　　469

九六　致《文学遗产》　　　　　　　　　　　　470

九七　致陈怡良　　　　　　　　　　　　　　　471

九八　致夏传才　　　　　　　　　　　　　　　472

九九　致李温良　　　　　　　　　　　　　　　473

一〇〇　致章念驰　　　　　　　　　　　　　　474

一〇一　致竹治贞夫　　　　　　　　　　　　　475

一〇二　致竹治贞夫　　　　　　　　　　　　　476

一〇三　致《东方文化》的一封公开信:在汉字讨论中所想到的　478

重校后记　　　　　　　　　　　　汤序波　486

自 序

我一生潜心于典籍者垂七十载,侧身于学林者且六十年。其间得失互见,冷暖自知,甘苦之言有不胜缕述者。而所有这些,又往往不可能见诸学术专著,反而时时流露于师生问答、零散序跋、朋辈信函之中。如果说这个集子还有些存在的价值,也许就在于这一点吧!

《学记》曾说过:"善问者如攻坚木,先其易者,后其节目。"又说:"善待问者如撞钟,叩之以小者则小鸣,叩之以大者则大鸣。"这些话都讲得很好。但在我的一生中,后生问学,来自各方,难易杂陈,自难强求其由易及难,循序渐进;而我的答问,又往往是兴之所至,小题大做,或大题小做,鸣叩之间,很难做到高低相应,铿然动听。集子里的《屈学答问》,就是这样杂凑来的一部散曲。

为别人的书写序,我是三十年代就开始了。但久而久之,渐知写序之难。为古书写序,可以任意发挥,瑕瑜并陈。而为今人写序,则不得不"成人之美",始不负作者的雅望。后来我才发现了个折中办法,即书稿中如有不当之处,我虽不见诸序文,而必附见于信函,提供作者做修改时的参考。集子里所收的《序跋荟存》,有不少这样的文字。当然,其中本无疵累可指的书,还是有的。有人说:"人之患在好为人序",我却无此癖好。更多的是"有求不应",得罪了人。故我在这方面所留下的"业绩",也不过是这集子里所收的数十篇耳。

我在开国前的书信,早已难见踪影。开国后的二十多年,亲友老死不相往来,当然更无书信可言。但改革开放以后,亲朋好友给我的来信,有如开了闸门的水,一发而不可遏止。上至学界名流,下至商店学徒,我是来者不拒,有信必复。但大都是随手写来,没有底稿,雁去而不留踪。因为我总是认为以书信流传于世,乃名人之盛事,非吾辈所敢想象。不料,一九九五年秋,孙儿小波由黔来蓉,以四天的时间,为我清理书柜。在所残存的千多封来信中,竟发现来信的封面和笺背,竟偶有我复信时留下的底稿。虽很乱,但也辨认得清楚。我这时正整理文集,孙儿劝我别立书信一类,以作纪念。于是尽可能地抄录了百余通,作为《书信拾遗》。但其中也略有选择,即无关学术活动,不谈学术问题者,皆弃而不取。当然,也有不少重要信件,因没有存稿,只得付之阙如。

这个集子的抄写工作,主要由老伴潘芷云任其劳,熊良智同志副之;文字校理,印刷出版,则由李大明、李诚同志多为代劳。特此志谢!

一九九六年二月二十七日,写于渊研楼,
时年八十有七,执教六十周年也,即以此为纪念

屈学答问

一 楚文化的"内向"特征与中原一致

问:先生以为中国的先秦文化有"内向"特征,是否也包括南方的楚文化在内? 但庄子的《天运》《逍遥游》,屈子的《天问》《离骚》,似乎都有"外向"精神,敢问其详?

答:历来学者,都提出先秦时期中国南北文化有许多不同的倾向,这是事实的,必须肯定这一点。但作为祖国大文化圈的两个构成部分,又当承认两者之间的共同点,即文化思想的"内向"特征。庄子的《天运》首段,对宇宙运行的动力来自何方,作了"追根诘柢"的探寻,确有"外向"精神。但其答案,却是借巫咸之口,作了"内向"的解释。即对宇宙运行的动力,并未作正面回答,只是用道家因循无为的观点,归结为"帝王顺之则治,逆之则凶"。其"内向"特征,是显然的。至于屈原的《天问》,虽并未作答案,但他把宇宙的形成与结构跟人类历史的朝代兴亡联系在一起,以探讨天道的究竟,尤其天道对人类的作用。在这一点上,其结果,仍然是走的由"外向"通往"内向"的路子。庄子《逍遥游》,虽上天下地,纵横八荒,但跟屈子的《离骚》一样,都是对内心世界的宣泄,而不是对外在世界的探索。不过庄子是从哲学角度驰骋玄想,以求的精神世界的绝对自由;屈子则是从文学角度抒写愤懑，以求得精神世界的自我平衡。都是"内向"的极致，而非"外向"的升华。关于先秦文化的"内向"特征，我过去曾发表过一篇论文，附录于下，以备参阅。

附录
试论先秦文化思想的"内向"特征

首先应当说明的是：我这里所说的"文化思想"，主要是指先秦时期用文字记录下来的文化思想遗产。就此而言，我觉得先秦的文化思想有一种明显的倾向，那就是"内向"的，不是"外向"的。

所谓"内向"的"内"，是指人类自身及人类自身所组成的人类社会；"外向"的"外"，是指人类自身以外整个宇宙及大自然界。所谓"内向"的，即先秦文化思想对人类自身及人类社会，是全力以赴地进行了分析和探索；而对于宇宙、自然的"外向"研究，就没有那么关心，甚至持否定的态度。当然，这里必须强调的是：这并不是说中华民族在先秦时期就没有探讨宇宙、征服自然的辉煌业绩，而是说，从文化典籍的遗产上看，作为一种"文化思想"，对"外向"文化则既少纪录，也不提倡，乃至大唱反调。这说明，一部先秦文化史，物质文明的发展，往往跟精神文明的走向，并不是协调一致的，而是文化典籍里留下了相当显著的"内向"特征。

一、关于"外向"文化及其转化

记录先秦文化典籍者，以《汉书·艺文志》为最齐备，但其中几乎全是属于"内向"范围的文化遗产,即重点是研究"人"的科学。如政治的、军事的、伦理的、道德修养的等等,应有尽有。当然,这里也有少数涉及宇宙、自然方面的学说。因为远古先民,在生存斗争中,对宇宙自然已具有某些朴素的看法,这是很自然的。但是其中最为突出的现象,是"外向"文化逐渐向"内向"文化的转化。这有两种情况:第一种,是人类在初步概括出宇宙自然的某些基本原则之后,并不是对它作进一步的探索,而是掉转头来企图对复杂的人类社会,也寻找出跟宇宙自然一致的规律。第二种,是人类在初步认识某些宇宙自然现象之后,并不是科学地对待它,而是把它看成至高无上的神秘力量,人类的一切都要受它的支配。这两种情况,都导致了先秦时代,"外向"文化向"内向"文化转化,乃至互相结合。

从《易经》来看,它的来源当很早,前人甚至认为是伏羲画卦、文王演易等等。但无论如何,其中的阴阳八卦,显然是远古先民从宇宙和大自然中概括出来的概念与符号。也可以说是人类探索宇宙自然较为原始的纪录。如乾为天、坎为水、艮为山、震为雷、巽为风、离为火、坤为地、兑为泽等,这无疑是一种"外向"型的文化遗迹。但值得注意的是,经过一段时间,人们却把《易》作为指导人类行动的指南,变成了占卜人事的吉、凶、祸、福、悔、吝之书。到了"十翼"的作者手里,更进一步把它发展成一部人生哲学的经典。从这部文化典籍的演化,不难看出先秦文化由"外向"到"内向"的发展趋势。

同样,《尚书·洪范》是一部提出金、木、水、火、土"五行"学说最早的典籍。据说是殷的遗臣箕子传给周武王的文化学说。这个学说的起源,是从大自然的物质世界中概括出的五种基本物质及其性能。

如"水曰润下,火曰炎上,木曰曲直,金曰从革,土爰稼穑",这显然是"外向"型的文化遗产,是自然科学的萌芽。但是,这个学说,就在殷末周初之际,已转为"内向"型的文化教科书。它把"五行"分属于人的视、听、言、貌、思。而且指出"视曰明"、"听曰聪"、"言曰从"、"貌曰恭"、"思曰睿";发挥下去,几乎包括一切社会人事问题。当然,其中也涉及吉凶占卜之事,这又是"外向"文化向"内向"转化的一部典型的文化典籍。

《老子》是一部哲学经典,但它所提出的"道",带有极大的"外向"性。即它在阴阳、五行、八卦之外,对宇宙自然作了更高层次的概括,而提出了"道"这个概念。用它的话来说,即"道生一,一生二,二生三,三生万物,万物负阴而抱阳,……"可见他是把"道"作为凌驾于阴阳、五行、八卦之上的宇宙本体。从这个意义上讲,道家也应当是导源于"外向"文化思想的。但从《老子》的全书来看,它却发扬了"内向"文化思想的极致。故有人说它是讲的"帝王南面之术",有人说它是"一部兵书"等等。意见虽不一致,但它由"外向"到"内向"的轨迹是很显然的。他虽然也说"飘风不终朝,骤雨不终日",但目的是为了说明"天地尚不能久,而况于人乎"。它也说"水善利万物而不争",但目的是为了说明人类当"上善若水"。如此等等,不一而足。

《墨子》在先秦为"显学",古称其效法大禹,亲操劳,重实践。传世的《墨子》中有《经》上下二篇,多言物理精义,当系墨子所亲传,故得称《经》。其始盖墨家必习之教科书,乃"外向"的科学遗产。但据《庄子·天下》作为纪录自然科学的《墨经》,虽为墨家所诵习,而某些"别墨",已多"倍谲不同"。而且我们从现存全部《墨子》来看,其中如

"尚贤"、"非攻"、"节用"、"亲士"、"修身"等"内向"文化学说，多为这以后的诸子百家所继承和吸取。但属于"外向"的《墨经》，则汉以来几乎堙没失传，这决不是偶然的。这显然是传统的"内向"文化思想对墨家学说进行筛选的结果。

推广言之，《汉书·艺文志》"术数略"的"天文类"，所收典籍，今皆不存。从书名看，它们已涉及日、月、五星、二十八宿等。可见古代先民对天象已有基本的科学概括，应当是"外向"文化的结晶。但从书名中亦可看到，其中也充满了"占验"、"杂占"等等词语。故《艺文志》的总括语，以为"天文者，序二十八宿，步五星日月，以纪吉凶之象，圣王所以参政也"。可见，从先秦的天文学遗产看，也同样从"外向"转向了"内向"。如果从历法角度看，也不例外。如《大戴礼》收有《夏小正》一篇，专言星历、物候，是"外向"文化之仅存者。但传至秦代，则已演化为《吕氏春秋》中的"十二纪"从纪录自然规律的"外向"科学变成了指导人类行动的指南。连篇累牍地扯到"内向"的人事问题上去了。像"是月也，不可以称兵，称兵必有天殃"；"孟春行夏令，则风雨不时，草木早槁，国乃有恐"，等等。"外向"的科学完全掩没在"内向"的文化之中。

本来，像《大戴礼》的《曾子天圆》，已提出了"如诚天圆而地方，则是四角之不揜（掩）也"这一"外向"的科学命题，但却又借曾子之口，把命题引向"内向"，舍"形"而言"道"，解释为"天道曰圆，地道曰方"，从而提出了"是故圣人为天地主，为山川主，为鬼神主，为宗庙主"等一系列以人为主体的道德规范。使"外向"的宇宙探索转化为"内向"的道德阐述。

在浩繁的先秦典籍中，真正属于"外向"科学者，除保存于《尚书》为记录尧之治功而留下的星历部分、为记录禹之治功而留下地理部分外，难见完整的资料。此外，我们还会联想到《考工记》，这本来是一篇"外向"文化的典范遗产。但如果不是汉人利用它来填补《周礼》这部"内向"经典的"冬官"的缺佚，恐怕这篇"外向"文化纪录，早已消失于人间。这跟古代有关天文、地理的"外向"学说，多为汉人所利用而杂见于"内向"的谶纬之中，是一个道理。

从上述一系列情况来看，"外向"文化向"内向"文化的演化，并不是先秦九流十家中哪一家的特有倾向，而是先秦文化思想发展的总趋势，带有极大的普遍性。决不能只归咎于儒家。

本来，远古先民在生产斗争中，对宇宙自然现象，产生一种直觉的、朴素的、科学的自然观，这是完全可以理解的。然而，在人类对大自然还无能为力的情况下，又对大自然产生一种敬畏、崇拜，乃至效法的观念，也决不是偶然的。古人所谓"畏天命"、"法天道以明人事"，正是这些观念的反映。《易传》有云："天地变化，圣人效之；天垂象，见吉凶，圣人象之"这段话，也正是先秦时代"外向"文化思想向"内向"转化的历史概括。

但问题在于，先秦这种由"外向"到"内向"的文化思想，在中国思想界影响是特别深远的。汉史迁所谓"究天人之际"，正是指的这一"外向"、"内向"逐渐融为一体的文化思想。其特点，是在人类对宇宙自然的朴素唯物观念的基础上，进而追求人与自然和谐统一的人生哲学。即宇宙自然，并不是作为人类征服探索的对象而存在，乃是把它们作为崇拜、效法，以及内心体验的对象而存在的。如儒家谈及修身养性的思想高度,则谓"参天地,赞化育",进而达到所谓"天人一体"的境界。这跟科学地把人类看成大宇宙的有机构成部分,显然不是一个命题。至于董仲舒的"天人感应"说与灾异论等,更由"天人一体"的哲学命题,滑入了宗教命题。

前人多把中国对自然探索的精神之消沉,归咎于秦火,或归咎于佛教,这其实是不准确的。因为先秦乃至更早的文化思想就已经形成了以人为中心而具有强大的内聚力、向心力的思维走向。正是这一走向,促成了"内向"文化思想在中国历史上的统治地位。

二、"内向"文化思想的统治地位

翻开一部《汉书·艺文志》来看,九流十家当中,除早已佚亡的农家九种之外,"数术略"中的"天文"、"历谱"、"五行"等"外向"学科,据班书的后序所言,没有一种不是跟"内向"文化结为一体的。其余如"六艺"、"诸子"、"诗赋"、"兵书"等,则全是讲述的政治、军事、伦理、道德修养的人文学科。他们之间的学说观点虽不尽同,演化的过程也各有别,而主攻方向是一致的,即"内向"的,研究人类自身的学科。孔子提倡"仁",老子提倡"道",墨子提倡"兼爱",韩非提倡"法治",荀子提倡"礼治"……他们对人类的道德条目,越分越细,越钻越深。什么道、德、仁、义、孝、悌、忠、慈、宽、信、敏、惠、温、良、恭、俭、让等等,举不胜举。而且诸多道德规范,都是以个人内在的自我修养为核心。正如《大学》所谓"自天子以至于庶人,壹是皆以修身为本";《孟子》所谓"天下之本在国,国之本在家,家之本在身"。而且"修身"必须以"正心""诚意"作为起点。这一切,无疑是先秦文化思想当中极其深刻的"内化"倾向。有人说："在世界所有的民族当中,中国人的道德观念是最强的。"这大概跟中国的"内向"文化思想传统是分不开的。

我们说先秦"内向"文化思想的统治力量,不仅表现在"内向"文化的博大精深,并被赋予崇高的社会地位;更表现在对"外向"文化的轻视乃至排斥的态度。

对宇宙自然的理解,战国时期已渐有新的突破,但从当时文化界颇有权威的荀子看来,他虽强调利用自然,而其文化思想体系,仍然是"内向"的,而不是"外向"的。他在《天论》里曾提出了"从天而颂之,孰与制天命而用之"的进步主张,然而,却反对人类对宇宙自然的深入探索。如他在《君道》中说:"君子之于天地万物也,不务说其所以然,而致善用其材。"他在《天论》中又说:"列星随旋,日月递炤,四时代御,阴阳大化,风雨博施,……皆知其所以成,莫知其无形,夫是之谓天。唯圣人为不求知天。"

因为,他认为"错(措之借字,即放弃)人而思天,则失万物之情",即放弃"内向"研究而从事"外向"研究,有害无益。然而,"若夫君臣之义,父子之亲,夫妇之别,则日切瑳而不舍也"。这显然是先秦时期"内向"文化中具有代表性的最强音。

即以道家而言,也仍然是以"内向"排斥"外向"的文化思想体系。在《庄子·天地》中,他曾反对桔槔汲水,而赞赏抱瓮灌园,认为"有机事者,必有机心","吾非不知,羞而不为"。他宁愿在"内向"道德上要求自我完善,不主张在征服自然方面的革新创造。在中国历史上不少王朝的禁令中,几乎都有反对"奇技淫巧"这一条,这不能不说是"内向"文化思想积淀所致。像汉代张衡的"地动仪""浑天仪"应当说是"外向"文化的代表。因为他当时主要是为了跟谶纬、灾异之说相对抗。然而,"地动仪"、"浑天仪"的发明虽有几千年之久,而从大量的历史记载来看,它并没有能在历代圣君贤相以及人民群众的思想中清除"天人感应"的灾异思想。这决不是偶然的。

当人类进入农业社会,则那时的农业生产,毋宁说是一切科学技能的集中体现。但在先秦时期的文化思想,农业生产是无法与"内向"文化相比的。即为了生存,不得不重视它,至于文化思想又总是轻视它。如孔子曾经强调过"足食足兵",但当弟子樊迟请学稼时,却遭到他的痛斥,认为这是"小人"之事。并提出:"上好礼,则民莫敢不敬;上好义,则民莫敢不服;上好信,则民莫敢不用情。夫如是,则四方之民襁负其子而至矣,焉用稼?"在贬农的同时,把"礼"、"义"、"信"等"内向"文化提到特高的地位。好像创造物质文明只不过是一种低级的事业。这种偏向在法家的典籍里,以"励耕战"的政策而得到了纠正。但如《管子》书,虽然提出"仓廪实而知礼节,衣食足而知荣辱"的观点,但他另一方面却又强调说:"礼义廉耻,国之四维;四维不张,国乃灭亡。"仍然把"内向"文化作为更为重要的关系国家存亡的大事来对待。在"内"、"外"的轻重之间同样是有分寸的,有倾向的。《汉书·艺文志》里寥寥几种已亡的农书,跟丰富的大量的"内向"典籍相比,它们的差距,也正是"内向"文化思想居统治地位的反映。

当然,我们在这里并不是说"内向"文化不重要,也并不否认先秦时代的中华民族,在征服自然方面曾经做出辉煌成绩;而是说,当时"外向"文化的发展,是在"内向"文化思想的优势下曲折前进的。即"内向"的文化思想与"外向"的文化业绩之间,并不是协调一致的。

因而,大量的"外向"文化遗产,在典籍中只留下极不相称的一些痕迹,这无疑有待于今后的考古工作者不断地挖掘和发现。

三、认识论与方法论对"外向"文化发展的影响

我们如果从认识论的角度来看先秦"内向"文化的形势与"外向"文化的状态,则当时有些认识论上的特征,显然有利于前者,而不利于后者,举例言之,如:

(一)"近"与"远"的问题

人类的认识事物,由近及远,是符合认识规律的。但如果重"近"而轻"远",乃至强调"近"而放弃"远",则必然会把人们的注意力引到探讨人类自身的"内向"科学,而削弱人类探索宇宙自然的"外向"科学的发展。而在先秦时代,就恰有不少的思想家们持有这样的认识论。如《左传》昭公八年(前534),郑国子产就批评裨灶说:"天道远,人道迩(近)、非所及也,何以知之,灶焉知天道。"即认为人事近而易晓,天道远而难知,不当强求其难。又如黄老学派的《鹖冠子·近迭》有云:

> 庞子问鹖冠子曰:"圣人之道何先?"鹖冠子曰:"先人。"……庞子曰:"何以舍天而先人乎?"鹖冠子曰:"天高而难知。"

庄子论道,颇有外向精神,如《天运》即有此倾向。但其《齐物论》仍谓"六合之外,圣人存而不论"。后来的《吕氏春秋·离俗》也说:"六合之外,人之所不能察。"这种以"远"、"近"决去取的认识论,显然对"内

向"文化的发展是有利的,却不利于对"外向"科学的开拓。

（二）"有涯"与"无涯"的问题

道家的庄子,以"保身"、"全生"为目的,故在其《养生主》中说:"吾生也有涯,而知也无涯。以有涯随无涯,殆已。"这里所讲的"生也有涯",指人的生命有限;"知也无涯",是指人类要知道的宇宙万有无限的,故"无涯"之义,跟《秋水》篇所谓"量无穷,时无止"是一致的。当然这种宇宙无限论,是进步的;而为了珍惜有限的生命,竟放弃对无限宇宙的探索,则是落后的。荀子虽非道家,但又从另一角度不主张探索天地万物之奥秘。如他在《解蔽》中说:

> 凡以知,人之性也;可以知,物之理也。以可以知人之性,求可以知物之理,而无所疑（凝）止之,则没世穷年不能遍也。

如果说,庄子由于人生短促而反对求"无涯"之知;那么,荀子则是由于物理无限,"没世穷年不能遍也",因而也反对作"无所凝止"的探索追求。他们的出发点虽不同,但其不利于"外向"文化的发展则是一致的。

（三）先验论问题

在先秦时代,认识论的先验论,是并非罕见的。而《老子》在这方面则比较突出。例如,老子提出的"道",大有包罗宇宙、囊括万有之势,显然带有"外向"色彩。但他的认识论却是先验的。他曾说:"不出户,知天下;不窥牖,见天道。其出弥远,其知弥少。是以圣人,不行而知,不见而名,不为而成。"

因此,他所谓"万物之宗"的"道",也就是在不跟宇宙自然接触的条件下,由内心体验出来的。它无疑是"内向"文化的典型,决不是"外向"文化的结晶。

看来,先秦时代,关于认识论的问题,是比较复杂的。但有个总的倾向,即对于探索宇宙自然的无穷奥秘,是很不利的。当然,如果从方法论上看,也会发现一些值得注意的问题:即先秦时代,并不是没有人对宇宙自然进行探索,但这种"外向"的探索,又往往由于方法论上的偏颇,影响它的正常发展。例如:

(一)推演术

战国的驺衍,是勇于探索宇宙自然的"外向"人物。但据《史记·孟荀列传》所言,他的方法却是"必先验小物,推而大之,至于无限"的推演术。从时间言之,则"先序今以上至黄帝……推而远之,至天地未生,窈冥不可考而原也"。从空间言之,则"先列中国名山大川,通谷禽兽,水土所殖,物类所珍,因而推之,及海外人之所不能睹"。这种推演术,虽也承认宇宙无限论与宇宙可知论,这无疑是正确的。但由于方法论的失误,故其结论并不科学。史迁称其"闳大不经",这是可以理解的。

(二)诡辩术

《庄子·天下》所谈的惠施有"散于万物而不厌"的精神,其"外向"探索,是值得肯定的。但当有人问他"天地所以不坠不陷,风雨雷霆之故,惠施不辞而应,不虑而对,遍为万物说。说而不休,多而不已,犹以为寡,益之以怪。以反人为实,而欲以胜人为名"。这显然是一种诡辩术,对探索宇宙自然是并不利的。《荀子·天论》所斥为"无用之辩",殆即指此而言。

持上述方法论的人,其表象是"外向"的,但究其实质,仍然是以"人"的主观意识为本位,而不是从客观事物出发。虽然他们对宇宙自然的推断与辨析,也时有可取,而局限很大。在当时看来,这类所谓"逐万物而不反"的"外向"科学家,"其书五车",而并没有流传下来。相反,老、庄、孟、荀等"内向"学说却留下大批典籍。这或许也是"内向"文化思想在当时得居统治地位的原因。

当然,在这方面最值得注意的是战国末期的韩非子。在他的著述里,竟能提出合乎科学精神的"参验考实"的方法论。这无疑是探讨宇宙自然的最佳方法。然而可惜的是,在"内向"的文化思想垄断下,他的"参验考实"的科学方法,却被集中地运用到人君"御臣"之术上。他主张人君要对群臣进行严密的考核,对臣下的一举一动,一言一行,乃至心理动态等等,极尽侦察窥探之能事。这显然又是"内向"文化的典型,即用"参验考实"之术去研究"人",而不是研究宇宙自然。

总之,我们无论从认识论或方法论来看,对中国先秦文化的"外向"发展都是很不利的。

四、结束语

中国先秦时期,"内向"文化的博大精深,丰富多彩,对我国后来的文化发展,其影响确实是极其深远的。这无疑是我们祖国传统文化中的丰硕成果,是首先应当肯定的。但是,相形之下,先秦的"外向"文化,不仅多与"内向"文化相糅杂,而且常常是受"内向"文化思想的制约而得不到充分发展。这也许是人类文化发展中的常有现象。不过随着社会的不断进化,使"内向""外向"互相分解而成为独立的学科,并自觉地调整"内""外"轻重之间的偏颇,则成为人类责无旁贷的历史使命。在西方,经过中世纪的黑暗直到文艺复兴,"外向"文化才完全摆脱了"内向"文化的束缚,从而得到长足的发展。西方古代文化的代表人物亚里士多德,跟中国先秦的墨子相比,无论在文化倾向及其成就方面,都是极相近的。然亚氏成了西方古代文化的总代表,得到了后来的继承与发扬。而墨学却自汉以来渐趋衰歇,尤其墨经有关自然科学者,几至失传。这不能不说是中国文化"内向"所造成的结果。

欧洲的文艺复兴时期,相当于中国明王朝时代。而正在这时,西方的自然科学传播到中国,也颇热闹了一时。我们多么希望那时的中国也能出现哥白尼、伽利略、达尔文那样的科学家,使天文、历法、生物进化论等等"外向"学科,经过斗争,完全摆脱宗教教义的统治而走向独立发展的科学道路。但可惜的是,中国的文化走向,从清初以来,却又折回"内向"的老路,继续发展了下去。

关于清代"外向"文化的停滞,胡适曾认为这是中国近代学术史上的"分水岭"。即指清代的学者们,放弃自然科学的研究,转向古代典籍的考证,并形成了卓绝古今的所谓"乾嘉朴学"。胡氏提出的上述现象,有人作了解释,认为"乾嘉朴学"的兴起,是由于清初的"文字狱"所造成。因为那时学者们是企图通过考证古籍、远避政治以"自保"。但是,对自然科学的研究,较之对社会科学的考证,不更足以逃避现实吗?为什么学者们竟舍彼而取此。这不能不令人深思!我想,这除了封建经济与封建政治的制约之外,不能不追溯到先秦以来"内向"文化的畸形发展及其优势影响于后世者根深蒂固、源远流长这一历史事实。

清末的洋务派,提出了"中学为体,西学为用"的主张,这本来是极有见地的。但他们又坚持"变器不变道"的观点,"器"即指"用","道"即指"体"。然而,他们却忽略了"体""用"之间不可分割的制约关系。问题很简单,如果仍坚持"天不变,道亦不变"的原则,很难想象,如"唯圣人为不求知天",或"不窥牖见天道"之类的中学之"体",怎能适应探索宇宙的西学之"用"呢?

"五四运动",有见及此,故批判了上述的"体用分离论",主张"体用整体论",这是必要的。但是,却又走向了"全盘西化"的道路。他们竟忽略了精神文明的民族传统问题。民族文化传统,是一个民族千万年来由种种复杂原因所决定的。在任何情况下,要割断民族文化传统,其结果是注定要失败的。"五四运动"之所以奏效甚微,跟处理这个问题的偏颇是分不开的。

总之,"外向"文化,是人类所共同的。"内向"文化,是不同的民族各有特色的。因此,在文化决策上,一方面要考虑"内向"文化与"外向"科学的适应关系。更要考虑"内向"文化民族传统的继承关系。如果忽视这两个关系,就会导致文化走向的失误。当然,在继承"内向"的民族传统的同时,决不意味着对外来的优秀的"内向"文化一概采取排斥态度。但在吸收的同时,决不能忽视"民族化"这一重大前提。

先秦文化的"内向"特征,固然影响了"外向"文化的正常发展,但也正由于这一"内向"特征,使我们的祖先全力以赴地对人类自身及人类社会问题,作了相当精深的探讨,并积累了极其丰富的遗产(是多元的,决不只是儒学的)。毫无疑问,这是我们民族付出了很大的牺牲和代价(放松了"外向"的研究)所取得的成果。它是民族的财富,民族的骄傲,而决不是民族的"包袱"。但是,任何民族的文化遗产,要求它在任何历史条件下都是"绝对完善",那是不可能的。问题在于通过保护整理、探讨研究,择优而从,善于继承。对此,我们既反对传统的"内向"文化中某些消极因素拖住时代前进的后腿,我们也希望能用传统"内向"文化中的积极因素去医治那些在物质文明面前失掉了心理平衡的病态。我们更应当在传统文化的基础上建立起"内"、"外"调协,既适应时代要求又具有民族特色的社会主义新文化。

因此,在改革开放的今天,我们对先秦传统文化的态度,决不意味着必须"丢掉沉重的历史包袱",更不意味着要"回归祖辈(先秦)文化"。因为这两者对创造社会主义新文化,都是极不利的。

一九八八年五月二十六日完稿

二 楚文化以中原文化为主流并
吸取了南方土著文化

问：近些年来，学术界研讨楚文化之风大盛，而且多以楚文化与苗族文化并举，并强调他们之间的关系。在贵阳召开的屈学年会上有此倾问，在重庆与《百苗图》联合召开的屈学会议，亦如此。不知先生的意见如何？

答：我的看法是：大约在周之初叶，作为中原民族分支的楚，挟中原文化而逐渐南下。这在先秦典籍中，不乏佐证。而在近年丹淅地区出土文物中，也有楚人由此南下的记印。正由于是中原文化的南下，因此，楚文化的主流，基本上是中原文化。例如，作为文化的主要标志：1.文字与中原相同。迄今为止，从出土楚简帛中，还没有发现与中原不同体系的文字结构，而且笔锋与中原的"古文"一致。2.语法与中原相同。前人虽多强调屈赋中"纷"、"汨"、"忽"、"沛"等副词置在主语之前的特殊现象。但我发现《诗经·曹风》中的《桑柔》，即有此种现象。可见屈赋语法，全是中原语系。3.从语音来讲，前人早已发现屈赋用韵与《诗经》用韵一致，这至少说明楚语音与中原同系。至于地方音值有异，或是事实。故《孟子》曾诋楚语为"南蛮鴃舌"之音。4.历史体系与中原相同。这除屈原自称"帝高阳之苗裔"以外，所记尧、舜、禹、汤、文、武之事，与中原典籍无异。虽对"鲧"的评价有异议，但在中原文化本身，同样有此现象。如《孟子》中涉及伊尹的事迹与评价，就不一致。5.思想流派与中原无异。屈原本人即杂糅和反映了当时中原各种学派的不同倾向。一句话，作为文化的主要标志，中原文化是楚文化的主流。

但楚从中原南下之后，却开始与南方各土著民族的文化相接触，相冲激，相融合。因而使楚文化，逐渐形成独有的特色。所谓楚文化，实指这种具有南方特色的中原文化。如此而已。

楚自定居江汉之际，与土著民族相杂而居。其时，南有苗蛮，东有吴越，西有巴蜀，犬牙相错，交接频繁。我们仅从屈赋中所反映的情况，即可知其梗概。

从《战国策》等典籍看，当时苗族杂居于洞庭湖左右，处楚南部，与楚人濡染较深。但有人据《离骚》"帝高阳之苗裔"这句话，认为楚系苗族之后，大误。此不仅对"苗裔"一句含义，犯有常识性的误解，而且与"高阳"乃中原民族的远祖之一的历史事实，也格格不入。但楚文化实渗透着不少苗文化因素，却是有迹可寻的。我曾论证，屈赋《招魂》，不仅内容吸取了苗族招魂咒语的素材与意境，而且所用的"些"字语尾，实即从苗族招魂咒语而来。苗文化扩大了屈原的文学视野，屈原也因此而创造出独绝千古的奇文。

楚之东疆与吴越相连，当时的百越族即杂居于楚国江汉之间。著名的《越人歌》，即产生于此地。楚鄂君出游，而棹舟者却是越人，歌即出诸越人之口。据典籍所载，此歌原以越语录音，义不可解。楚人译之成《越人歌》，实即以中原语系译为楚歌。即从歌的内容看，具有越文化的特征。而这样的民歌情调，却给屈原以巨大的创作启示。如《越人歌》中"山有木兮木有枝，心悦君兮君不知"，这跟屈原《九歌》中"沅有芷兮澧有兰，思公子兮未敢言"是多么相似。显然，这又是楚越文化交融而产生的绝世之作。

　　楚之西境，与巴蜀文化接触，而文化交流情况，世罕言之。但在楚之黔中郡巫郡一带，今天的考古发现，多巴蜀型的文化遗物，世多言之，兹不赘述。今只谈一有趣现象以证巴蜀文化与楚文化的融合问题：即屈赋所谓的"切云之冠"，其形其制，今竟见之于四川广汉出土的铜像巨人的头上。据屈赋《离骚》云："高余冠之岌岌兮，长余佩之陆离。"《涉江》又云："余幼好此奇服兮，年既老而不衰。带长铗之陆离兮，冠切云之崔嵬。"说者对"长佩"、"长铗"，类能得其形状，至于冠而名之为"切云"，则多不得其义。如王逸注云："戴崔嵬之冠，其高切青云也。"故后人或直解为"高冠上冲云天"。恐失本义。今按《说文》云："切，刌也。"《广雅·释诂》云："切，割也。"《汉书·贡禹传》颜注云："切，刻也。"故引申之，"切"乃割切雕刻之通名。古人或谓治玉为切，或以治骨为切，皆其证也。是"切云"者，盖指冠上雕有云状之饰耳。一九八六年四川广汉出土了约两千多年前的青铜人像，身高约一米七，体重约七八百斤。据报导：他戴有高高的冠冕。冠分两层，下层的作用相当于帽子，上层是凸起的装饰。"不仅冠体巍峨，而且精饰以云雷形纹"（一九八六年十二月三十日《光明日报》）。则屈赋所谓"冠切云之崔嵬"的切云之冠，当即刻有云类饰纹的高冠。此盖巴蜀文化与楚文化交融之产物。

《淮南子·兵略》云:楚国领域至战国时期,已"南卷沅湘,北绕颍泗,西包巴蜀,东裹郯淮"。楚威王时,又曾"使将军庄蹻将兵循江上,略巴黔中以西"。楚疆远辟,文化交流频繁,因而,由中原南下的楚国,以中原文化为主体而融会诸多南方土著文化,才形成了光辉灿烂独具特色的楚文化。这就是我对楚文化的一点见解。而且这些文化糅合之迹,皆在屈赋中有所反映。这是一个值得进一步探索的饶有趣味的问题。

三　楚文化由北南下的历史事实与理论根据

问：关于楚文化的渊源，先生既持南下论，愿闻事实与理论上的根据？

答：关于民族的发展规律，我的想法是：一个民族的分支蔓衍，是以血族孳育的盛衰为基础。至于不同民族的渗透与融合，则是以经济文化的高低为依旧。楚民族，本来是中原祝融族的一支，逐渐南下之后，又以中原文化为主体吸收诸多土著文化，而形成了自己的文化特色。据《郑语》所谓"祝融八姓"，曾分布在中原各地。楚族一支，芈姓，最早也是居于北方丹淅之间的"丹阳"。近年河南淅川县发掘楚先祖墓很多，出土楚文物不少。盖即楚熊绎所都之地。其南迁江汉之间，以至都郢，乃其后来之事。"祝融八姓"的分支，其在中原者，多已同化于北方殷周民族，所谓"商灭之"，"周灭之"，是也。其南下的分支，芈姓，所谓"或在夷狄"者，是也。其南下者，由于处在多种土著民族杂居之地，故屈原在南赴沅水流域时所写的《涉江》，有"哀南夷之莫吾知"之句，正是中原民族的口气。楚民族处此特殊条件下，一方面保持其优秀的中原文化传统，一方面吸取了南方各土著文化的精华，随即形成了斑斓多彩的所谓"楚文化"。所以从民族文化要素来看,楚的语言、文学、历史、传统等等,主要是中原文化。恩格斯《家庭、私有制和国家的起源》说:"仅在方言上有差异的共同语言,便是共同血统的表现和证据。"当时楚国与中原的语言关系,从屈赋上看,正是如此。与楚同处的南方土著,除百越、三苗、巴蜀之外,据《左传》文公十六年(前611)还有戎、庸、蛮、麇、濮等族。尽管如此,当时楚国是以中原的文化优势,取南方文化的精华为己有;而不是被南方文化所吞噬。我所说的"不同民族的渗透与融合,是以文化水平的高低为依归",即指此类情况而言。

既如上述,为什么据《左传》所载,中原国家常骂楚是"非我族类"? 楚也常以"我蛮夷也"自居。这跟楚南下后所形成的独具的文化特色有关。即当一个文化主体吸取了不同文化之后,所出现的文化形态,决不会是原封不动的本来面貌。因此,当国与国的矛盾出现之际,相互歧视诋毁,也是很自然的。而且在民族发展规律上,也常有这样的事实:如中国的傣族与壮族,从语言分支来讲,是同一个语支,同一个民族。但由于长期分处于不同的地域,并形成了不同的风俗习惯,因而也就形成了两个不同的民族。中原民族与楚民族的关系,亦正如此。

如果说氏族社会,是以血统为向心力的纽带;那么,民族的形成,则是以文化为凝聚力的核心。以血统言,是一祖的不断扩散;以文化言,则是多元的逐渐融合。在近年中国考古工作普遍展开之后,已可得出这样的结论:我国远古文化的发生,是"星火点点",而不是"篝火一堆"。这已足够说明问题。由于文化发展的不平衡,在中国历史上往往出现先由"文化认同",再到"血族攀亲"的现象,亦即后进民族向先进民族靠拢而出现"异族同祖"的现象。如东晋五胡六国的前燕慕容氏,本为胡族。但据《广韵·暮》引《前燕录》云:"昔高辛氏游于海滨,留少子厌越以居北夷,邑于紫蒙之野,号曰:东胡。"其后为慕容氏云云。其认"高辛"为东胡始祖,乃攀附汉族文化的表现,并非实际的血缘世系。又如《晋书·慕容廆载记》则谓:"廆以大棘城即帝颛顼之墟也,元康四年,乃移居之。"则慕容氏似又曾颇倾慕"颛顼高阳"氏的文化。上述现象,太炎先生曾斥其妄。但作为客观事实,我们又不得不承认在中国历史上确有由"文化认同"到"血缘攀亲"这一民族融合规律。我们读先秦典籍,有的民族多言"其先出自某某"的记载,这其中有不少是属于上述现象。当然,由于楚民族来自中原及与中原文化的高度一体化,则屈原自记其先出自"高阳",自有史实根据,与此有别。

四 屈赋以伍子胥自喻的历史背景

问：屈赋中不只一次以伍子胥自喻，学术界对此歧说颇多。最有代表性的意见，以为屈原绝不会肯定子胥，凡提及子胥的作品，皆非屈原所作。先生的意见如何？

答：自宋代魏了翁以为《惜往日》《悲回风》称伍子胥，故二篇皆非屈原作品；又以为《涉江》称"伍子"，乃指伍奢、伍尚，非指子胥。此说，近人刘永济先生袭之。而学术界对此争论不休，确实应当注意。关于评论古代作品，人们无不强调要"知人论世"，但真能做到，却不容易。如你所提问题，就是如此。

我同意有的同志的意见，认为子胥乃"被迫逃亡避难"，并非"弃国投敌"。但这只是表层意义，而且仅能说明问题的一个方面，如果要"知人论世"，则应当从更深层次看问题。即从当时楚国氏族社会的残余意识特浓，这一点来看问题。也就是说，当时伍子胥的出走及其报仇伐楚，乃是氏族社会"血族复仇"遗风的表现。因"血族复仇"，是氏族社会压倒一切的、义不容辞的神圣义务；是人们共同认定的道德准则。楚国当时僻处南鄙，故南方古老的氏族制度与氏族意识的残余，随处可见。如楚多弟夺兄位，乃氏族社会"兄终弟及"之遗制；

楚君及大臣多以"敖"为称，"敖"即"豪"之同音字，乃氏族社会首领称"酋豪"之遗痕。《离骚》开篇即叙其谱系，此乃氏族社会见人必先介其祖先之遗俗。至于"血族复仇"，据摩尔根《古代社会》所言，印第安部落的风俗，"为一个被杀害的亲属报仇，是一项公认的义务"，并成为《氏族法》的主要内容之一。"倘若他们完成了这一报仇行为，被报仇一方的氏族中，任何成员不得以任何理由为此愤愤不平。"恩格斯《家庭、私有制和国家的起源》中也说："从氏族的血缘关系中便发生了那为易洛魁人所绝对承认的血族复仇的义务。"

我们如果知道楚国当时也有类似的道德观念，就很容易理解春秋战国之际，包括屈原在内的人们，对伍子胥逃吴复仇行为的种种态度。举例言之：

《左传》定公四年（前506），记载伍子胥逃吴前跟友人申包胥的一段对话：

> 伍员与申包胥友，其亡也，谓申包胥曰："我必覆楚国。"申包胥曰："勉之。子能覆之，我必能兴之。"

这里的问题是：子胥的志趣既然与包胥相反，一个要"覆楚"，一个要"兴楚"，那包胥对子胥的行为何又以"勉之"相励？竟与伍尚激弟伍胥为父复仇的"尔其勉之"同一语调？

关于这个问题，只能用血族复仇，乃当时人们所绝对承认的神圣任务，这一氏族意识来解释。因此，申包胥决不会因志趣不同而反对，或否定对方的行为。因而以"勉之"相励，是极其自然的事。也许有人认为，屈原是王族昭、屈、景三姓之一，与王族有"血缘"关系。申包胥虽然肯定伍子胥的行为，屈原却未必会肯定。但据上文所言，所谓"绝对承认"，其中即包括"被报仇一方的氏族中任何成员"。我不认为当时的屈原会因与楚王同氏族而例外。我们即以"勉"子胥的包胥来讲，他跟楚王也是有"血缘"关系的，却少为人所知。据《战国策·楚策》"申包胥"作"棼冒勃苏"，吴师道注云："棼冒，即蚡冒，勃苏、包胥声近，岂蚡冒之裔欤？"而《史记·楚世家》又作"申鲍胥"，《集解》引服虔云："楚大夫五孙包胥"，盖因是蚡冒之后，故又称"王孙"。据此王族申包胥既然肯定伍子胥，则王族屈原难道就必须否定伍子胥？我们既承认，以乞师"兴楚"为志的包胥可以肯定子胥，难道以"存君兴国"为志的屈原就不该肯定子胥？这样来读屈赋中以子胥自喻的诗句，才能得其更深层次的社会意义。

但对上述的社会意义，汉人似乎已不甚了然。例如《史记·伍子胥列传》，太史公也曾以"弃小义，雪大耻"许子胥。但在传内叙及申包胥与伍子胥临别时的那段话，分明采自《左传》，却居然删去"勉之"二字。足见汉人对古人"血族复仇"这一极其严肃的社会义务，已不完全理解。

"血族复仇"在古人的意识中既占有如此重要地位，所以当时评子胥者，往往不仅略其"覆楚"，而且赞其"忠吴"。如《战国策·秦策》记陈轸说："子胥忠乎其君，天下欲以为臣。"《荀子·臣道》也说："若子胥之于夫差，可谓下忠矣。"从这个角度讲，忠臣而遭谗被害，自然是值得同情的。不仅同情，而且古之被谗忠臣多用以自喻。屈原的作品，即其例证：

忠必不用兮,贤不必以,

伍子逢殃兮,比干菹醢。(《涉江》)

吴信谗而弗味兮,子胥死而后忧。(《惜往日》)

浮江淮而入海兮,从子胥而自适。(《悲回风》)

如以"知人论世"的观点看问题,屈赋的这些内容,就不会被误解。当然,在当时,对"血族复仇"的氏族意识的肯定,不等于对"存君举国"的君国意识的否定。尤其当春秋战国已进入封建时代的初期,"存君兴国"的意识方兴未艾,例不胜举。故宋玉《九辩》又云:"窃美申包胥之气盛兮,恐时世之不固。"他肯定申包胥,并不等于是跟屈原的肯定伍子胥唱反调。事实上,当时的社会意识,对子胥的去国以图复仇,与对包胥的乞师以图救国,是以双重承认的。但由于社会意识的不断发展,君国意识逐渐取代氏族意识,则其对历史人物的评价,也必然随之而有所变化,这也是很自然的。后人之所以对屈赋以子胥自喻,不能理解与接受,其根本原因即在于此。

五 屈原思想融会各家而非杂家

问：先生认为屈原的思想是融会各家，不主一家。这个观点已为学术界所接受。但是，这样融会的结果，跟杂家有何区别？

答：战国中叶以后，百家之间的思想渗透，是必然的。但他们之间都是根据自己的需要而加以吸收，并非全盘接受对方的观点。吸收的结果，是自成一家之言，与兼容并蓄的杂家不同。例如，屈原对名家的态度，跟荀子相似，即取其大体而反其"苛察"。故对其"参验名实"之论，从《惜往日》看，屈子是接受的。但对惠施、公孙龙的一些具体提法，则采拒绝的态度。如《庄子·天下篇》所举名家惠施论题三十余事，庄子曾谓"其书五车，其道舛驳"。但其中"矩不方，规不可以为圆，凿不围枘"一条，屈子即曾借用其论题以攻揭世事之是非混淆。如《离骚》云："固时俗之工巧兮，偭规矩而改错"，"不量凿而正枘兮，固前修以菹醢"，即是其例。至于宋玉《九辩》所谓"圜凿而方枘兮，吾固知其鉏铻而难入"，则上承屈子之意理更加明确周延。屈子对儒家的"祖述尧舜，宪章文武"，德必称汤禹，罪必举桀纣，是全盘继承了下来。但对孟子所谓："仲尼之徒，无道桓文之事者"这一戒条，荀子虽曾大加发挥，竟谓："仲尼之门人，五尺之竖子，言羞称乎五伯。"而屈子对此,却与儒家异其趣。《离骚》曾以"宁戚之讴歌兮,齐桓闻以该辅"与周文之举吕望、殷宗之用傅说并举而称其盛。《惜往日》则云:"闻百里之为虏兮,伊尹烹于庖厨。吕望屠于朝歌兮,宁戚歌而饭牛。不逢汤武与桓缪兮,世孰云而知之。"这里,又以齐桓、秦缪与殷汤、周武并列,冲破儒家教条。我们说,屈子的思想,是融汇诸家,自成体系,举此二者已见一斑。

六　儒道二家皆言"无为而治"而实质不同

问：先生以为屈原接受道家"无为而治"，故主张"君逸臣劳"。但儒家亦有"无为而治"之说，与道家的区别何在？

答：道家谈"无为而治"，故强调"君逸臣劳"。儒家也谈"无为而治"，但实质却不同。如《论语》孔子谓："无为而治者，其舜也与。夫何为哉，恭己正南面而已矣。"对这段话的理解诸家多误。如《诗·卷阿》郑康成《笺》云："孔子曰：'无为而治者，其舜也与，恭己正南面而已矣。'言任贤故逸也。"郑氏此解，未得孔子之意，亦未通儒家之旨。其实孔子这里所谓"恭己"，即孔子在别处所讲的"修己以敬"。"恭己"怎能"无为而治"？看《论语》孔子与子路问答的一段话，就会明白："子路问君子。子曰：'修己以敬。'曰：'如斯而已乎？'曰：'修己以安人。'曰：'如斯而已乎？'曰：'修己以安百姓；修己以安百姓，尧舜其犹病诸。'"可见，儒家所谓"无为而治"，是强调以自我修身为榜样，以达到治国平天下的目的，故曰"恭己正南面而已矣"。如《大戴礼·主言》记孔子曰"内修七教而上不劳"，曾子曰："敢问何谓七教？"孔子曰："上敬老则下益孝，上顺齿则下益悌，上乐施则下益谅，上亲贤则下择友，上好德则下不隐，上恶贪则下耻争，上强果则下廉耻。民皆有别则贞则正,亦不劳矣。此谓七教,七教者治民之本也。"故儒家虽亦强调用贤,但要做到"无为而治",最根本的要求是"修身",以身作则。又《说苑·君道》载:虞人与芮人争田,讼于文王。入文王之境,受到感动,"让其所争以为闲田"。"孔子曰:大哉文王之道乎,其不可加矣。不动而变,无为而成,敬慎恭己,而虞芮自平。"此亦儒家"无为"观点。至于道家的"无为而治",在庄子看来,应当是"君逸臣劳"才合乎天道。这个观点,为慎韩一派法家所接受。认为用人得当,则君可无为。屈子所谓"属贞臣而日娭",宋玉所谓"尧舜皆有所举任兮,故高枕而自适",都是这个意思。当然,儒家荀子的"君道",近于法而远于儒,这是思想渗透的结果。

儒家言"无为而治",道家亦言"无为而治",但其内含却并不相同。凡研讨典籍,不能满足于寻章摘句之学,而应当从本质上探索其精奥,纤微之差,不能放松。对学派的研究,可以求其同,也可以求其异;更应当于同中求异,或于异中求同,才能理出中国思想史的脉络。不于同中求异,则无以明派系之别;不于异中求同,则无以综主流所向。

七　屈子宇宙观的唯物倾向

问：世之论屈者，言人生观者多，言宇宙观者少。先生对屈子的宇宙观有何看法？可得闻乎？

答：世之研屈者，确实是探讨其世界观与人生观者多，而探讨宇宙观自然观者少。在我看来，屈原的宇宙观，既不是"宇宙有限论"者，也不是"宇宙不可知论"者，更不是"先验论"者，而恰恰跟这些观点是相反的。不过屈原对宇宙观论点，并没做出哲学式的答案，只是显示出一些文学式的提示而已。

道家《老子》主张"道先天地生"，故曰："道生一，一生二，二生三，三生万物。"但韩非对此，却有所修正与发展，他的《解老》云："唯夫与天地之剖判也俱生，至天地之消散也不死不衰者谓'常'。""圣人观其玄虚，用其周行，强字之曰'道'。"韩非之意，盖谓"道"并非"先天地生"，而是与天地"俱生"。在没有天地之先，并无所谓"道"；有了天地之后，才有所谓"道"。亦即本节上文所说："凡理者，方圆、短长、粗靡、坚脆之分也。故理定而后可得也。""先物行，先理动之谓前识。前识者，无缘而妄意度也。"无疑，韩非对老子的"先验论"，已修改为具有唯物色彩的宇宙观。至于屈原对此，则在《天问》里第一句就提出"遂（邃）古之初，谁传道之？上下未形，何由考之？"即谓在天地尚未形成之前，一切都无从谈起。当然也就无从抽绎出什么"道"的概念。这显然涉及"宇宙观"中是先有物质，还是先有精神的重大课题。屈子未像韩非那样作出明确的结论，但这一提问，对破除老子"先验论"学说，是有启迪之功的。

远古人类，限于见闻，不少"宇宙有限论"的观点。道家《庄子》是"宇宙无限论"者，他知道时、空是无穷的，他提出："天之苍苍，其正色耶？其远而无所至极耶？其视下也，亦若是则已矣。"但他却又不主张探索宇宙。他的《养生主》说："吾生也有涯，而知也无涯。以有涯随无涯，殆已。"所谓"知也无涯"，即指宇宙之大事物之多而言。他虽知宇宙是无限；但为了养生、尽年不主张以有限的人生去求知无限的宇宙。《齐物论》所谓"六合之外，圣人存而不论"，就是同样的观点。这跟《荀子·天论》所谓"唯圣人为不求知天"是殊途同归的。至于屈子则不然。屈子受道家的影响，也有"其小无内兮，其大无垠"的"宇宙无限论"的观点，故有"惟天地之无穷兮，哀人生之长勤"的感慨。但屈子却没有误入"不求知天"的消极人生观，他的"路曼曼其修远兮，吾将上下而求索"，这虽然是政治上的追求，但对宇宙自然，他也抱着同样的态度。一篇《天问》，一开头就是对宇宙自然进行一连串的探索。其间不外"求实"、"究理"两大类。所谓"求实"，就是追究其有无此事；所谓"究理"，就是探索其为什么会有此事。屈子对宇宙自然，虽然没有作出任何科学的或哲学的答案，但他却启迪人类，向着无限的宇宙进行着永不停止的探索。与庄子的态度绝异。

是"天人相与"，还是"天人相分"，这也是古代"宇宙观"的课题之一。凡所谓"天命论"以及"君权神授"等,都是"天人相与"这一范畴内的传统观念的一部分。儒家的"死生有命,富贵在天"以及所谓"畏天命",这就是儒家的"天人相与"的思想表现。凡是古代的祭祀、卜筮等宗教习俗,也都是"天人相与"的古老传统。屈子虽没有提出"天人相分"的明确主张,但是在《九歌》这一千古绝唱的祭歌里,却居然提出:"固人命兮有当,孰离合兮可为"(《大司命》),"纷总总兮九州,何寿夭兮在予"(《大司命》),这里分明提出主"离合"者是"人命"(非"天命"),主"寿夭"者亦非"在予"(予指神)。这当然都是否定式的疑问。他在选择人生道路的《卜居》,虽也求寻于"龟策",但结论却是"夫尺有所短,寸有所长;物有所不足,智有所不明;数有所不逮,神有所不通。用君之心,行君之意,龟策诚不能知事"。这分明是对卜筮的全盘否定。在屈原的代表诗篇《离骚》里,诗人也曾问卜于灵氛,决疑于巫咸,而他却没有从命于"勉远逝而无狐疑"的启示,而是实现了"忽临睨夫旧乡"的素愿。这都跟屈原对"天命"问题,曾以历史为鉴证而提出了"天命反侧,何罚何佑"的疑问是一致的。这一切都显示了"天人相分"的进步观点,是诗人宇宙观的重要构成部分。对卜筮祭祀等,韩非曾以为亡国之征,坚决反对。而荀子则是另一态度。荀子曾有下列一段名言,即认为:对于卜筮祭祀等"君子以为文,而百姓以为神。以为文则吉,以为神则凶"。屈原对此,其态度颇与荀子相似。他在上述诗篇中所表现的以及他的《九歌》《招魂》等,殆即所谓"君子以为文"欤?

八　申、商异派的社会根源

问：先生对屈贾合传及申商异派，分析透辟，以前学者未之能及。但申商二派分流之社会基础是什么？愿先生言其梗概。

答：按《汉书·艺文志》法家《商君书二十九篇》与《申子六篇》并列，未加分别。但《淮南子·要略》则对申商两家之不同学说与不同的社会根源，则已做过详细阐述。认为：

> 申子者，韩昭厘之佐。韩，晋别国也，地墽民险，而介于大国之间。晋国之故礼未灭，韩国之新法重出，先君之令未收，后君之令又下。新故相反，前后相缪，百官背乱，不知所用。故刑名之书生焉。

> 秦国之俗，贪狼强力，寡义而趋利。可威以刑，而不可化以善，可劝以赏，而不可厉以名。被险而带河，四塞以为固，地利形便，畜积殷富，孝公欲以虎狼之势而吞诸侯，故商鞅之法生焉。

《淮南子》对申商之不同，归之国情之不同，确有见地。即申子重刑名而商君重赏罚，乃秦晋国情不同所致。但这只就两家社会根源之不同以明申商之异，而犹未能从两家思想渊源之异加以探索，未为知本之论。而史迁则谓"申子之学，本于黄老而主刑名"，故与"喜刑名法术之学，而归其本于黄老"的韩非合传，而不与商鞅合传，可谓明察秋毫。故淮南、史迁实胜《汉志》远矣。

九　屈原"忠君"的历史进步意义

问：世之评屈者有一共同倾向，多谓其"忠君"是落后的，"爱国"是进步的。先生的意见如何？

答：刘安《离骚传》首以"存君兴国"评屈原，后世又或以"忠君爱国"评屈原。可见屈原对"君"是重视的。而且说者又把"君"与"国"紧密联系在一起。对此，学界意见不一。但皆未说及其重大的历史意义。此首先应当看作是战国时期革新家的"尊主卑臣""尊主明法"的思想体现。前者见《史记·太史公自序》论六家要旨；后者见《韩非·难一》责管仲之言。屈子之"存君"、"忠君"，事实即当时革新家的"尊主"思想。它是为新兴的进步的封建制度服务的。这完全不是学术界所谓由于与怀王有同姓之谊，或谓感怀王知遇之恩。马克思曾说："在这种普遍的混乱状态中，王权是进步的因素，这一点是十分清楚的。王权在混乱中代表着秩序，代表着正在形成的民族与而分裂成叛乱的各附庸国的状态对抗。在封建主义表层下形成的一切革命因素都倾向王权，正像王权倾向它们一样。"（《马克思恩格斯全集》21卷）如果能这样理解屈子的"存君"、"忠君"，则与其"兴国"、"爱国"之心自然紧密相联，不言而喻。这样理解，也比所谓屈子欲借君以行其道等论点,要深刻得多。因为只有把问题放在封建制度开始形成的、特定历史条件下,才能更确切地赋予屈原的"忠君"、"存君"以鲜明的时代色彩与进步意义。

一〇 《九歌》决非汉代作品

问:屈原否定论者,除谓《离骚》为汉人作品外,并谓《九歌》亦汉人作品。《离骚》之非汉人作品,先生已驳斥之。未知谓《九歌》为汉人作品,先生的意见如何?

答:何天行的《楚辞作于汉代考》中,有《九歌作于汉代诸证》专章。但略举数例,其谬可见。如《云中君》有"蹇将兮憺寿宫"之句。何氏云"寿宫"系汉代祭神之宫,故《九歌》乃汉代作品无疑。其实,《吕氏春秋·知接》云:"(齐桓公死时曰)若死者有知,我将何面目以见仲父乎?蒙衣袂而绝乎寿宫。"高注云:"寿宫,寝堂也。"又《说苑·贵德》云:"景公游于寿宫,睹长年负薪而有饥色。公悲之,喟然叹曰:'令吏养之。'"此皆春秋时期齐有"寿宫"之证。又如《晏子春秋》亦载"寿宫"之名。前人多疑《晏子春秋》为伪书,不敢置信。但自近年银雀山出土汉简有《晏子春秋》,已证明其为先秦古籍。"寿宫"既见于春秋时代之齐国,而齐楚文化交流频繁,其又见于楚之《九歌》,是何足怪?及至汉兴,楚文化盛行于贵族之间,则《史记·封禅书》称武帝曾置"寿宫",自系上承古制,事理之常。又何为信此而疑彼?何氏不读古书而妄下断语者,多类此。

如何氏又谓《橘颂》一篇，乃汉代淮南王群臣的作品。但理由很奇怪，即一方面承认先秦的《晏子春秋》《庄子》《吕氏春秋》都提起过"橘"，但另一方面又断定《橘颂》只能产生于汉代，不会产生于先秦。其次，他一方面撷取《晏子春秋》"橘生南则为橘，生于淮北则为枳"之语，作为《橘颂》作于淮南王群臣的证据。但另一方面却不考虑《吕氏春秋》的"江浦之橘"一语，同样可以作为《橘颂》作于郢都的屈原之证。何氏在运用古籍记载时，取舍随意，是非任情，其结果必然陷于诡辩之一途。

何氏又认为：《九歌》"遗余佩兮醴浦"（洪氏《考异》：醴一作澧）之"醴浦"，即《后汉书·郡国志》之"醴陵"，故《九歌》为汉代作品。但在论证过程中，竟错误百出，文不对题。首先，洪兴祖《楚辞补注》于"醴浦"下有注云："按《禹贡》曰：'又东至于澧。'"这话并不错。所引为《禹贡》"岷山导江……"之文，指长江经过的南方水系而言。《九歌》有"沅有芷兮澧有兰"，沅澧并称，澧为楚水无疑。不料，何氏对此，却又错误地引用《禹贡》"导渭自乌鼠同穴，东会于澧"之语，作为对洪注之补充说明。而不知此乃"导渭"之事，指黄河流域的北方水系而言，与南方之"澧"无关。而且南方之"澧"或"醴"之"醴"从"豊"得声，读"礼"；北方之"澧"，从"豐"得声，读"丰"。故《前汉书·地理志》引"导渭"之文"澧"字作"酆"；周地的豐岐，豐镐即由此而得名，与楚地何涉？何氏误读典籍文字，混淆南北水系，更何以考知《九歌》产生的时代？其次《九歌》之言"澧浦"，系泛指澧水两岸。楚地自古有澧，亦即自古有"澧浦"。而何氏为了断言《九歌》为汉人作品，竟将《后汉书·郡国志》之专称"醴陵"，强加之《九歌》的泛称"澧浦"，以成其说。何其武断之甚？

何氏又列举《九歌》中"长剑"、"玉珥"、"椒浆"、"兰汤"、"孔盖"、"翠於"、"絚瑟"、"箫钟"、"华衣"、"龙辀"等等，最后下结语说："像这样华贵的背景，全是西汉时宫殿生活的反映。"但为什么战国的楚贵族就不能有此"华贵的背景"？何氏没有举出证据，全是臆测。其实近年来在江陵地区出土的先秦时期楚文物，如望山的龙凤尊，马山的提梁壶，文饰灵动，巧夺天工。雨台山的鸳鸯豆，望山的虎凤鼓架，构想奇特，彩绘多姿。望山的木雕座屏，集凤、雀、鹿、蛙、蛇于一个构图之中，而又如此和谐统一。尤其是马山一号楚墓丝绸宝库的发现，其丝织工艺之华丽繁缛，令人惊叹失声。其"华贵"的程度，已超过《九歌》不知几多倍。使何氏见此，必当为之瞠目结舌。试想，如果只有上述之雕刻、绘画织造等高度发达的艺术品，而没有与之相适应的如《九歌》等诗篇出现，那楚国文化岂非畸形发展。凡研究祖国文化史，毫无根据地作过高的估计，固然不必。但仅凭臆想而一味抱着虚无主义的态度，也同样会误入歧途。

一一　郭沫若释《山鬼》的"於山"为"巫山"，断章取义不足信

问：对《九歌·山鬼》与巫山神女故事有关之说，先生还是承认的。但对郭沫若以为《山鬼》中的"於山"即"巫山"之说，却坚决反对。敢问其故？

答：这涉及做学问的方法问题。做学问时，不能把一个问题孤立起来看，而必需把问题放在事物的整体规律当中，进行分析。关于"於山"之不能释为"巫山"，要从《九歌》"兮"字用法的全貌与演变规律来看，才能明辨其是非。

关于《九歌》"兮"字的特殊的用法，学术界多已言之。我认为这是古代"歌诗"的特征。而当"歌诗"发展到脱离乐曲的"诵诗"时，由于进一步发挥了诗歌语言的精确性与明朗性，这种"歌诗"式的"兮"字，才渐被具有语法意义的介词或连词所取代。这在屈赋的其他作品中已显示了这个发展趋向。除拙著《屈赋语言的旋律美》略举其事之外，还需补充说明。即此事在《楚辞》传本异文或他书引文中，亦见其端倪。这是由于后世读音，于"诵诗"已成习惯，对歌诗《九歌》以"兮"字代替连词、介词的现象，往往据"诵诗"形式加以改读。这种改

读的情况主要有两种：

1. 直改"兮"字为具有语法意义的虚词。如《湘夫人》"葺之兮荷盖"。洪氏《考异》云"一本云：'以'荷盖"，直换"兮"为"以"。《大司命》"不寝近兮愈疏"。洪氏《考异》云"'兮'一作'而'"，直换"兮"为"而"。又如郭璞注《海外西经》引《九歌》"水周兮堂下"，作"水周于堂下"，直换"兮"为"于"。又如慧琳《一切经音义》卷九八引《九歌》"暾将出兮东方"，作"暾将出乎东方"，直换"兮"为"乎"。又如《太平御览》卷七一五引《九歌》"望涔阳兮极浦"，作"望涔阳之极浦"，直换"兮"为"之"。《白贴》卷六四引《九歌》"横流涕兮潺湲"，作"横流涕之潺湲"，直换"兮"为"之"。又《艺文类聚》卷八八引《九歌》"搴芙蓉兮木末"，作"搴芙蓉于木末"，直换"兮"为"于"。可见《九歌》"兮"字的特殊用法，早被古人所发现，故直改读为相对应的虚字，此并非现代人的新发现。

2. 将"兮"字所代替的有语法意义的虚语，直接加入原句"兮"字上下，并不删掉"兮"字。如今本《湘夫人》"白玉兮为镇"，洪氏《考异》云"一本'为'上有'以'字"；又"芷葺兮荷屋"，洪氏《考异》云"一本'葺'下有'之'字"；又"缭之兮杜衡"，洪氏《考异》云"一本'兮'下有'以'字"。此凡"兮"字上下的一些虚字，皆后人所增。又如《九歌·东君》"杳冥冥兮以东行"，洪氏《考异》云"一无'以'字"，按《考异》所引为原本，"兮"本代"以"，故本无"以"字。今传本有"以"字，乃后人加入。以此推之，则虽《考异》未曾提及者，亦可得其梗概。如《九歌·山鬼》"云容容兮而在下"句，"兮"即代"而"，今本"而"字乃后人所加。又如"采三秀兮於山间"，"兮"即代"於"，今本"於"字乃后人所加。因此,郭沫若释"於山"为"巫山"者,实为据后世误本以为之说,不可信。学术研究,必须探规律。孤文只字,断章取义,是无济于事的。

3. 兼有以上两种改读的情况。如《九歌·湘夫人》"疏石兰兮为芳"。洪氏《考异》云"一云:疏石兰以为芳",此以上述第一种形式改读。但《考异》又云"一本'兮'下有'以'字",此又以上述第二种形式改读。

从上述情况看,足见释"於山"为"巫山",并不在"於""巫"二字是否可以通转,而在"於山"一词,在《九歌》原本中根本就不曾存在。不曾存在的原因,并不在"於山"一词在原句中是否读得通,而在于它不合于全《九歌》的构句规律,乃后人增改之后的误文。据误文以释本义,殆所谓"郢书燕说"之流,此郭说不可信从的根本原因。

一二 闻一多校《怀沙》的"本迪"与"卞迪"，
主观臆断不足取

问：先生对闻一多之说楚辞，多表推崇，但有时又往往不以为然而径驳其论点。是非得失之间，愿闻其详。

答：闻先生多精辟之论，令人服膺难忘，实屈学功臣。但有时因求之过深，又往往带有极大的主观成分。这是科学研究之大忌。而且闻先生有时为了证成己说，往往曲解古籍或羼改史料，尤其不足为训。如《楚辞校补》中对《怀沙》的"易初本迪"句，谓"本"当为"卞"之形伪；"卞"乃"变"同音借字。"变迪"即变道而行，与"易初"相对成立。这个假设，本可自备一说。但闻先生为了寻找证据，又写出下列一段话：

> 王注曰：迪，道也（各本均脱此三字，《史记》迪作由，集解引王注：由，道也。今据补）。言人遭世遇，变易初行，违（各本作远）离常道，贤人君子之所耻，不忍为也。正以"违离常道"释"变由"二字。其释"变"为"违离"者，上已释"易"为"变易"，此不得不变词以避复。

这段话,其主观羼改古籍者有如下几点:

首先,今一般传世之王逸《楚辞章句》,"易初本迪"句下皆有注云:"本,常也。迪,道也。"而闻先生为了回避"本,常也"一注,却偏偏不用《章句》本,乃据《史记》补"迪,道也"一注,并云"各本均脱此三字"。这是违反历史事实的态度。闻先生此举,分明因为王逸"本,常也"一注,说明汉代古本原文作"本"不作"卞",与己所假设的"本"当作"卞"之说相背。故有意抹杀事实真象,置《章句》王注于不顾,以掩饰己说之纰缪。

其次,闻先生所引王注又云,"言人遭世遇,变易初行,远离常道"。此处,王注显然是上承"本,常也。迪,道也"而来,故释"本迪"为"常道"。至于"远离",乃王氏承上文"易"字而来,言既变易其初行,自然远离常道,乃以"易"字下贯"初本迪"三字。当然,王氏此注,是否合乎屈赋原意,可别作论证。而闻先生为证成己说,竟避开"常道"乃释"本迪"这一事实,没有任何根据,擅改"远离"为"违离"。并注云"各本作远"。这显然是企图用"违离"以适应自己"本"当作"卞"(变)之说。这种擅改古书之举,亦非科学态度。凡校释古书,必有坚实的证据,证据不足,固不足以立说;而为了立说,反而羼改古籍制造假证,不能不引为大忌。

一三 《史记》所载先秦人物,与屈原一样多未见于今天的先秦典籍,但决不等于先秦本无其人

问:先秦典籍不见屈原名字与事迹,汉代始有记载。屈原否定论者,以此为据,认为屈原本无其人。先生对此,有何意见?

答:首先要理解,所谓先秦典籍,既不同于后世官修廿四史,也不同于今天的人名大词典。它只是先秦典籍中残存下的极小部分,而不是全部。即使是典籍的全部,也不可能对古代的事物囊括无遗。如果以此为据来判断古代事物的有无,势必挂一漏万,所见无几。过去郭沫若先生曾因甲骨文中没有"易"字,因断定《周易》不会产生于殷周之际。这种方法,是不科学的。因当今出土的甲骨文,并非甲骨文的全部。即使是全部,也不可能刊载当时全社会的事物而一无所遗。对屈原不见于先秦典籍,也应当这样看。

其次如以先秦典籍有无其人其事为依据,来判断先秦时代实有此人此事与否,则《史记》里所刊载的先秦人物,就要否定一大半,不仅是屈原一人。而不知史迁所记的先秦史事,并非出自他个人的臆造,而是根据先秦留下的典籍过录下来的。只是后世这些典籍佚亡

不存,不得印证而已。如果以为这些事物都是史迁凭空捏造出来的而予以否定,这是不科学的态度。当然,先秦的记载也不一定完全是真实无误的。但我们应当以科学的态度去处理它,一味的抹杀,也是不对的。

为了证明先秦典籍已载屈原事迹,今人赵逵夫同志曾下了不少功夫,也有不小收获。但我认为,也不必把所谓"先秦典籍"的概念看得太死。例如,《尚书》是先秦典籍,而《史记》的《五帝本纪》《夏本纪》《殷本纪》《周本纪》等,则基本上是来自《尚书》。如只承认《尚书》是先秦典籍,而不承认《史记》即来自先秦典籍,显然是不科学的。故否认《史记》的《屈原列传》的真实性,同样是错误的。又如,同是经过汉代校书秘阁的文献大家刘向整理过的先秦典籍,为什么只相信《战国策》,而不相信《新序》? 只执着于《战国策》中《楚策》之无屈原,而不承认《新序》中《节士》篇之有屈原,恐非通人之见。

一四 重排《天问》的章节次序，
是最省事而又最粗暴的作法

问：关于《天问》的研究，确实困难。例如对史事的顺序问题，前人及当代学术界凡解释不通者，多以"错简"说之。先生对此，有何意见？

答：自从王逸认为《天问》"文义不次"，后世遂有"错简"之说。如清屈复《楚辞新注》，凡解释不通者，多乙转章句以求通。近人唐兰，亦沿"错简"之说，改变原次。至谭戒甫更深信"错简"，故对《天问》之篇章结构，全盘作了勾乙倒转，重新自作安排。台湾苏雪林教授，亦作如此处理。我对"文义不次"及"错简"之说，向抱严谨态度。当然，对全篇结构重新安排，是最省力的办法，但却未必是科学态度。因为这中间，主观因素太多，任意性太大，反而失去了《天问》的原始面貌，为后人造成极大的混乱。

我认为，从《天问》全篇的大结构来看，是井井有条的。即：1.问天文；2.问地理；3.问历史（夏商周三代的兴亡）；4.问杂说；5.问楚事。大层次如此分明。至于其间叙事偶或"不次"，是由于叙事的手法变化所致。故我曾以五种叙述形式释之，随豁然贯通。即 1.类叙法：如天文、地理,各以类分,是也;2.顺叙法:如夏、商、周,以时代为序,是也;3.回述法:即言及某一朝代之事,往往回环叙述,往复追问,是也。4.杂叙法:如全篇之末标举诸国杂事为问,是也。5.专叙法:如全篇结尾,专问楚事,是也。

此外,还应当注意的,即所谓"不次",往往由于对《天问》所问之神话故事,或历史传说的原始面貌,不得其解,致生误会。例如"女娲有体"句,夹叙于舜之不告,而娶与舜弟象谋害舜中间。前人多以为"女娲"乃远古女皇,与尧舜时代相隔甚远,故以为"不次"或"错简"。其实"女娲"乃孟子所谓舜妻"女婐"之异文,故叙于舜、象之间。详《类稿》,可参阅。《天问》不少这类问题,如得其解,自知其并非"错简"。

当然,《天问》的错简,抑或有之。因《天问》虽非"错简"连篇,但跟其他篇章一样,偶然的"错简"、"脱简"或"断简"亦难避免。但对此也应持慎审态度。例如《天问》的韵律,是极其整齐的,与《离骚》基本一致,即四句一节,每节偶句用韵。其间或有例外,即应考虑"错"、"脱"、"断"的问题。这也主要应以全篇有条不紊的韵律为根据,对极少的例外,进行探索。例如:

应龙何画,河海何历?

此二句,自为韵,即"画"、"历"皆在古韵支部。但用四句一节,每节双句用韵之律绳之,则此二句皆各自为韵,二句成节,不合《天问》全篇韵律。考虑到四句一节,每节第一句或第三句亦入韵者,《天问》偶有其例。如"黑水玄趾,三危安在",即第一句入韵之例。又如"孰期去斯,得两男子"。即第三句入韵之例。故"应龙何画,河海何历"之前后,以每简二句计之,当脱一简。除此处外,还有下文"日安不到,烛龙何照"二句,亦自成节。自为韵,亦其前或其后脱一简所致。又以韵律求之。《天问》亦有"错简"问题,例如:

焉有虬龙,负熊以游?

雄虺九首,儵忽焉在?

何所不死? 长人何守?

这六句诗,"游"与"守"为韵,皆在古韵幽部,但中间插上"在"字韵,与前后二韵皆不叶,而且形成了六句一节的奇特现象。今谓此"在"字,当为"往"字之误,因"在""往"形近,又涉下文"三危安在"的"在"字而误。或改"在"为"有"以叶"游"、"守",但六句成节,不合《天问》全篇章节规律。因此,"雄虺九首,儵忽焉往"二句,可能原在上文"羲和之未扬,若华何光"二句之下,错简于此。因"往"与"光"皆在古韵阳部。这样,则此处"往"韵的两句孤立,与上文相距不远的"光"韵两句孤立者相合成节,就恰恰合乎四句一节,节自为韵的《天问》韵律。

当然,《天问》情况最复杂的是全篇结尾一段。即从"伏匿穴处"到"忠名弥彰"数句,历来没有读通。要读通它,就涉及楚国史事,脱简错简,叶韵规律,文字校勘诸问题。我在《类稿》中,对此作了较详的考证,可参阅。

总之,我对全篇重排《天问》章节,这一极其粗暴省事的作法是反对的,应当具体问题具体解决。我一向不同意朱熹注解《大学》《中庸》时,打乱原文,重排章节,以就己意。应当说,这是朱熹的千虑一失,不足为训。

一五　汉初楚辞之学崛起于江淮
　　之间的历史原因

问：当代江陵一带虽有大量文物楚简出土，而独不见屈赋。不料《离骚》《涉江》断简，竟出土于阜阳，敢问其故？

答：楚败于秦，郢都沦陷，顷襄王曾迁都于陈（即今河南淮阳县），后又曾迁都于矩阳（今安徽阜阳），其末世又迁都于今安徽寿春县。当时，秦早已踞有楚之大部分国土。故寿春一带，东及吴越故地，已成为楚国偏安一隅的楚文化中心。屈原的作品，其不能在秦国占领的广大区域内得到传诵，是可想而知的。而寿春等地既为楚晚期侨都所在，则人民对屈子爱国情深的辞赋，其传诵歌咏，必甚广泛。王逸《离骚》后序有云：屈原作《离骚》之后，遂复作《九歌》以下凡二十五篇，"楚人高其行义，玮其文采，以相传教"。这话是有根据的。因此，汉兴之后，吴中朱买臣以善"说"楚辞而显耀。九江被公以能"诵读"楚辞而见征，而淮南王刘安，先封阜陵侯，其地即属"矩阳"，继又封淮南王，其地即属"寿春"。据《汉志》皆属九江郡。这些地区所遗留的楚文化中，屈原的辞赋当居其首。这就为淮南王刘安招集宾客，搜辑屈赋，袤结成书，提供了特殊条件。两千年来的屈赋研究者首推刘安,决不是偶然的。一九七七年于安徽阜阳县的汉墓中出土了《离骚》《涉江》残简各一。其年代下限为汉文帝十五年(前 165),即刘安封阜陵侯前七年。则其时屈赋之普遍流传阜阳、寿春一带,已得到地下文物之证明矣。出土之《离骚》残简,仅存"惟庚寅吾以降"中的"寅吾以降"四字。《涉江》残简仅存"船容与而不进兮,淹回水而凝滞"中的"不进猗,奄回水"六字。简文"淹"省作"奄","兮"借"猗"为之。同墓出土的《诗经》残简,"兮"皆作"猗"。盖古韵"兮"在歌部,故与"猗"通用。此犹《礼记·大学》引《秦誓》"断断兮",《尚书》则作"断断猗"。屈赋残简影片,见于一九八八年《中国韵文学刊》创刊号,此当为传世屈赋第一个古写本的残存。

政治势力对文化的传播。关系至巨。屈赋的流传与研习,直至汉代仍以九江、吴越为盛,楚之郢都则无闻焉。这不能不从这一角度来理解。当然,刘安以后,屈赋大行,则又因汉刘邦兴于楚,楚歌、楚舞等楚文化大受统治者的青睐,作为楚辞之学,自然也勃然兴起。这也跟当时的政治倾向大有关系。

一六 《远游》决非抄袭《大人赋》 或《大人赋》的初稿

问:《远游》的作者问题,争论最多,一个世纪以来,没有停止过,郭沫若以为《远游》是后人抄袭司马相如《大人赋》的伪作,或即司马相如《大人赋》的初稿,先生的意见如何?

答:虽然《远游》的作者问题,也许还要争论下去,但郭老的论点是站不住脚的。我尝认为,从治学方法来讲,凡研究问题,如范围太泛,则有害于深入;如范围太狭,则易陷于武断。郭老认定《远游》是抄袭《大人赋》,甚或即《大人赋》的初稿,其说之所以陷于武断,即因其目光仅仅集中于事物的局部,而没有能放开眼界全面看问题。郭老如果能注意汉代人学习屈赋时所形成的相当广泛的因袭风气,即不会下此结论。现略申论如下:

关于《远游》一篇的真伪,是近代以来学术界聚讼纷纭的问题。例如陆侃如同志在《屈原》里曾以为《远游》并非屈原的作品,而是汉代人的伪作。其重要理由,除"入世的与出世的"思想互相矛盾之外,"这篇有抄袭司马相如《大人赋》之处",如"袭《大人赋》的结构","抄《大人赋》的词句"。入世与出世问题,《屈赋新探》已详述之,现在只集中谈谈第二个问题,即《远游》"抄袭司马相如的《大人赋》"的问题,亦即郭老采用的论点。

实际上,把《远游》跟《大人赋》联系起来谈的,亦并非始于陆侃如同志,早已见于廖平的《楚辞讲义》。廖氏说:"《远游》篇之与《大人赋》,如出一手,大同小异。"因而认为《远游》并非屈原的作品。陆侃如同志正是在这个基础上进行发挥的。后来,郭沫若同志在《屈原研究》中又进一步引申陆侃如同志之说,认为《远游》:"我疑心就是《大人赋》的初稿。《史记·相如列传》说:'臣尝为《大人赋》,未就,请具而奏之'。据此看来,分明是有未就的稿本与具奏的定本两种。因为稿本未脱《楚辞》的窠臼,不好拿去见皇帝,所以他以'未就'目之。待到具奏本,他只把稿本精粹语保存下来,而用自己既成的风格来完全改作了一遍。稿本被后人寻得,因首韵有'远游'二字遂摘以为篇名,又因多袭《离骚》的地方,遂收入《楚辞》而误认为屈原所作。"我认为这个结论是值得商榷的。

关于《远游》跟《大人赋》相似的词句,主要表现在下列二处:

《远游》的开首说:

悲时俗之迫阨兮,愿轻举而远游。

而《大人赋》则说:

悲世俗之迫隘兮,揭轻举而远游。

《远游》的结尾说：

> 下峥嵘而无地兮，上寥廓而无天。
>
> 视儵忽而无见兮，听惝怳而无闻。
>
> 超无为以至清兮，与泰初而为邻。

而《大人赋》则说：

> 下峥嵘而无地兮，上寥廓而无天。
>
> 视眩眠而无见兮，听惝恍而无闻。
>
> 乘虚无而上遐兮，超无有而独存。

从上述两段来看，虽然也有些不同的词语，但确实是相似的。它们之间，究竟是谁抄袭了谁的呢？是否由于《大人赋》有初稿和定本之别造成这样的结果呢？关于这个问题，如果只就《远游》和《大人赋》这两篇作品本身来讲，或者只从司马相如个人的创作经过来讲，则陆、郭之说当然是有些道理的。但是，如果把范围扩大一点，把它放在西汉整个历史时期文学界学习屈赋时所形成的摹拟因袭的不良风气来讲，则上述的解释就很难成立。

仅就上述的例子来看，《淮南子·道应》里也有这样一段话："南游乎冈㝮之野，北息乎沉墨之乡，西穷窅冥之党，东开鸿濛之光。此其下无地而上无天，听焉无闻，视焉无眮。"这跟《远游》的结构和词句都有些相同。所以清王念孙《读书杂志》认为是"义本《远游》"。这话是很对的。因为当时集中在淮南王门下的宾客和淮南王本人,都是屈赋的爱好者和搜集者。因此,他们所撰集的《淮南子》,不仅在文风上常常带有浓厚的辞赋色彩,而且有时也袭用屈赋词句,例不胜举。上述的那段话,显然就是从《远游》概括出来的。《大人赋》的创作,《淮南子》的撰集,是同一个时期。因此,它们之间正以文采相高、互相因袭是不大可能的。只能说是《大人赋》和《淮南子》不谋而合地同时袭了屈原的《远游》。

司马相如的赋,除了《大人赋》而外,其他如《游猎赋》等,因袭屈赋的词句还很多,这里就不一一举例。而为了说明西汉时期的文学家们,在学习屈赋时所形成的因袭、摹拟的不良风气。我们不妨再举一个跟司马相如同时而且关系密切的庄忌(即严忌)作例子。在《史记·司马相如列传》中说:

> 是时(景帝)梁孝王来朝,从游说之士齐人邹阳、淮阴枚乘、吴庄忌夫子之徒,相如见而说之。因病免,客游梁。梁孝王令与诸生同舍。相如得与诸生游士居数岁,乃著《子虚》之赋。

又《楚辞·哀时命》王逸叙说:

> 《哀时命》者,严夫子之所作也。夫子名忌,与司马相如俱好辞赋,客游于梁,梁孝王甚奇重之。忌哀屈原受性忠贞,不遭明君,而遇暗世,斐然作辞,叹而述之,故曰《哀时命》也。

西汉时期景、武之际,爱好和学习屈赋的人很多。其中除了集中在淮南王门下的宾客以外,再就是集中在梁孝王门下的宾客。司马相如跟庄忌,都是爱好屈赋的朋友。今从庄忌的《哀时命》来看,也和司马相如一样,对屈赋有摹拟因袭的习惯,并且相当严重。略加统计,因袭《离骚》的凡五处;因袭《惜诵》的凡一处;因袭《思美人》的凡一处。而尤其应当注意的是他也有摹拟因袭《远游》的地方。例如《哀时命》说:

> 哀时命之不及古人兮,夫何予生之不遘时。
>
> 往者不可扳援兮,俫者不可与期。

这显然是因袭《远游》:

> 惟天地之无穷兮,哀人生之长勤。
>
> 往者余弗及兮,来者吾不闻。

又如《哀时命》说:

> 廓落寂而无友兮,谁可与玩此遗芳。

这显然是因袭《远游》:

> 谁可与玩斯遗芳兮,晨向风而舒情。

又如《哀时命》说:

　　与赤松而结友兮，比王侨而为耦。

这显然又是因袭《远游》：

　　闻赤松之清尘兮，愿承风乎遗则。

　　轩辕不可攀援兮，吾将从王乔而娱戏。

以上这些，难道可以用以证明《远游》又是抄袭《哀时命》的伪作？或《远游》又成了《哀时命》的初稿吗？而且如果推演郭老的论点，则是否又是《哀时命》在抄袭《大人赋》呢？也不会。有人认为《哀时命》，是在邹阳被谗下狱时，庄忌借悼念屈原以抒写其愤懑之情，这话是有道理的。因为《汉书·贾邹枚路传》说：邹下狱时，"枚先生、严夫子皆不敢谏"，故《哀时命》或即作于此时。而且从《哀时命》的内容来看，也确实是相符的。但此事在汉景帝中元元年（前149）左右，而司马相如的《大人赋》则上于汉武帝时。一前一后，相距甚远。《哀时命》又怎能抄袭后出的《大人赋》呢？当然，所谓"臣尝为《大人赋》，未就"的初稿究竟起草于何时，不得而知。但即使起草于景帝时，而且这个"未就"稿也曾被庄忌所见，而当时司马相如、庄忌之流各以辞赋相高，庄忌怎会卑鄙到抄袭朋友初稿来冒充自己的创作？反之，他们都在崇拜屈赋而且摹拟成风的情况下，同时对《远游》有所撷取，这倒是合乎当时的历史情况的。所以，如果把西汉时期的辞赋家在学习屈赋时形成的因袭之风弄清楚，则《大人赋》抄用了几句《远游》，又有什么可怪的呢？明王夫之的《楚辞通释》十三卷曾对这种风气斥之为

"汉人无病呻吟之剿说",可谓一语道破了要害。

在这个问题上,我们还可以上溯到汉文帝时贾谊。《惜誓》里,也有不少的地方受到了《远游》的影响。例如:

> 登苍天而高举兮,历众山而日远。
>
> 观江河之纡曲兮,离四海之沾濡。
>
> 攀北极而一息兮,吸沆瀣以充虚。
>
> ……
>
> 乃至少原之壄兮,赤松王乔皆在旁。
>
> 二子拥瑟而调均兮,余因称乎清商。
>
> 淡然而自乐兮,吸众气而翱翔。
>
> 念我长生而久仙兮,不如反余之故乡。
>
> ……

这里的"吸沆瀣"、"吸众气"、"赤松王乔"、"长生久仙"等,显然是承袭《远游》里的"餐六气而饮沆瀣"、"闻赤松之清尘"、"吾将从王乔而娱戏"、"仍羽人于丹丘兮,留不死之旧乡"而来的。如果像陆氏所说《远游》里"餐六气而饮沆瀣兮,漱正阳而含朝霞"是从《大人赋》的"呼吸沆瀣兮餐朝霞兮"抄来的,那么贾谊时《大人赋》还没有出世,他的《惜誓》又怎会抄袭到《大人赋》呢?因此结论只能是:《惜誓》袭《远游》于前,而《大人赋》又抄《远游》于后。《远游》是司马相如和贾谊以前早已流传人间的屈赋之一。而贾谊又恰恰跟司马相如一样,也是屈赋的爱好者,所以才出现了上述的情况。

在这个问题上,我们还可以上溯到跟屈原同时而稍后的宋玉。宋玉在他的《九辩》末章里有这样一段话:

> 愿赐不肖之躯而别离兮,放游志乎云中。
>
> 乘精气之抟抟兮,骛诸神之湛湛。
>
> 骖白霓之习习兮,历群灵之丰丰。
>
> 左朱雀之茇茇兮,右苍龙之躣躣。
>
> 属雷师之阗阗兮,通飞廉之衙衙。
>
> 前轻辌之锵锵兮,后辎乘之从从。
>
> 载云旗之委蛇兮,扈屯骑之容容。
>
> ……

所有这些话,我们完全有理由说:这都是概括了《远游》的内容而抒发悼屈之情的。当然这一类的游仙手法,在屈赋他篇中也是有的。但是,这里所说的"乘精气之抟抟"的"精气"这一黄老学派的术语,屈原除了在《远游》里曾经流露出来以外,他篇是从未提出过的。《远游》曾说:"保神明之清澄兮,精气入而粗秽除。顺凯风以从游兮,至南巢而壹息。见王子而宿之兮,审壹气之和德。……"这显然就是宋玉的"乘精气之抟抟兮,骛诸神之湛湛"等句之所本。但我们却决不当说《远游》又是袭《九辩》的。

总之,从上述情况看,我们不能仅仅因《远游》曾被汉人所援引和袭用,而不加分析地剥夺屈原的著作权。要彻底解决问题,我们的研究,应当更广泛一些,应当更深入一些。

一七 《九歌·国殇》乃楚俗国家行傩之歌，
其余篇章与傩无关

问：先生常说：搞科学研究，要有一分证据，得一分结论。推理部分，不能泛滥无归。对此，是否可举例言之？

答：例如当前研究傩文化之风渐盛，因此，就有人认为屈原的《九歌》，全是傩祭的歌辞。而我只认为《国殇》是行傩之歌，《九歌》其余各章皆与傩无关的。因为《国殇》是傩歌，于古有证。其余各章，情意悱恻，皆与强鬼驱疫之傩祭无关。故不能谓《九歌》皆傩祭之歌。因为，我所得到的证据，只能得出上述的结论，再跨前一步，就会走向谬误。失掉了依据，亦即失掉了科学性。此事，一九九二年我写有论文提纲一篇，提交屈学五届年会。附录于下，以供参考。

附录
《国殇》与中国傩文化的演变

前几年，我在拙著《楚辞类稿》中，曾据《国殇》的内容谈过《国殇》跟《九歌》的整体关系。现在准备再从《国殇》的名称谈谈中国傩文化的演变。

一、"傩"与"禓"

《论语·乡党》云："乡人傩，朝服而立于阼阶。"而《礼记·郊特牲》载此事，则作"乡人禓，孔子朝服立于阼。"据此可知，"傩"与"禓"，异名而同实，皆指古人驱除疫鬼之礼俗。我们正是从这个角度把"傩"与"禓"作为同一个问题来考虑的。

但"傩""禓"皆为同音借字，并非本字。"傩"之本字当作"𩅦"。《说文》云"𩅦，见鬼惊词。从鬼，难省声。读若《诗》'受福不傩'（诺何切）。"是"𩅦"与"傩"为同音字，故后世多借"傩"为"𩅦"。所谓"见鬼惊词"，盖谓古人见鬼而以声惊之之词；故引申为行傩时殴疫鬼使其退逃。《玉篇》云："𩅦，惊殴疫疠之鬼"，是也。《周礼·夏官司马》所谓"时难"，则又借同音之"难"字为"𩅦"。故《经典释文》云："难，乃多反。"其实，"难"世用为难易之义，"傩"则为行止有度之义，皆与驱逐疫鬼无关。

至于"傩"又名"禓"，"禓"亦非本字。"禓"之本字当为"殇"。《说文》云："殇，不成人也。人年十九至十六死，为长殇；十五至十二死，为中殇；十一至八岁死，为下殇。从歹，伤省声（式阳切）。"泛言之，则凡未尽其天年而死者皆为殇，故战死者亦得谓殇。古人行傩时，乃由巫觋扮成殇鬼以驱除疫鬼，故曰"殇"。盖古人以老死者为弱鬼，少年夭折而死者为强鬼。行傩，乃欲以强鬼之力驱除疫鬼。《礼记·郊特牲》"乡人禓"，即借同音"禓"字为"殇"，故郑玄注云"禓，强鬼也"，得其本义。又后世所谓"为虎作伥"之"伥"，亦"殇"之同音借字，乃指人死于虎、其鬼魂为虎消灭除祸之意。其实，"禓"之本义为"道上祭"，

"伥"之本义为"狂也",皆与驱除疫鬼之义无关。

故究其本义,称"傩",乃就其借助"强鬼"之义而言;称"禓",乃就其借助"强鬼"之义而言。由于着眼点不同,故名称各异。实一事耳。

"傩"、"禓"二名,其文字的通假关系如下表:

$$古代除疫之称\begin{cases} 難(本字) \rightarrow 傩(借字) \rightarrow 难(借字) \\ 殇(本字) \rightarrow 禓(借字) \rightarrow 伥(借字) \end{cases}$$

二、"乡禓"与"国殇"

《周礼·夏官司马》云:"方相氏,掌蒙熊皮,黄金四目,玄衣朱裳,执戈扬盾,帅百隶而时难,以索室驱疫。"此"时难"即"时傩"之借文。关于"时傩"之含义,贾公彦《周礼·疏》曾据《礼记·月令》作如下解释:

> 《月令》季春云"命国傩"。以季春日历大梁,有大陵积尸之气,与民为厉。命有国者傩。仲秋云"天子乃傩"。时斗建酉,亦有大陵积尸之气,此月傩,阳气至此不止,害将及人。惟天子得傩,诸侯亦不得。季冬云"乃命有司大傩"。言大,则及庶民亦傩。

按《月令》所言行傩之制,亦见《吕览》与《淮南子》,当系先秦古礼之遗,贾氏所释亦精审。据此,则古代傩有三:(一)仲秋,天子之傩;(二)季春,诸侯国之傩;(三)季冬,庶民之傩。前引《论语·乡党》所谓"乡人傩",《礼记·郊特牲》所谓"乡人裼",其称"乡人",则系指季冬乡里庶民之大傩,是无疑的。因此,《月令》季春所谓"国傩",殆即指诸侯以国家名义所主办之傩而言。"乡人傩"可称"乡人裼";则"国傩"亦当得称"国裼"。《九歌》中之"国殇",实即"国裼",亦即"国傩"耳。

"国殇",既非天子之傩,亦非庶民之傩,乃诸侯国之傩。则《九歌》中楚之《国殇》,亦当为楚国国家祭典中用于傩祭之歌,即祈求"鬼雄"为人驱疫之歌。以此推之,则学术界或谓《九歌》为楚之国家祭歌之说,不为无据。其次,"国殇"的含义既指国家举行的"国傩",则古今释"国殇"为"死于国事者",未为确解.再其次,作为祭歌的《九歌》,既列《国殇》为专章,则其余各章诸神与傩祭无关,是理所当然的;况湘沅女神等情意缠绵,与强鬼驱疫的宗教气氛也是格格不入的。

三、《国殇》的传统与演变

作为消灭、驱疫的傩或裼(殇),是中国远古以来相当普通的文化现象。但先秦时代,南北各有特征。汉以后,南北虽有融合之势,而走向仍异。

在先秦,从代表中原文化的《周礼·司马》那段关于"时傩"的文字看,"傩"是由"方相氏"主持。他帅"百隶"装扮成"黄金四目"的"强鬼"进行驱疫。虽《周礼》也有巫觋之职,但对"傩"却未有巫觋插手。而从《九歌》来看,《国殇》与其他诸神祀歌一样,是用巫觋降神的形式出现的。即由巫觋现身为"既武""又勇"的"鬼雄"进行驱疫。无疑,楚傩较之北傩,带有更浓厚的神秘与浪漫色彩。这是他们之间最大的不同。

但这时南北傩，也有其共同之点。即北傩的"方相氏"，乃"大司马"的属下，而大司马之职是掌管征伐之事。其所谓"执戈扬盾"、"以索室驱疫"，自然跟楚《国殇》中战死"原野"的"鬼雄"，"操吴戈兮被犀甲"的形象与意义是一致的。即都是把"驱疫鬼"作为军事征讨的事件来看待的。但《国殇》作为祭歌，则是先对"鬼雄"施行祭祷。犹先民其他祭典一样，除祈福佑、消灾疫之外，还有颂功德的一面。其中描写了震撼人心的鏖战场面和对战死者的热烈赞颂。较之北傩，其内含就丰富得多。因为《九歌》已由宗教的祈祷，升华为文学的杰作。

迨及汉代，其描述行傩的文字，可以张衡的《东京赋》为代表。如谓：

> 尔乃卒岁大傩，殴除群厉。方相乘钺，巫觋操茢。侲子万童，丹首玄制。桃弧棘矢，所发无桌。飞砾雨散，刚瘅必毙。煌火驰而星流，逐赤疫于四裔。……

这段记载，是写汉代时东京洛阳之事。这时北傩的"方相"之外，跟南方楚傩的"巫觋"，已同时登台。南北傩文化已有融合之势。至于钺与弧矢等逐疫武器，则既与《周礼》之"执戈扬盾"相一致，又与《国殇》之"操戈"、"被甲"为一事。这都跟汉兴对楚文化兼收并蓄的大潮流是相符合的。至于前所未有的"散飞砾"、"驰煌火"等驱疫手段。亦见《汉旧仪》《续汉书》，这是汉代傩文化的丰富与发展。其盛况可想而见。

　　但这里对《东京赋》"侲子万童"的字,应当特别注意。"侲"字李善注及五臣注皆音"震"。薛综注云:"侲子,童男童女也。"李善注引《续汉书》:"大傩,谓逐疫。选中黄门子弟十岁以上,十二岁以下百二十人为侲子,皆赤帻皂制,以逐恶鬼于禁中。"又《后汉书·邓皇后纪》载"大傩逐疫",诏"减逐疫侲子之半"。李贤注云:"侲子,逐疫之人也。音振。"是古代典籍,"侲子"之"侲"皆从人,辰声。故音读为"震"或"振"。然今考"振"或为误字,本当作"伥",从"长"声,非从"辰"声。盖因形近而误。"伥"字的音义,皆同《国殇》之"殇",或"乡人傩"之"禓"。亦即上文所谓"为虎作伥"之"伥"。

　　按《说文》人部有"伥"字,并无"侲"字。云"伥,狂也。从人,长声"(楮羊切)。及大徐本"新附",始收"侲"字,云:"侲,童子也。从人,辰声(章刃切)。"此殆因《东京赋》传本误"伥"为"侲"之后,而强为之说。可谓一字之差,遗误千载,完全失掉了"殇"、"侲"、"伥"一脉相承的原始意义。盖《东京赋》之"伥子",本是借同音字"伥"字为"殇"字耳。殇为未成年而死之鬼,故扮之者必为童子。而承袭古制,又仍呼之为"伥(殇)子"。不过从《东京赋》看,汉代北傩,虽有"伥子"参加,但跟"巫觋"之职,各有所司,不相混淆。而且巫觋并非主角,只备"操苪"一事耳。而《九歌》的南傩《国殇》则不同,系由巫觋降神为"殇子",二者合而为一,而且巫觋始终处于全部傩事中的主角地位。这表现了中国的傩文化,汉代虽有南北融合之势,仍各具特色。

　　自汉以后,中国的傩文化,历代不绝,变化多端,一直延续至今。不过对这类宗教式的活动,古今观念也有变化。如《礼记·郊特牲》说:在举行"乡傩"时,孔子必朝服而立于阼。"存室神也"。意思是说：在索室驱疫鬼时，孔子怕室内的祖先正神受到惊恐，故站在左阶为正神壮胆，以保护正神的安全。看来孔老夫子对"乡傩"逐疫，还是深信不疑的。但到了荀子时代，就有了新观念。荀子对这类宗教性的活动认为："君子以为文，而百姓以为神。以为文则吉，以为神则凶。"他所谓"文"，殆指生活的装点而言。我们今天，傩文化的残痕，虽仍然盛行于南北，但娱人的文化意义，早已取代了祷神逐疫的宗教思想。

今日北方正月的耍狮子、踩高硗、扮鬼脸等，皆古傩之事，有戏剧人物，但并不表演戏剧情节。至于西南各省的少数民族，则盛行所谓"傩戏"。其中有人物，有情节，有歌唱，似乎仍沿着南傩《九歌·国殇》歌舞剧的形式在发展。尤其如贵州之安顺、兴义地区二十多县所盛行的"军傩"，其内容皆为古代战争故事，则更跟《国殇》中所再现的战斗情节是一脉相承的。

一八　"以屈证屈",本义自见

问:先生在屈赋研究中曾提倡以诗证史,或以史证诗,并取得不少新结论。现在又常强调"以屈证屈",愿闻其详?

答:所谓"以屈证屈",即在众说纷纭之中。如果能以屈赋本身断之,则是非立定,异说自息。研讨微言大义者当如此,涉及文字训诂者亦当如此。例如《离骚》"折若木以拂日兮,聊逍遥以相羊"。王逸注对"拂日"的"拂"已有歧说。故云:"拂,击也,一云蔽也。"后人各断以己见,训"击"训"蔽",二说并行。但屈子的本意如何,则当只有一说。按《悲回风》有句云:"折若木以蔽光兮,随飘风之所仍。"是屈原本意盖借"拂"为"茀",茀,蔽也。故《离骚》之"拂日"实即《悲回风》之"蔽光"耳。又如《离骚》巫咸扬灵的那段话。从"勉升降以上下兮"起,列举史事以见意。或谓此乃上承灵氛劝其去国之语,或谓此与灵氛相反,乃劝其留而不去之言。清梅曾亮等即主后说。晚近注家,遂各是其是。但此处所谓"勉升降以上下兮,求榘矱之所同",显然与上文灵氛所言"勉远逝而无狐疑兮,孰求美而释女",是一个意思,皆劝告其离国远去。"求美"之求谓君求臣,"求榘矱"之"求"谓臣求君。而且"升降上下"亦与"远逝"为同义语。词意前后对应,何来歧异?

以屈证屈,不难确定是非。况仅从屈子此处所举史事来看,伊尹、吕望等,皆本非商周之臣,乃异国之士来归于商周而得志者。如巫咸劝屈留楚反举去国求合之例,恐非屈骚本意。

一九　研究屈赋要善于提出问题，
又要善于解决问题

问：先生屈贾合传之说，上纠唐人诸谬，下澄时人积疑，可谓历史性的精确论断。何料唐人竟如此浅陋？

答：读书能提出问题，这是好事。但能善于提出问题，则非易事。司马贞对《史记》，疑所不当疑，实亦学识不足之弊，当以为戒。但对老子与韩非同传，南北朝时，人已多疑其不伦不类，何只唐人？如《南史·王敬则传》，敬则出身低微，后与王俭同时拜三公。王俭嘲之曰："不意老子遂与韩非同传。"此处"老子"虽为双关语，但当时对老子不当与韩非同传的观点，于无意间有所流露。时至唐宋，谬说滋多。而司马贞的《史记索隐》实为代表。除我在《屈赋新探》所举者外，如对《扁鹊仓公列传》。司马贞又说："王劭云：此医方，宜与日者、龟筴相接，不合列于此，后人误也。"此又一例证。其他如清钱曾《读书敏求记》卷二云："唐尊老子为玄元皇帝，开元二十三年，敕升于《史记》列传之首，处伯夷上。"又宋吴曾《能改斋漫录》十三云："政和八年诏：《史记》老子升于列传之首，自为一帙，《汉书·古今人表》列于上圣。其旧本并行改正。"古书篇次，多为后人依意改变，亦是典籍之一劫。此则除学识问题，又有政治势力左右其间，良可慨叹。

二○　不能迷信《楚辞》古本，要能独立思考

问：治屈学者，多以王逸《章句》本为《楚辞》之祖本。以其近古，故学者多信之。试问对王逸本当如何评价？

答：古本今本，乃相对而言。古本优于今本，亦相对而言。故对古本不宜一味迷信与盲从。以《楚辞》而论，王逸《章句》之前还有刘安、史迁诸古本，是何面貌，值得探索。如《周易》一书，汉人注解，已多异文，诸说纷纭，各说其是。但近来马王堆出土汉帛书《周易》，其异文多出汉儒诸家之外，歧异之大，令人惊叹。《楚辞》一书，王逸本固近古，但不能说全系原貌，绝对可靠。是非得失，必需独立思考。举例言之，《天问》一篇，首段问天文，二段问地理，划然有别，不相混淆。但首段既有"八柱何当，东南何亏"之问；二段又有"康回冯怒，地何故以东南倾"之问。其中首段的"东南"乃问天，非问地，显系"西北"之误。而自王逸《章句》以来，千百年来，只随文为说，不事校正。殊不知，这个神话故事，《淮南·天文》《论衡·谈天》《列子·汤问》诸古籍，皆言"共工氏与颛顼争为帝，怒而触不周之山，折天柱，绝地维。故天倾西北，日月星辰就焉；地不满东南，故百川水潦归焉"。因此，《天问》所问"八柱何当，东南何亏"，即指故事中"折天柱"、"故天倾西

北"而言;《天问》所问"地何故以东南倾",即指故事中"绝地维",故"地不满东南"而言。前问天,后问地,故前言"西北",后言"东南"。今本两处皆作"东南",乃误本流传,决非屈子原文。但王逸本不仅对问天之"东南何亏",不加校正,而且将错就错,随文作注,遗误千载。闻一多君之《校补》,可称精当,而对此亦不事校正,曲为之说,此实迷信古本之所致。

从上述情况看,对所谓古本,即古到两汉,甚至古到先秦,也不当迷信,要发挥独立思考的精神。

二一　屈原曾到汉北的一些旁证

问:关于屈原曾放居汉北,史无明文。历代学者,只据《抽思》"有鸟自南兮,来集汉北,好姱佳丽兮,牉独处此异域"数语,作为屈子自喻之辞,而加以推断。此说是否可信?

答:《抽思》那几句话,说者亦有歧义。如后人又或谓"有鸟自南兮,来集汉北",乃指怀王去秦不返之事。但作为楚人屈原的作品,对怀王北上,当谓"去集汉北",而此则称"来",则主体当身居汉北无疑。故其说不足信。凡历史事件,如文献不足,亦可证诸遗迹。如《南阳府志》谓内乡县有"屈原冈"是也。但方志晚出,往往多辗转附会之言,必见诸古史而后可。据《后汉书·延笃传》云:笃于"永康元年卒于家,乡里图其形于屈原之庙"。李贤注云:"屈原,楚大夫,抱忠贞而死。笃有志行文彩,故图其像而偶之焉。"看来,这里不但有屈庙,而且庙中还有屈子图像。《笃传》谓:"延笃字叔坚,南阳犨人也。"李贤注谓:"犨音昌犹反,故城在汝州鲁山县东南也。"鲁山与内乡县皆属南阳,在丹淅东北。其地皆处汉水之北,故统称"汉北"。是亦可作屈原曾至汉北之证。

《延笃传》谓笃卒于永康元年(167),则其生活之年代,约与贾逵、班固、马融、王逸同时。汉北之有屈原庙,早已先此而存在,当与后世辗转附会之说不同。故录之如上,以备参考。

二二 南北朝时期为屈学之低潮

问：先生尝说南北朝至隋唐，乃屈学低潮时期，愿闻其详。

答：我的意思，乃指这一时期留下的屈学专著而言，而不是指其他。当然，由魏晋南北朝到隋唐，玄学与佛学泛滥，出世超尘之风盛。相对而言，对屈原之为人与品性，在士大夫阶层的吸引力未必很大。但如果从屈赋对文人文学的影响而言，这时期仍是不可忽视的。

这是一个宏观问题，但必从微观谈起：

首先是吟咏讽诵屈赋之风大盛，如《隋书·经籍志》著录的屈学专著十种，《楚辞音》就有五种之多，皆供讽诵之用者。其中道骞的《楚辞音》是代表作。故《志》谓："隋时有释道骞，善读之，能为楚声，音韵清切，至今传《楚辞》者，皆祖骞公之音。"甚至《世说新语·任诞》载王孝伯以为"痛饮酒，熟读《离骚》，便可称名士"。文人的风尚，可以想见。

其次在文学创作方面，六朝的抒情小赋，沾溉屈赋遗风，是显然的。以题材言，郭璞著的《游仙诗》皆从《远游》脱胎而出。左太冲、陆士衡的《招隐诗》，王康琚的《反招隐诗》皆来源于《招隐士》。傅咸的《拟天问》显自《天问》而来。有些作品，甚至意境文词，全袭屈赋。如阮籍《咏怀》："湛湛长江水，上有枫树林，皋兰被径路，青骊逝骎骎。远望令人悲，春气感我心。……"即全袭《招魂》的辞句与意境。此虽不足为训，亦足见屈赋影响之大。对屈的遭遇亦颇流露同情之感。如颜延年《和谢监灵运》云："吊屈汀洲浦，谒帝苍山蹊。"郭璞《游仙诗》则有"逸翮思拂霄，迅足羡远游。"屈子之被人攀附学习，不难概见。至于屈赋词汇在当时作品中的大量出现，更丰富了当时的诗歌语言。故《文选》李善注，对这一时期作品的词汇解释，处处引用了《楚辞》，这不是偶然的。刘勰《文心雕龙·辨骚》所谓："故才高者菀其鸿裁，中巧者猎其艳辞，吟讽者衔其山川，童蒙者拾其香草。"颇足概括这一时期《楚辞》对文学创作的巨大影响。当然，这一时期在创作上受《楚辞》的影响，而又有其时代特色，与汉人袭屈者不同。如淮南《招隐士》，历述山中险恶，招隐士出山而仕，此淮南王广招宾客之写照。但《文选》左太冲的《招隐诗》及陆士衡的《招隐诗》，虽袭同名，而所述乃招朝士退居山林，与《楚辞》正相反。所谓"踌躇足力烦，聊欲投吾簪"，"富贵苟难图，税驾从所欲"，即其意也。至于王康琚的《反招隐诗》，则既非反淮南，亦非反左陆，而是处于刘安与左陆之间，即身居朝市，而心实隐逸，亦即所谓"小隐隐陵薮，大隐隐朝市"。又如郭璞著的《游仙诗》显受《远游》之影响。此皆东晋以来世事扰攘，山水诗取代哲理诗的时代产物。

　　相形之下，对《楚辞》的学术研究，包括注释在内，这时就未免薄弱得多。除郭璞《楚辞注》、刘勰《文心雕龙》之外，难见鸿篇巨著。但唐人遗说之存于今者，水平不算高，亦或平正通达，足纠王逸迂曲缭绕之弊。例如：

《招魂》云："兰薄户树，琼木篱些。"王逸注云："薄，附也。树，种也。""言所造舍，种树兰蕙，附于门户。"王注释"薄"为"附"，实为误解，不通顺。按《文选》谢灵运《从京口北固应诏》有云："远岩映兰薄，白日丽江皋。"其中"兰薄"，显系来自《招魂》。但从两句对偶看，训释不同于王逸。故李善注云："兰薄即兰林也。楚辞曰：兰薄户树，琼木篱些。"训"兰薄"为"兰林"已较王逸注为善。及五臣"良曰：薄，丛也"。则释"兰薄"为"兰丛"，较李之"兰林"更为妥帖。"兰薄户树"，盖谓兰丛当户栽种耳。

又《涉江》云："船容与而不进兮，淹回水而疑滞。"王逸注云："疑，惑也。滞，留也。言士众虽同力引櫂，船犹不进，随水回流，使己疑惑有还意也。"盖王逸当时所据《楚辞》传本作"疑滞"，故作如上训释。但考六朝隋唐传本《楚辞》，则"疑滞"作"凝滞"。此或王逸章句本之外，另有古本流传；或系传诵过程中，有人以古字通假之例，读"疑滞"为"凝滞"而改其字。故这一时期的引用与训释者，皆从一本作"凝滞"。如《文选》江淹《别赋》云："舟凝滞于水滨，车逶迟于山侧。棹容与而讵前，马寒鸣而不息。"此"凝滞"即本《楚辞》。故李善注除引《楚辞》原句外，并注云："广雅曰：凝，止也。"又五臣注云："凝滞、逶迟，少留貌。"此皆较王逸释为"使己疑惑有还意"确切得多。

然唐人训释《楚辞》，从总体看，水平不高，其浅薄谬误之处，往往出人意外。如《离骚》"启《九辩》与《九歌》"，五臣云："启，开也，言禹开树此乐。"又竟误训"夏启"之"启"为"开树"。《离骚》"理弱而媒拙兮"，五臣云："我欲留聘二姚，又恐道理弱于少康，而媒无巧辞导引。"竟误训"使者"之"理"为"道理"。实则古称"使者"为"理"，故与下文

"媒"对举。又如《离骚》"求榘矱之所同",而《文选·长笛赋》云"规摹
蒦矩",按"蒦矩"即来自《离骚》之"榘矱",故李善注云:"蒦,亦矱字。
王逸楚辞注曰:矱,度也;矩,法也。"按李善训"矩矱"为"法度"从王逸
注,是正确的。但五臣注竟有"翰曰:蒦,饰也。……乃饰其规矩也。"
这显然误读"蒦"为"䕯"。《说文》云:"䕯,善丹也。从丹,蒦声。"故五
臣引申其义而训为"饰",而不知从"矢"从"寻"之字,只能训"法度",
不当改字误训,致与屈赋相乖。可见唐人之释,多浅薄不足取。因
此,我认为这一时期从训释与研讨来讲,除郭璞、刘勰之外,实系屈学
低潮。

凡治学,宏观问题必从微观着手,否则无征不信,难以成说。故
不避觑缕,作如上阐述。

二三　应当正确对待《楚辞》中的汉人作品

问:《楚辞》中的汉人作品,后人多斥之为"无病呻吟"之作。因此古今治《楚辞》者往往摈诸《楚辞》之外,不再过问。这是否恰当?

答:作为文学欣赏来讲,这确是"无病呻吟",反对也无用。但从历史文献学的角度来看,使《楚辞》缺其大半,就未必恰当。在文学上作出正确评价,在文献上予以精心保护,这才是应有的态度。因为《楚辞》里屈赋之外又有汉人作品,犹古代的《六经》,经之外又有《传》,它是先秦屈学的延续。它代表了汉人对屈赋的理解,对屈子的态度,对赋体的学习与继承。有了这部分作品,使我们不但加深了对屈赋的认识,并且对汉人的屈学观也有了研讨的依据,丰富了汉代文学史的内容。有人对这部分作品,投以轻蔑之态,尸以"浅薄"之名,书名《楚辞》而屈赋二十五篇之外,全部删汰,更不足取。汉人近古,对先秦文化的吸取与积累,都比我们的条件好得多。故从文化学、文献学来讲,它是一份珍贵资料。例如刘向是中国历史上文献学大家,他的《九叹》对我们研究屈赋,就有极大的帮助。又如东方朔号称博洽,读书甚多。其《七谏》中的"谬谏",其实即"谲谏"之异词,而千古以来,即多误解。《七谏》中又有"哀灵修之过到"一语,王逸训"到"为

"至"，固然大谬。近人又有训"到"为"欺"者，失之益远。按朔此句实用《管子》语。《管子·君臣》有云："君有过而不改谓之倒"。"倒"与"到"古通用。朔诗原意，谓悲楚怀王有过而不改耳。不难看出，汉人作品的文献价值是不可忽视的。对此，必须与文学价值区别开看，才是治学者的正确态度。

二四　屈赋虽多偶句,也具有错落美的特征

问:先生对屈赋语言的错落美,言之极详。但屈赋的对偶句是不少的,当如何理解?

答:治学应有"追根究柢"的精神,你的这一问题提得很好。我认为,屈赋语言的节奏,主要表现为错落美。当然严整的对偶句是有的,但对偶句的错落多姿,前人则多未注意。句内对偶形式的变化,前人即多以变文叶韵之说释之,即其一例。如《东皇太一》:"吉日兮辰良,穆将愉兮上皇。"前人以句内对偶的惯例衡之。以为倒"良辰"为"辰良"是为了跟下句"皇"字叶韵。但如果仅为叶韵,则改上文"吉日"为"日吉",则偶以"辰良",仍可与下句"皇"字叶韵,又为何变对偶为错落。又如《思美人》:"纷郁郁其远承兮,满内而外扬。"作为句内对偶,本当作"满内而扬外"。对此,说者亦多谓变"外扬"为"扬外",是为了与下句"羌居蔽而闻章"的"章"字叶韵。其实,如仅为叶韵,则改为"内满而外扬",岂不同样叶韵?况且屈赋有很多当偶不偶之句,并无叶韵关系。如《离骚》"日月忽其不淹兮,春与秋其代序",如以对偶形式出之,实即"日与月其不淹兮,春与秋其代序"。此则并无叶韵问题,而亦错落其词。又如《思美人》:"愿寄言于浮云兮,遇丰隆而不

将。因归鸟而致辞兮,羌迅高而难当。"其中,一句与三句,从意义讲,是隔句对偶,即前句言托浮云以寄言;后句言因归鸟以致辞。但此处并无叶韵关系,而二句亦错落其辞以求变化。其实此皆屈赋追求错落美的语言艺术,并非为了叶韵,是显而易见的。

屈赋在对偶中的错落美,不仅表现在句内对偶的错落与连句对偶的错落,更表现在不同章节或同一章节中,所呈现出的对偶句,在位置安排上的多样化。最常见的如:

1. 对偶前置

百神翳其备降兮,
九疑缤其并迎。
皇剡剡其扬灵兮,
告余以吉故。(《离骚》)

言与行其可迹兮,
情与貌其不变。
故相臣莫若君兮,
所以证之而不远。(《惜诵》)

2. 对偶后置

余幼好此奇服兮,
年既老而不衰。

带长铗之陆离兮，

冠切云之崔嵬。(《涉江》)

广开兮天门，

纷吾乘兮玄云。

令飘风兮行驱，

使冻雨兮洒尘。(《大司命》)

3. 隔句对偶前置

竭忠诚以事君兮，

反离群而赘疣。

忘儇媚以背众兮，

待明君其知之。(《惜诵》)

擥木根以结茝兮，

贯薜荔之落蕊。

矫菌桂以纫蕙兮，

索胡绳之纚纚。(《离骚》)

4. 隔句对偶后置

青云衣兮白霓裳，

举长矢兮射天狼。

操余弧兮反沦降,

援北斗兮酌桂浆。(《东君》)

塞塞之烦冤兮,

陷滞而不发。

申旦以舒中情兮,

志沉菀而莫达。(《思美人》)

5. 三句连对

緪瑟兮交鼓,

萧(攡)钟兮瑶(摇)簴。

鸣篪兮吹竽,

思灵保兮贤姱。(《东君》)

雌霓便娟以增挠兮,

鸾鸟轩翥而翔飞。

音乐博衍无终极兮,

焉乃逝以徘徊。(《远游》)

6. 多句连偶

步徙倚而遥思兮,

怊惝悇而乖怀。

意荒忽而流荡兮，

心愁悽而增悲。

神儵忽而不反兮，

形枯槁而独留。

内惟省以端操兮，

求正气之所由。（《远游》）

7. 双句与奇句为偶

固时俗之工巧兮，

偭规矩而改错。

背绳墨以追曲兮，

竞周容以为度。（《离骚》）

恐天时之代序兮，

耀灵晔而西征。

微霜降而下沦兮，

悼芳草之先零。（《远游》）

8. 四句两偶

令五帝以折中兮，

戒六神与乡服。

俾山川以备御兮,

命咎繇使听直。(《惜诵》)

经营四荒兮,

周流六漠。

上至列缺兮,

降望大壑。(《远游》)

9. 四句递偶

彼尧舜之耿介兮,

既遵道而得路。

何桀纣之昌披兮,

夫唯捷径以窘步。(《离骚》)

简狄在台,

喾何宜。

玄鸟致贻,

女何喜。(《天问》)

10. 隔句对偶前置

鸾鸟凤皇,

日以远兮。

燕雀乌鹊,

巢堂坛兮。

露申辛夷,

死林薄兮。

腥臊并御,

芳不得薄兮。

阴阳易位,

时不当兮。

怀信侘傺,

忽乎吾将行兮。(《涉江》)

错落,是屈赋语言的主旋律,但没有匀称,也就无所谓错落。故匀称的对偶句,在屈赋中虽不占主要地位,却以与错落互相映衬的形式出现。而且又以对偶本身的多样性,展示了语言旋律的错落性在屈赋中的主要地位。对偶句,是中国单音节语言,在文学语言结构上的艺术特征之一。但它在中国文学语言发展过程中,颇有渐趋定型化与单纯化的倾向。这从六朝的骈体和唐代的律诗,可见其梗概。因此,屈赋对偶的多样性,一直未被人们所注意。但屈赋语言在对偶问题上所展示出的多姿多彩、错落有致的艺术特征,实给后世的文学创作提供了多方面的启示。

屈赋语言上同中求异、偶中求散的艺术极致,更表现在具有共同特征的诸多事物,竟以千差万别的不同句式出之,其语言艺术之妙是很惊人的。例如《湘夫人》写神灵居室之华美，是以荷盖葺室，以荪草饰壁，以紫贝装坛，以芳椒成堂，以桂木作栋，以木兰为橑，以辛夷作楣，以香药为房，以薜荔作帷，以蕙草为櫋，以白玉作镇，以石兰为芳(防)，以杜衡缭屋，合百草以实庭，建芳馨之庑门。共十五件对偶式的事物，但却利用语序的变化，语句的伸缩，词类的转换等手法，极力回避对偶句的重沓。

筑室兮水中，
葺之兮荷盖。
荪壁兮紫坛，
匊(播)芳椒兮成堂。
桂栋兮兰橑，
辛夷楣兮药房。
罔薜荔兮为帷，
擗蕙櫋兮既张。
白玉兮为镇，
疏石兰兮为芳。
芷葺兮荷屋，
缭之兮杜衡。
合百草兮实庭，
建芳馨兮庑门。

读者只有芬芳馥郁、眼花缭乱之感，并无语言板滞，结构重叠之嫌。

因此，全部屈赋所追求的语言美，在错落有致，不在对偶整齐，这是主要倾向。即使与错落相对出现的对偶，也是多样化的组合，而不是雷同式的定型。这从上述的分析中，不难见其梗概。

应当注意的是：屈赋语言的错落美，是跟屈赋内含互相适应的。屈赋内容的奇诡变幻，感情的起伏纠结，正是决定屈赋语言错落美的内在因素。在这一点，思想感情的旋律与语言节奏的旋律，是高度统一的。因此，如果没有错落多姿的语言外壳，则作为流传千古、达到完美极致的艺术珍品，那是不可想象的。

二五 读史能通国俗,才知《哀郢》首段实指 顷襄元年秦攻丹淅的国内形势

问:关于《哀郢》云:"方仲春而东迁","何百姓之震愆","民离散而相失"。先生主张此指顷襄元年(前298)秦出武关,攻取丹淅十五城时所发生之事。但丹淅离郢并不很近,何至全国惊惶如此?

答:凡研究古史,以情理推断其有无,不如以事实证明其然否。故对此必须明了当时楚国的国情与民俗,才能了然于心。例如在楚国历史上,凡败于强敌之时,多惊慌逃窜,甚至迁都以避之。例如《左传》定公六年(前504),"四月己丑,吴太子终累败楚舟师,获潘子臣、小惟子及大夫七人。楚国大惕,惧亡。子期又以陵师败于繁扬。……于是乎迁郢于鄀",按时为楚昭王十二年。据《史记·楚世家》亦云:"十二年吴复伐楚,取番,楚恐,去郢,北徙都鄀。"《正义》引《括地志》云:番在"饶州鄱阳县,春秋时为楚东境,秦为番县。"是《左传》之"繁扬",《史记》之"番",即今之鄱阳湖一带,乃楚之东境。其地离郢都数千里。而楚竟因"繁扬"战败而迁都。此乃楚俗,难以理断。至于丹淅之地,为楚西北境,其距郢都较之"繁扬"近得多。则无怪强秦压境,丹淅大败之际,虽未至迁都以避之,而百姓震愆,万民离散之

状,是可想而知的。此是否与丹淅乃楚国发祥之地有关,不得而知。(《战国策·楚一》:"吴与楚战于柏举,三战入郢,君王身出,大夫悉属,百姓离散。"其"百姓离散"之状,与《哀郢》"民离散而相失"颇相似。)不明古代的国情与民俗,对古代历史往往索解为难,此类是也。

二六　清儒训骚，往往因吹求过甚，反失本义

问：清代朴学家，成绩卓然，辉映古今。而先生对其释骚之言，则颇有微词。我们今天对朴学家究应如何评价？

答：清代朴学家的成就，毋庸置疑。但一种学术风气发展到极峰之际，往往出现这样那样的偏差。例如清儒王氏父子的成就，有目共睹。而太炎先生曾指出其以今语易古训之弊，即往往为求文从句顺，而不顾古语之特征。我们如从《楚辞》来讲，即可发现其有意吹求反失本义。如《远游》中有云："阳杲杲其未光兮，凌天地以径度。"远游凌空以游四方，乃以东西南北为序。上举二句，乃写其由东向西之历程。故"凌天以径度"句，王逸注云："超越乾坤之形体也。"王氏此注甚是。"径度"即"直度"，指由东方凌空直飞而西。"凌天地"乃言其高飞太空超越天地。故王逸注"超越乾坤之形体也"，深得原文本义。而俞曲园先生竟谓"天地"当作"天池"，天池乃星名。此解实属多事。而闻一多先生在《校补》中，乃以"俞说是"许之，并大加引申，未免千虑之失。改"天地"为"天池"，义固可通，但凌太空而远游的景象与气势，却因一字之差而消失无遗。

又刘师培的《古书疑义举例补》，则末流推演，愈失之远。如刘谓

《离骚》"众女嫉余之蛾眉"句,"蛾眉"当读为"娥媚",乃联绵词,即"妩媚"之意。即失之迂曲。考"蛾眉"一语,古已有之,如《诗·硕人》中"螓首蛾眉",以"蛾眉"与"螓首"对举,其指如蛾之眉,喻美人眉黛之美,是显然的。即以当时楚国而言,亦有此语。如《招魂》"蛾眉曼睩,目腾光些",以"眉""目"连举,则"眉"指眉黛,无疑义。宋玉的《神女赋》有云:"眉联娟以蛾扬兮,朱唇的其若丹。"以"眉"与"唇"对举,其为指"蛾眉"无疑。《离骚》乃以"众女"喻群小,故以"蛾眉"喻己,此乃修辞之常例,不必改字。因吹求过甚,乃至以不误为误,亦学风之一弊也。

二七　屈原并非"巫官"，屈赋并非"巫辞"

问：当前屈学界，或以屈原为巫官，左徒、三闾皆巫职，屈赋乃屈原施行巫术的文辞。此说是否可信？

答：此说实拾日本学者白川静之牙慧（见白川静一九七六年出版的《中国古代文学》），为求新奇而陷入歧途。白川静教授认为：《楚辞》是"楚巫集团"所写下的"巫祝者的文学"，而屈原则是楚巫集团的"领导者"。这个问题的焦点，在于混淆了人类自发的宗教言辞与自觉的文学创作的区别。尤其无视于古今中外的伟大文学家们，利用宗教神话为题材而创造出瑰丽诗篇，这一有目共睹的历史事实。由于少见多怪，故作出了错误的判断。我近年曾写有一篇与此略有关联的论文，附此以供参考。

附录

从包山楚简看《离骚》的艺术构思与意象表现

一九八七年一月，在距战国楚都纪南城十六公里的包山楚墓中，发现了大量楚简。据简文考定，墓主名邵㲘，官左尹。葬于公元前316年，即楚怀王十三年。当时屈原二十七岁，则邵㲘系略早于屈原

的同时代人，而且据楚简惯例，凡"昭"字多作"邵"或"恶"，则墓主邵
𣵀即昭𣵀，又系楚贵族昭、屈、景三姓之一，与屈原同宗。其官居左
尹，乃楚大夫级，与屈原曾官居左徒之秩位相近。墓中随葬物品极
丰，并发现字迹清晰的竹简有278枚。总字数共达12472之多。其
中记录卜筮祭祷的竹简，共二十六事。每事用简不一，或一、二简，或
三、四简。根据这些简文，当时楚国贵族卜筮祭祷之制，可略得其梗
概。而且与同时代产生的屈赋《离骚》中，有关卜筮的艺术构思等，多
相契合。对理解《离骚》中有关卜筮问题，足补前人之缺，或纠前人之
误。兹抒所见如下：

一、楚大臣占卜"事君"吉凶之风尚

古人，事无大小，有疑则占。但纵观先秦典籍，大事如征战祭祀，
小事如婚姻嫁娶，皆用卜筮以决疑。而占卜"事君"之吉凶者，则不多
见。今观包山楚简，共记录卜筮祭祷者，凡二十六简。其中一般祭祷
祈福者四简，占疾病者十一简，占"事君"之吉凶者亦十一简。占疾乃
古人的常事。而占"事君"之吉凶者，竟占如此大的比重，乃此次出土
的包山楚简值得注意之现象。

此种简文，必记录其占卜"事君"吉凶的贞问之词，与占卜所得之
答词。例如：

自𣵀𡈼之月以庚𣵀𡈼之月，出入事王，尽卒岁，躬身尚无有
咎？占之，恒贞吉，少有忧于躬身，且志事少迟得。（《包山楚简》

一九七～一九八）①

出入侍王，自夏层之月以庚集岁之夏层之月，尽集岁躬身尚无有咎？占之，恒贞吉，少有忧于躬身与宫室，且外有不顺。（《包山楚简》二〇～九二一一）

屈层之月以庚屈层之月，出入事王，尽卒岁，躬身尚无有咎？龡占之，恒贞吉，少有忧于躬身，且爵位迟践。（《包山楚简》二〇一～二〇二）

从上述数例看，这类占卜，是以"事王"是否"有咎"为贞问中心，余者皆如此。而且关心的范围，除一般"尚无有咎"之外，又涉及"爵位"升迁的早迟，"志事"是否得申，等等。凡此，当然都是一个贵族大臣最关心的问题。但以此作为卜筮的主要内容，而不厌其烦地贞龟问卦，这也许是楚国当时普遍的风尚。而且这些楚简中，凡问"事君"问题，都不是贞问一时一事，而是贞问较长时期的吉凶。至少是一年，乃至更多的几年之中。如简文第一例，"自屈层之月以庚屈层之月"，据考证，"屈层"之月即楚之正月，"庚"训为"连续"。意指从卜筮之年的正月，直至明年的正月。故下文又有"尽卒岁"之文。又如简文第二例，"自夏层之月以庚集岁之夏层之月"，"夏层"之月即楚之二月，"集岁"指多年，或谓据 211 简，为三年，意指从卜筮之年的二月直至三年之后的二月。故下文又有"尽集岁"之文。据此可见，当时所贞问的，多为在较长一段时间内，事君是否有咎。而不是问的一时一

---

① 为便于排印，凡《包山楚简》原释文之可据者，只录释文，不列本字。必要时，换为简化字。下同。

事。看来，占卜"事君"之吉凶，在楚国贵族大臣之间，或是一种颇为盛行的风尚。据一九六五年江陵望山出土的战国昭固墓楚简，简文残缺污漫，但其中也有"占之贞吉"、"瞢它占之曰吉"、"以其古敓之"等残句，与包山此次出土楚简记录卜筮之文句相似，亦当与此事有关。

屈原作为有远大政治抱负的贵族重臣和富有浪漫色彩的伟大诗人，当他在政治上遭到挫折、"事君"罹咎、"志事"不随之际，故欲通过诗篇以抒发愤懑，憧憬未来，并用以排遣其在去留问题上陷入彷徨的苦闷。因而借卜筮形式作为抒情的艺术手段，把平凡、简单而原始的贞问"事君"吉凶之风尚，赋予丰富而深刻的政治内容，使诗篇达到了高度的艺术境界。《离骚》后半部有关卜筮的艺术构思，无疑是由此而来的。

二、楚国有关卜筮之程序

关于卜筮，包山楚简所记，有一共同的程序，举其一例如下：

> 东周之客瞢绢归胙于蒇郢之岁，夏尿之月，乙丑之日，苛嘉以长则为左尹㐰贞：出入侍王，自夏尿之月以庚集岁之夏尿之月，尽集岁，躬身尚毋有咎？ 占之：恒贞吉，少有忧于躬身，且外有不顺。以其古（故）敓之：益祷楚先老僮、祝融、媸酓各一牂，鬼攻解于不辜。苛嘉占之，曰：吉。

从卜筮程序看，包山诸简所记是一致的。据上例，其程序有六：

（一）记卜筮的年月日

东周之客嚳绖归胙于藏郢之岁，夏尿之月，乙丑之日。

（二）记卜筮人及为谁卜筮

苛嘉以长则为左尹舵贞。

（三）记所占何事

出入侍王，自夏尿之月以庚集岁夏尿之月，尽集岁，躬身尚毋有咎？

（四）记占卜的答案

占之：恒贞吉，少有忧于躬身，且外有不顺。

（五）记为趋吉避凶进行祈祷

以其故敚之，迻祷楚先老僮、祝融、媸酓各一牂，鬼攻解于不辜。

（六）卜筮人再占吉凶

苛嘉占之，曰：吉。

用上述记录卜筮的六个环节，跟《离骚》有关卜筮的环节相对照，基本上是一致的。而且通过对照，更可以加深对《离骚》有关章节艺术结构的理解，并纠正后人的某些误释。今按《离骚》有关卜筮的章节，亦有六个环节，即：

（一）举行卜筮的年月日

在这个问题上，《离骚》并没有具体写出卜筮的年月日，只是写出被疏之后，由于政治上的失败而心情处于极端困惑的时刻："闺中既以邃远兮，哲王又不寤；怀朕情而不发兮，余焉能忍与此终古。"这是简文的纪实与诗篇的抒情之间的区别。故简文纪日月，诗篇纪情怀。

（二）卜筮人及为谁卜筮

《离骚》紧接上文"余焉能与此终古"之下云："索藑茅以筵篿兮，命灵氛为余占之。"这跟楚简"苛嘉以长则为左尹舵贞"（《说文》："贞，问卜也。"）是完全一致的。楚简的卜筮人是"苛嘉"，而《离骚》的卜筮人是"灵氛"。楚简是"为左尹舵贞"，而《离骚》则是"为余占之"。楚简的"苛嘉"，自然是当时的卜者之名；而《离骚》的"灵氛"，则王逸曰："古明占吉凶者。"或谓即《山海经·大荒西经》灵山十巫中之"巫盼"。总之，乃古神话中的人物。是楚简之"苛嘉"为实有其人的卜者；而《骚》文的"灵氛"乃设想中的卜者。此亦诗篇抒情与简文纪实之别。至于为谁卜筮？简文是"为左尹舵贞"。据其他简文，知"舵"即墓主

"左尹昭㲋",乃楚之同姓大臣。而《骚》文"为余占之"的"余",则为楚之同姓大臣"左徒屈原"。但《离骚》称"余"乃抒情主人公的自我称谓,简文称"左尹㲋",乃巫史之依实纪录。

（三）所占何事

此指"贞辞"而言。即卜筮人,在占卜之前向蓍龟言其所占何事。《离骚》紧承上句"灵氛为余占之",即言其所占的内容:

　　曰:两美其必合兮,孰信修而慕之?
　　思九州之博大兮,岂唯是其有女?

这个"曰"字,即卜者灵氛"贞辞"的开始,并引起下四句"贞辞"的内容。由于上文曾以上下求女,喻追求君臣相得的理想际遇。故这个问卜之词是:留楚求合,能否得到君的重用?九州如此之大,是否只楚国才有贤君?此与楚简所问"事君尚无有咎"是一致的。只是《离骚》为抒情诗篇,故以喻辞出之,简文为宗教纪录,故直言其事。

（四）占卜的答案

　　曰:勉远逝而无狐疑兮,孰求美而释女。
　　何所独无芳草兮,尔何怀乎故宇。

这个"曰"字下的四句,即占得的答案,故重新以"曰"字起句。即针对上文问卜之词,指出:努力远去,不必犹豫,孰求贤臣而会放弃了你。天下何处没有理想之君,你又何必迷恋着自己的故国!此环节与楚简"占之:恒贞吉"或"少有忧于躬身"等语相一致。皆言卜得之答案。只是简文为表述,《骚》文为激励。

这里必须略谈前人对上述八句在理解上的错误。

首先,前四句以"曰"字引起,这是卜问之词,即言所卜何事。后四句以"曰"字引起,是卜筮的答案,即卜筮结果所示的吉凶。两"曰"字是一问一答,一疑一决。一为代主人问蓍龟;一为代蓍龟答主人,角度完全不同。包山楚简可以为证。自王逸注于第一"曰"字下云:"灵氛言";于第二"曰"字下云:"此皆灵氛之词"。五臣于第二"曰"字下又云:"灵氛曰"。而洪兴祖《补注》于第二"曰"下则云:"再举灵氛之言者,甚言其可去也。"皆将前后二"曰"混而为一。以为再举"曰"字只是加强语气而已。故前人多以俞曲园先生《古书疑义举例》所提出的古书一人之言或用两"曰"之例说明《离骚》此节,未免失当。即失却古人卜筮程序的惯例,而是自逞臆说。至于或谓前"曰"乃屈原问,后"曰"乃灵氛答;或谓前"曰"乃灵氛辞,后"曰"乃屈原对。更混淆卜筮程序,毫无根据。《九章·惜诵》亦有借占梦以问事君之事,亦前后连用两个"曰"字,其艺术结构与《离骚》相同。

其次,关于卜筮之辞止于何处,前人亦多争议。其实,只要明确第二"曰"下的四句,是卜筮者示屈原以吉凶。故一则说"孰求美而释女(汝)"。"汝"指屈原。再则说"尔何怀乎故宇"。"尔"亦指屈原。因此紧接下来的"世幽昧以眩曜兮,孰云察余之善恶",突然变"尔""汝"而称"余",显然"余"字是屈原自谓。即卜筮之后,已转为诗人的自我抒情,即事发挥,不能跟卜词混而为一。王逸注以"世幽昧以眩曜兮"二句以下,为"屈原答灵氛"言。王氏虽以屈子的自我抒情为

"答",未必准确,但谓此以下为屈原之言,则是正确的。

（五）为趋吉避凶而进行祈祷

据楚简,凡卜筮得到答案,为了趋吉避凶,必祭祷神灵以求福佑。简文纪事之词所谓"以其敚古之","古"与"故"通用。指故事、旧典而言(见《国语·周语》"太誓故曰"注,又《左传》定公十年[前500]:"齐鲁之故"注)。"敚"与"说"古通。简文敚或作繇。《周礼·太祝》祭祷有类、造、禬、禜、攻、说六者,郑司农注云:"皆祭名也。"简文"以其古敚之",即谓依旧典进行祭祷。楚简所祷神灵,天神地祇以至祖先兄弟,名目以数十计。而且所用祭物,各有规定。大至牛羊犬豕,小至玉环、酒食,品类繁多。

由于楚简于卜筮而得到答案之后,必进行祭祷。因此《离骚》于灵氛宣布吉凶之后,诗人作了一段自我抒情。接着就是:

> 欲从灵氛之吉占兮,心犹豫而狐疑。
>
> 巫咸将夕降兮,怀椒糈而要之。
>
> 百神翳其备降兮,九疑缤其并迎。
>
> 皇剡剡其扬灵兮,告余以吉故。
>
> 曰:勉升降以上下兮,求矩矱之所同。
>
> ……
>
> 恐鹈鴂之先鸣兮,使夫百草为之不芳。

上述"巫咸将夕降兮,怀椒糈而要之"这节诗,乃指祭祷,非言卜筮。《秦诅楚文》称巫咸为"丕显大神",而使宗祝祭祷之,又《庄子·天运》

乃问巫咸以天道。可见当时南楚视巫咸为"大神",非一般从事卜筮者可比。但自从王逸注云:"怀椒糈要之,使筮者占兹吉凶之事也。"故千载说此诗者,皆谓灵氛既占之后,又使巫咸再次占之。这种"重占"之说,一直为注释家所袭用。但是,如果据楚简所载,凡卜筮之后必继之以祭祷的程序来考查,则《离骚》此节"要巫咸"、"降百神"、"迎九疑",当皆为祭祷鬼神之事,而非求卜之举。《九歌》为祭神之歌,而《湘夫人》云:"九嶷缤其并迎,灵之来兮如云。"竟与《离骚》此处同语,即其确证。据楚简,每卜之后,必祭祷众神。每次祭神之多,往往以数十计,与《离骚》"百神备降"之语颇相吻合。又《离骚》的"椒糈",即指祭品而言。王逸注云:"椒,香物,所以降神;糈,精米,所以享神。"洪兴祖《补注》云:"糈音所,祭神米也。"据《山海经》考之,多处用"糈",皆为祭米。故《南山经》郭璞注云:"糈,祀神之米名。"是《离骚》之"怀椒糈",即指祭祷巫咸百神所用之祭米而言。总之,《离骚》此节所言,即楚简所谓"以其古(故)敚之",亦即根据旧典规定对鬼神进行祭祷,以祈逢凶化吉。故《离骚》所谓"要之",乃要其赐福,并不是旧注所谓要其"重卜"。

祷神之后,神必以吉凶相告,故云"皇剡剡其扬灵兮,告余以吉故"。这里的"故",与简文"以其故敚之"的"故"字相近,即指旧典或故事而言。故下文以"曰"字起首的这段话,即"吉故"的内容。乃神灵列举古代的汤、禹、武丁、周文王、齐桓公诸史事,以证明及时远逝以求贤君,必能达到君臣相得的理想。但是,从楚简来看,祭祷之后,或吉或凶,是由卜筮人经过占卜之后,间接相告。因此,这节诗歌显然是诗人借巫咸百神之口的抒情之笔,与楚简的纪实之文有异。尤其是从"何琼佩之偃蹇兮，众薆然而蔽之"以下，对群芳变节之描写，更是一段诗人的直抒胸臆，自我申诉。这其间"余以兰为可恃兮"、"及余饰之方壮兮"的两个"余"字，充分展现出主人公主抒情的语气。

（六）卜筮人再占吉凶

据楚简观之，凡祭祷之后，原来的卜筮人必再占吉凶，作最后决定。如209～211简，开始的卜筮人为"五生"，经祭祷之后，又云："五生占之曰：吉"。又如212～215简，开始的卜筮人为"盬吉"，经祭祷之后，又云："盬吉占之曰：吉"，又如216～217简，开始的卜筮人为"苛嘉"，经过祭祷之后，又云："苛嘉占之曰：吉"，余简皆如此。在数简之中，只有一个例外，即228～229简，开始的卜筮人为"陈乙"，祭祷之后的卜筮人为"五生"。此殆非常例。

正由于楚人卜筮程序有如上述，故在《离骚》中，于祭祷"巫咸""百神"之后，原来的卜筮人"灵氛"，又以祭祷之后所占的结果相告。亦即：

灵氛既告余以吉占兮，
历吉日乎吾将行。

古今说者，多以为"灵氛既告余以吉占"，为回顾与重复上文开始卜筮灵氛之断语。事实上此当为灵氛于祭祷后，再次卜筮之结果，由于"巫咸"、"百神"为之祛灾赐福，故谓之"吉占"。此与楚简每条之末必曰"某某占之曰：吉"，是一个程序。乃祭神之后所占得的新结论，并非对祭神前的旧结论之回顾。这以下一大段"驾飞龙"而神游，正是根据这一"吉占"而付诸实行的浪漫主义意象表现。

看来，《离骚》的六个卜筮程序，除诗人的自我抒情部分以外，基本上跟楚简是一致的。只是由于古今注家，没有得到楚国当时卜筮程序的第一手纪录，故无从取证，治丝益棼。

三、楚卜之用具与方法

古人有疑则占。占有卜与筮两大类：用龟曰卜，用蓍曰筮。卜以"象"明吉凶，筮以"数"示休咎。但从出土文物来看，用龟之外或用兽骨。从文字结构来看，筮字从竹，则蓍草之外亦或用竹。《离骚》既称"琼茅"又称"筵篿"，则竹、草兼用，可知为"筮"而非为"卜"。但据包山楚简，楚用以占卜之物，名称极其复杂，似亦有卜与筮两大类。按《卜居》又有"端策拂龟"之语，其卜筮兼用可知。楚简所记占卜之用具，有"长悬"（或用"长则"）、"葆豪"（或作"保豪"、"琛豪"）"训蠿"、"央筶"、"丞惪"、"少宝"、"彤筶"、"共命"、"长灵"、"驳灵"等。以简文核之，用"丞直"为占者三次，皆记有八卦之卦爻；用"共命"为占者二次，亦皆记有八卦之卦；用"央筶"为占者一次，亦记为八卦之卦爻。可知这三者皆当为竹或草之别名，亦即《离骚》的"琼茅"、"筵篿"之类。至于"训蠿"、"驳灵"，或当为"龟"、"龟"之别名。如《周礼·春官》："龟人掌六龟之属，各有名物。天龟曰灵属，……"又春秋时鲁国用以占卜之大龟，别名为："蔡"（见《论语》），是其例证。故《离骚》云"索琼茅以筵篿兮"，作为卜筮之用具，名称虽与楚简不同，但"琼茅"为蓍草之类，"筵篿"为竹枚之类，可证屈子所言，乃筮之以"数"明吉凶，非卜之以"象"示休咎。但楚之用"数"，是否与中原之《周易》相同，或相似，乃至相通。文献不足，无从考知。但这批包山楚简的出土，亦使我们略得其梗概。即一部分楚简所记的筮法，与《周易》一个体系而又不相同。楚文化本自北而南下，又融入南楚风习。故在卜筮方面其与中原各国相通，是可以理解的，但又具有楚俗之特征，与中原有别。

从中原出土的文物中，如殷周甲骨刻辞与铜器铭文上，已发现数字八卦符号，以一、×（五）、八、∧（六）、十（七）等数字代表《易》卦的阴爻或阳爻，即奇数代表阳爻，偶数代表阴爻。但一九九二年在陕西岐山县又发现周初刻有卦画八卦的蚌饰，则以断画－－代表阴爻，以连画－－代表阳爻。只刻有☰（乾）☳（震）☰（乾）☱（兑）四个单卦。而过去发现的数字八卦，则皆为二卦相重，乃八卦在运用中的演进，已由八卦互相重叠而演为六十四卦。从这次包山楚简来看，八卦符号出现了六次，皆为数字八卦。它不仅与中原甲骨铜器的数字八卦相似，已由单卦演为重卦，而且又向前发展了一步，与《左传》《国语》所记春秋时代，既有本卦又有变卦之法相一致。如 210 简：

占之，恒贞吉。少有忧于躬身与宫室，且外有不顺。𡉈。

这个数字八卦，如改为卦画八卦，则当为☷☱。其本卦，下兑上坤，即六十四卦中之"临"。但由于本卦最上之阴爻－－，变为阳爻一，则成为下兑上艮，即六十四卦中之"损"。用《左传》记录卜筮之惯例言，即"遇'临'之'损'"。可见，楚简占法亦与中原相同，即由本卦到变卦而得占。但是，如以"临"卦上六为变爻，则《周易》"临"卦上六的爻辞为:"敦临,吉,无咎。"而楚简之占辞则为:"恒贞吉,少有忧于躬身与宫室,且外有不顺。"显然,楚简所记,其吉凶并非以《周易》为据。即所用的是数字八卦,又重为六十四卦;而且六十四卦之间又有本卦、变卦之别。这一切,楚国与中原大致相同。但所用以判断吉凶的卜书,却不是《周易》,而别有所据。这种情况,在《左传》记录各国的卜筮中是常见的。即其间用《周易》卦辞、爻辞的原文以判吉凶者固然不少,但有的国家,虽亦用本卦、变卦之法,而别有占辞,并非来自《周易》。包山楚简所记,就是如此。

上述的分析,虽似乎是从"超文学"角度研讨问题,但为了澄清历代学者对《离骚》中卜筮方法的种种猜测,是仍有参考意义的。

当然,《离骚》的判断吉凶之语,不仅不同于《周易》,也不与楚简相似。因为楚简的断语,乃卜筮者的客观纪实之辞。而《离骚》的断语,则为屈子的主观抒情之笔。巫史的宗教纪录,与诗人的艺术创作,其判然有别,是当然的。

四、几点体会

任何奇幻陆离的艺术构思,都不可能脱离现实生活的土壤。但任何生活现实进入了艺术作品,也决不会是现实生活的原型再现。《离骚》中的卜筮情节,正体现了这一创作规律。尽管《离骚》的艺术构思与意象表现,利用了楚国当时有关卜筮的程序、方法等等,但《离骚》与楚简所载,其间是有区别的。除以上章节已随文略作解说,现特阐述其要点如下:

首先是称谓问题。楚简是以巫觋为主体,由巫觋为主人公昭佗占卜吉凶;《离骚》是以屈原为主体,是由屈原命令巫觋为自己占卜吉凶。故诗篇中的抒情主人公"余",始终处于主导地位。而且,楚简中的卜筮人,皆为当时巫觋的真名实姓。如"盬吉"、"石被裳"、"郦会"、"苛光"、"五生"、"苛嘉"、"壐妆"、"誩吉"、"郱薾"、"屈宜"、"陈乙"、"观绷"等,这些名字有时重复出现。而《离骚》中的卜筮人,则为借古以寄意,乃援用神话传说中的巫觋"灵氛",而非现实中的巫觋。因为宗教记录的人名必记实,而文学创作中的人名则允许虚构或借用。这其实已开汉大赋,假主客之名以问答的创作趋向。

其次,关于主人公的主观意念问题。楚简是卜筮过程的纪实,而《离骚》则是抒写感情的诗篇。故楚简所记除卜筮过程无余事。《离骚》则在卜筮过程中,渗入大量的主人公的意念宣泄。如灵氛占语之后,"世幽昧以眩曜兮"至"谓申椒其不芳"一大段,目的即上承灵氛占辞而激发出的主人公对现实不察善恶的愤懑与不平。又如祭祷巫咸之后,针对巫咸的议论,引发出主人公从"何琼佩之偃蹇兮"至"周流观乎上下"一大段,对群芳变节的慨叹。《离骚》作为伟大的政治抒情诗篇,主人公的强烈主观意念,在诗篇中纵横奔驰,使卜筮情节几乎完全被淹没。这其间,即使是出自卜筮人之口的贞问之辞,或占得的答案,也都是经过诗的构思,赋予诗的意象。如:

勉远逝而无狐疑兮,孰求美而释女(汝)。

何所独无芳草兮,尔何怀乎故宇。

正是这种"天涯何处无芳草"的无限凄怨之情,一代又一代地感染着千千万万的读者。尽管《周易》的爻辞，也偶有韵语，并带有文学意味，但如此强烈的主观抒情色彩，却是找不到的。

再其次，《离骚》作为政治抒情诗，跟宗教仪式纪录的最根本差异，还在于宗教记录对卜筮是深信不疑，真诚不渝的，而《离骚》则不同。虽灵氛的卜筮断语是"勉远逝而无狐疑"，但抒情主人公的最终行动与意志，却是：

陟升皇之赫戏兮，忽临睨夫旧乡。

仆夫悲余马怀兮，蜷局顾而不行。

一面是"远逝无疑"，一面是"顾而不行"。这种对卜筮答案彻底否定的态度，无疑是说明了诗篇的卜筮情节，不过是艺术手段，而非宗教信仰。此乃抒情主人公在这个问题上所作出的强有力的回答。这正如《卜居》一篇对卜筮的否定。也是显然的。如果说《离骚》是通过主人公"顾而不行"的行动，来否定卜筮；那么，《卜居》则又是借卜筮人——太卜无能为力的口吻来否定卜筮。他既承认"数有所不逮，神有所不通"，又主张"用君之心，行君之意"，这哪里是宗教人物的态度？

学术界有人根据《离骚》《卜居》中的卜筮情节，断定屈原是个"巫官"，故他是在施行巫术。但是，一个"巫官"竟用自己的语言，宣判巫术的虚伪不验，这在逻辑上讲得通吗？包山楚简所记卜筮祭祷如此之多，或凶或吉，或吉中有凶，或凶中有吉。这其中，决不会皆灵验无误。但简文却没有一条最后记下与卜筮结论不符的事实。这正是宗教纪录不同于屈赋的标志。

有人说：艺术起源于宗教。这话未必确切。我认为，艺术之始或寄生于宗教，并不是起源于宗教。因为，在原始人类的意识形态中，本来就有艺术因素。但在开始出现时，由于整个人类还处于宗教的氛围之中，故艺术只得附托于宗教而为宗教服务。所有雕塑、舞蹈、音乐、歌唱等，无不如此。不过当社会进化到一定阶段，由于宗教意识渐趋于淡薄或消亡。艺术这个附着物，才逐渐脱离宗教而独立，以附庸而蔚为大国。但即使艺术已脱离宗教而独立，而天才的艺术家们，却往往要吸取多姿多彩的宗教文化遗产，作为自己的创作契机、素材、情节乃至框架，而创造出伟大的艺术品。这是人类文化发展史的客观事实。当然，在战国时期的楚国，还不能说宗教意识，已经淡薄或消亡。但处在这个百家争鸣的思想大解放时代，屈原作为伟大的先觉者和划时代的诗人，说他的创作一方面充分利用了宗教文化遗产，一方面又超越了宗教意识，而显示出艺术表现人类意志的独立功能，决不是无据的。屈原为"巫官"之说，是不符合历史事实的。屈原的《离骚》而外，《招魂》《九歌》等，皆当作如是观。这从《天问》一篇所体现的理智精神来看，也应当完全相信这一点。

一九九三年五月十二日脱稿

二八　治屈赋各有所难，亦当各有所重

问：屈学号称难治。但难点何在，言人人殊，如何攻克，众说不一。愿闻其详。

答：治《离骚》之难，在于掌握作者感情的起伏变化；治《九歌》之难，在于辨析尔我称谓代词之所指；治《天问》之难，在于追溯神话原型，与贯通章节次第；治《九章》之难，在于写作时地的确定；治《招魂》之难，在于对名物典制之训释。对以上这些，我已试作新解。如据《惜诵》以确定《离骚》对进退、变守、去留之感情冲突；据叙事形式的变化多样，以确定《天问》章节次第，反对错简之说；据鄂君启节，以确定屈子流浪的路线，等等。但对《九歌》《招魂》则心有余而力不足。我深望后学能据当代所搜辑的大量民歌、民俗以探索《九歌》的称谓规律，也希望能据江陵出土的大量文物与遗策等，以训释《招魂》的名物典制。总之，古籍遗文，固会与人以思想启发，出土文物更会给人以实物印证。所谓屈学的难点，也不难渐被突破。当然，所有这些，离开深厚的语言文字功底，是无能为力的。因为文学作品是“语言艺术”，离开了语言文字，所有的功夫，都会成为无源之水，无本之木。

例如《招魂》中有“露鸡臛蠵”之句。王逸注训“臛”为“羹”，“蠵”

为"大龟";"臛"为以大龟作羹,此解殆无大误。但对"露鸡"释为"露栖之鸡也",不特文句不谐,抑且物理难通,故后人多斥其非。按近出包山楚简,遗策载有"嚣雞"(即煮鸡)"庶雞"(即煮鸡)等名,则当时鸡的烹饪,其法已多。因疑《招魂》之"露鸡",或即"烙鸡"。"露"乃"烙"之同音借字。烙鸡亦即烤鸡之类。又如对《天问》中的神话,追索其神话的本来面目与来源即可,不必解以近代的科学结论。因为屈子《天问》的不朽,乃在于给千秋万代的人们,以如何认识客观世界的启迪作用,而不在于给予人们以科学的结论。唐柳宗元的《天对》,以隐奥之文饰其陋之见,实属多事。因唐代的所谓科学结论是否可靠,固且不论,即属不易之定论,亦何补于对《天问》精神的理解。清代的天文历算,已渐昌明,因此,如戴震之注《天问》,亦往往有引今以证古之倾向。我尝谓,《天问》有"日安不到,烛龙何照",或即指今"北极光"之类。但此种解释即或言中,也不如将见之《山海经》中之"烛龙""烛阴"的神话引出即足,何烦画蛇添足。盖屈原当时,虽没有能对此做出科学答案,但他却不满足于远古以来,所留下的神话式的解释,而竟能打破传统,提出一系列探索真理的提问,这才是《天问》所留给千秋万代的启迪之功。也是屈原这一伟大诗篇,之所以流传千古而常新的原因。

二九　同一神话之分化，往往由神话本身两种不同特征而引起

问：先生曾提出古代神话之演变与分化，往往以语言因素为其媒介。此说学界多袭用之。未知神话之演化还有其他渠道否？

答：神话之演化，其渠道是多方面的。如果有人能根据不同情况进行归纳与概括，可写出一部极有价值的论著。举例言之，如《天问》有云："日安不到，烛龙何照"；而《大招》又有云："北有寒山，逴龙赦只"。其中的"烛龙"与"逴龙"，无论从其特征与名称来讲，显然是两个不同的神话事物。但追求其来源，实为一物之分化。盖一物而有多种特征。如各从其不同特征言之，即会演化为二名、二物。但二物之名，从音素来讲，又有其某种程序的亲属连系。考《山海经·大荒北经》云："章尾山，有神，人面蛇身而赤。直目正乘，其瞑乃晦，其视乃明，不食不寝不息，风雨是谒。是烛九阴，是谓烛龙。"又《山海经·海外北经》有云："钟山之神，名曰烛阴，视为昼，瞑为度，吹为冬，呼为夏，不饮，不食，不息，息为风。身长千里（《艺文类聚》卷九引作'三千里'）。在无脊之东。其为物，人面，蛇身，赤色。"从上文加"·"符之形象特征言之，故有"烛龙"、"烛阴"之名，言其光照九阴也。但从上

文加"△"符之形象特征言之,则身长千里,故又得"逴龙"之名。"逴"字之义为"长远",称为"逴龙",言其长也。当然,《天问》言"何照",乃就其目光"视为昼"而言;《大招》言"赦只",乃就其"蛇身赤色"而言,亦各与其特征有关。不过这里要特别注意者,此物又与一般因自身特征不同,而演化为二物者不同,即"烛龙"与"逴龙"之"烛"、"逴"二语,虽意义相距极远,却又以极其相近的语言因素,显示了二物的同源关系。亦即形容"长"义之名极多,不命以他名,而独以"逴"名之的原因所在,因"烛"在古韵侯部入声屋部;"逴"在古韵宵部入声乐部。二部古音相近,通转频繁。故"烛龙"与"逴龙"乃在二名分化之时,人们仍企图于异中求同的心理所造成的。

此乃因一物自身有不同特征而演化为二物,而二物之名又保持了语音上的联系,故既名"烛龙"又名"逴龙"。这跟"兔"之与"蜍","乌"之与"狐",只以语言因素为媒介,而与意义无关者,另是一种演化规律。二者不难混为一谈。

三〇 《天问》问句的修辞，
变化多端，无板滞感

问：胡适曾说过，屈赋当中，《天问》最无文学价值。先生以为然否？

答：《天问》以其敏锐的眼光、睿智的思维与起伏的激情，一口气提出如此繁多的文化问题，在思想方面对后代读者的无限启迪，这里且不谈。现在仅从文学修辞来讲，也可看出它在中国文学史上的重要地位。从文学修辞方面探讨《天问》者尚不多。我认为《天问》贯穿全篇的疑问句、诘问句等，其结构形态之变化不居，灵动多样，可以说是达到了修辞技巧之极致。纵览战国时期的典籍，从文学角度看，其对提问句的修辞手法，都是下了功夫的，这也许是当时讲究"辞令"的风气使然。例如《庄子·天运》的首段云：

　　天其运乎？

　　地其处乎？

　　日月其争于所乎？

　　孰主张是？

　　孰维纲是？

孰居无事,推而行是?

意者,其有机缄而不得已邪?

意者,其运转而不能自止邪?

云者为雨乎?

雨者为云乎?

孰隆施是?

孰居无事,淫乐而劝是?

风起北方,一西一东,上有彷徨,

孰嘘吹是?

孰居无事,而披拂是?

敢问何故?

这是哲学家的提问,是问宇宙的第一动力是什么?以及风云变幻的起因又是什么?而语言起伏变化,是多么错落有致,舒卷自如!

又如《管子》有《问》篇,也是一篇奇文。它虽是政治家的政论文章,也颇在"问"语上展示了艺术才能。例如:

问死者之孤,其未有田宅者有乎?

问少壮而未胜甲兵者,几何人?

问死事之寡,其饩廪何如?

问国之有功大者,何官之吏也?

问州之大夫也,何里之士也?

……

119

全篇所问者凡数十事,而皆以不同的形式出之。前人曾谓:"此篇文法累变而不穷,真天下之奇也。"确实给人以"奇"的感受。

当然,当时的纵横家,更讲究辞令艺术。以《战国策》观之,其问语之工者,如《齐策》记邹忌谏齐王章,即有下列一段问答之辞:

> 谓其妻曰:
>
> "我孰与城北徐公美?"
>
> 其妻曰:"君美甚,徐公何能及君也!……"
>
> 问其妾曰:
>
> "吾孰与徐公美?"
>
> 妾曰:"徐公何能及君也!……"
>
> 问之客曰:
>
> "吾与徐公孰美?"
>
> 客曰:"徐公不若君之美也!"

这段叙述,问语与答语一样,句型变化多端,摇曳生姿。

上述三例,皆可称之为春秋战国时代的"问体文"。但三者皆为散文,文句的长短伸缩,给句型的变化带来不少机动性。至于屈原的《天问》,则系诗歌体,且以四字句为其基本形式。因此问语的变化,受到极大制约。但我们今天读起来,不仅无板滞感,而只觉其起伏变幻,不可端倪。

《天问》的基本形式,皆四句为一节,每节双句用韵。现以每节诗为一单元,以考其疑问语词的位置之变化,即可得三十五例。当然,如果将语句之不同结构或不同字数,和"何"、"胡"、"安"、"孰"、"谁"等词的交互使用等等,都算在内,则一百七十多个提问,几乎没有相同的句式。这不能不说是个奇迹。现在只就一节诗中疑问语词的位置变化来看,其三十五例如下:

第一例

　　遂古之初,谁传道之?
　　上下未形,何由考之?

第二例

　　纂就前绪,遂成考功,
　　何续初继业,而厥谋不同?

第三例

　　何圣人之一德,卒其异方?
　　梅伯受醢,箕子佯狂。

第四例

　　彼王纣之躬,孰使乱惑?
　　何恶辅弼,谗谄是服?

第五例

明明暗暗,惟时何为?

阴阳三合,何本何化?

第六例

斡维焉系,天极焉加?

八柱何当,东南何亏?

第七例

天何所沓,十二焉分?

日月安属,列星安陈?

第八例

女岐无合,夫焉取九子?

伯强何处,惠气安在?

第九例

鲮鱼何所,鬿堆焉处?

羿焉彃日，乌焉解羽？

第一〇例

鸱龟曳衔，鲧何听焉？
顺欲成功，帝何刑焉？

第一一例

昆仑县圃，其凥安在？
增城九重，其高几里？

第一二例

何所冬暖，何所夏寒？
焉有石林，何兽能言？

第一三例

出自汤谷，次于蒙汜，
自明及晦，所行几里？

第一四例

夜光何德,死则又育,

厥利维何,而顾菟在腹?

第一五例

永遏在羽山,夫何三年不施?

伯禹腹鲧,夫何以变化?

第一六例

何阖而晦,何开而明?

角宿未旦,曜灵安藏?

第一七例

四方之门,其谁从焉?

西北辟启,何气通焉?

第一八例

萍号起雨,何以兴之?

撰体协胁,鹿何膺之?

第一九例

鲧何所营,禹何所成?

康回冯怒,墬何故以东南倾?

第二〇例

九州安错,川谷何洿?

东流不溢,孰知其故?

第二一例

黑水玄趾,三危安在?

延年不死,寿何所止?

第二二例

舜闵在家,父何以鱞?

尧不姚告,二女何亲?

第二三例

伯林雉经,维其何故?

何感天仰坠,夫谁畏惧?

第二四例

天式从横,阳离爰死,

大鸟何鸣,夫焉丧厥体?

第二五例

桀伐蒙山,何所得焉?

妹嬉何肆,汤何殛焉?

第二六例

妖夫曳炫,何号于市?

周幽谁诛,焉得夫褒姒?

第二七例

水滨之木,得彼小子,

夫何恶之,媵有莘之妇?

第二八例

授殷天下,其位安施?
反成乃亡,其罪伊何?

第二九例

昭后成游,南土爰底,
厥利惟何,逢彼白雉?

第三〇例

天命反侧,何罚何佑?
齐桓九会,卒然身杀?

第三一例

比干何逆,而抑沉之?
雷开何顺,而赐封之?

第三二例

　　何冯弓挟矢，殊能将之？
　　既惊帝切激，何逢长之？

第三三例

　　皇天集命，惟何戒之？
　　受礼天下，又使至代之？

第三四例

　　兄有噬犬，弟何欲？
　　易之以百两，卒无禄？

第三五例

　　九天之际，安放安属？
　　隅隈多有，谁知其数？

　　以上三十五例，皆以四句为一节，没有例外。因为这是《天问》固有的形式，据此建例，较为稳定可靠。当然，其中或一节问一事，或多节问一事，或一节问多事，不拘一格。与此相结合，益显《天问》变化莫测的艺术魅力。此外，就问事之性质而言，或知事之无而驳其妄，或信事之有而究其理，或疑事之情而穷其故。其上下求索、探究真理的精神，通过语言形式之幻变而曲尽其妙，这确是《天问》的艺术妙境。

当然《天问》并不是一部正统的科学论著，也并不是一部合辙的哲学典籍，但却是一篇妙绝古今的瑰丽诗篇。陶诗云："奇文共欣赏，疑义相与析。"在人们的文化生活中，也许只有诵读屈子的《天问》时，才会有此艺术感受。

三一 《七谏》不见于《东方朔传》的原因

问:《七谏》之名,不见于《汉书·东方朔传》,而见于《楚辞》,前人多疑之。先生曾谓本传的《责和氏璧》或即《七谏》,愿闻其详。

答:有些学术问题,一时不易解决,则不妨以探索的态度,提出一些假设,以待后人论定。你提出的这个问题,即属此类。我对此提出的假设是:古人文章,多无定名。后人或撮其篇旨以名之,或摘其诗句而名之,遂有歧异。东方朔本传所举之《责和氏璧》,当即今悼屈之作《七谏》。因《七谏》篇中屡以和氏因献玉而被刖,喻屈之因忠谏而得祸,故取以为名。以和氏喻屈,汉人所习用。如《后汉书·班固传》,班氏上东平王苍奏记有云:"昔卞和献宝,以离(罹)断趾,灵均纳忠,终于沉身。而和氏之璧,千载垂光,屈子之篇,万世归善。愿将军隆照微之明,信日昃之听,少屈神威,咨嗟下问。令尘埃之中,永无荆山、汨罗之恨。"此可为东方朔之《七谏》或即《责和氏璧》之旁证,此乃撮其篇旨以为名者。其实,《七谏》除有《责和氏璧》一名之外,古又有《防露》之名,乃取篇中词句以名篇。如《文选·文赋》李善注云:"谢灵运《山居赋》曰:楚客放而《防露》作。注曰:楚人放逐,东方朔感江潭而作《七谏》。"按此处称《七谏》为《防露》者,因《七谏》有句云:"便娟之修竹兮,寄生乎江潭;上葳蕤而防露兮,下泠泠而来风。"因有"防露"之语,故又名《七谏》为《防露》。此犹因《七谏》有"悲楚人之和氏兮,献宝玉以为石,遇厉武之不察兮,羌两足以皆刖"之句,故又或以《责和氏璧》名篇。此则除撮其篇旨之外,亦有取于诗句。至于又名《七谏》者,或如王逸所谓古者"天子有诤臣七人"之义,故取其义而命之以《七谏》。

以上推测,是否有当,谨待学术界论定。

三二 《天问》《招魂》中的神话原型不容忽视

问：先生常谓释《天问》《招魂》者以神话为难，其难何在？愿闻其详。

答：其难在于探索神话的本来面貌。王逸近古，但亦多含混之词。凡解释古书者，近古固多可信。但也或由于近古，反不如今说为有据。这是由于治学的条件，往往今胜于古。例如《招魂》云："魂兮归来，西方之害，流沙千里些。旋入雷渊，靡散而不可止些。"后世多不得其解，其误实由王逸注引起。王逸注云："流沙，沙流而行也。""言西方之地，厥土不毛，流沙滑滑，昼夜流行，纵横千里，又无舟航也。"又云："旋，转也。渊，室也。""靡，碎也。"进而总释此节云："言欲涉流沙，则回入雷公之室，转还而行，身虽靡碎，滑动不得休息也。"症结所在，是王逸把"旋入雷渊"之原因，与"流沙"的关系未区别开。而且王氏既训"旋，转也"，又谓"回入"，又谓"转还而行"，致使语意重沓不明，遗误后人。故此节，洪氏《补注》、朱氏《集注》皆避而不释其义。至蒋骥《山带阁注楚辞》则云："西域度尔格，有沙海二千余里，沙乘大风如浪，行旅遇之，常为所压。旋，飞沙卷人，随风旋转也。"寻其语意，实将"旋入雷渊"的原因归之沙漠的风暴，故谓"飞沙卷入随风旋转",故陷入"雷渊"。今人之释者亦谓:"大片的土地,全是坑人的流沙,飞沙一下把你漩进了深渊(那是雷公的老家),你势必变成碎渣,无休止地沉下"(文怀沙《屈原〈招魂〉注绎》,见《文史》一辑)。这里显然也将"卷入雷渊"的原因,归诸流沙之地及其暴风所致。此皆以讹传讹,不可不辩。今据《水经注》河水条,所谓"雷渊"殆即"蒲昌海",又名"泑泽",亦名"盐泽",乃"河水之所潜"。谓黄河发源于昆仑山,东流至"蒲昌海",即伏入地下,因而漩涡激荡,其声如雷,因名"雷渊"。故《水经注》又谓:"其中洄湍电转,为隐沦之脉。当其濆流之上,飞禽奋翮于霄中者,无不附于渊波矣。"此盖谓"雷渊"中漩涡卷成之巨大气流,人禽近之,即被卷入渊中。可证,《招魂》所谓"旋入雷渊",即指被雷渊漩涡之气流卷入渊中耳,并非指流沙之大风所卷入也。古今注家之误,关键即在此。至于王逸注所谓"雷公之室",自属古代相传有关"雷渊"之神话。盖古人因漩涡之声如雷,自然其中会有"雷公之室"。清周拱辰《离骚草木史》,曾谓"雷渊"即西域河水注入之"雷翥海",而未详其义。

三三　屈赋词序倒置现象多见于中原，
并非楚语所独有

　　问：关于屈赋修辞，有"词序倒置"之例，说者多以为此乃楚语特例，不同于中原。先生以为然否？

　　答：我对屈赋副词多提在主语之前的现象，不同意学术界以为此乃楚语特征之说。并举《诗·桑柔》"多我觏瘏"及《下泉》"忾我寤叹"等为例，明楚语法结构，不异于中原。又如《天问》"馆同爰止"，实即"爰止同馆"，亦楚语词序倒置之例。但《诗·崧高》之"四方于宣"，实即"宣于四方"之倒置语；"谢于诚归"，实即"诚归于谢"之倒置语。说明了语言文字作为文化特征的主要标志，楚与中原基本一致。只能说，有些特征，其多寡的程度，略有不同而已。楚文化，本来自中原，此亦实证之一。学术界的主要倾向，是过分强调以屈赋为代表的楚文化，不同于中原文化的一些特征，但这些特征并不占主导地位，不宜喧宾夺主。

三四　依古籍校改《楚辞》文字，
当持审慎态度

问：先生对《哀郢》"外承欢之汋约兮，谌茬弱而难持"二句，谓指当时楚国亲秦派，对秦人之屈服态度而言，此说多为人所采用。此较王逸之说，更为可信。其详可得闻乎？

答：此与当时的秦楚外交关系，皆吻合无间，文字亦通顺无阻，似乎已无多事发挥的必要。但据《平津馆丛书》，本唐余知古的《渚宫旧事》引《哀郢》作"外承欢之为约兮"。从字面言，"为约"即与秦订立条约，对句意所指更为明确。但所据是否古本，尚不敢必。因王逸注此，谓"汋约，好貌"。盖王氏读"汋约"为"绰约"。是作"汋约"乃汉代古本如此。而《渚宫旧事》所引，或引者据语义而改字，此乃古书致误的常见之例，故语虽明确，不能轻从。凡引古书以证己说，去取之间，宁可从严，不宜泛滥。为了证成己说，不惜引误书以为证，不足为训。

三五　"山无草木曰岵"，
疑于义者当求之于声

问：先生释《抽思》的"北姑"为"北岵"，认为乃山无草木之通称。但古书或谓"岵"乃山有草木之称。究以何者为准？

答：《诗·陟岵》毛传"山无草木曰岵"，此与《山海经》多处所存古义相合。自《说文》《尔雅》传本误"无"为"有"，遂失其本义。按岵从"古"得声，盖与"枯"义相承，故为山无草本之称。段玉裁注《说文》，郝懿行注《尔雅》，对此皆游移其词。此殆皆未能继承戴东原氏"疑于义者以声求之"的训诂原则，故有此失。

三六　屈赋联绵词与迭音词交互作用
以求错落之例繁多

问：先生提出的屈赋语言错落美，确实很重要。其中如联绵词与迭音词的交替使用一例，是极其有趣的现象。未知所举三例之外，还有无其他例子？

答：古人举例不过三，故我在有些场合，总是喜欢只举三例，以免行文拖沓。屈赋的修辞手段，对联绵词与迭音词交换使用的现象，是极其频繁的，而且形式也极复杂。例如《离骚》云：

扬云霓之晻蔼兮，
鸣玉鸾之啾啾。

又云：

驾八龙之婉婉兮，
载云旗之委蛇。

《哀郢》又云：

> 惨郁郁而不通兮，
> 蹇侘傺而含慼。

《远游》又云：

> 时仿佛以遥见兮，
> 精皎皎以往来。

以上皆系常例。此外又有隔句以求错落之例，如《悲回风》有云：

> 吸湛露之浮源兮，
> 漱凝霜之雰雰。
> 依风穴以自息兮，
> 忽倾寤以婵媛。

甚至有隔节以求错落之例。即前一节诗与后一节诗，抑或联绵词与迭音词交互使用，遥相调节，以显其变化不居，参差有致。例如《悲回风》又云：

> 曾歔欷之嗟嗟兮，
> 独隐伏而思虑。

涕泣交而凄凄兮，

思不眠以至曙。

终长夜之曼曼兮，

掩此哀而不去。

此节三用迭音词，但接下的诗节，却又三用联绵词，以成其错落之致：

寤从容以周流兮，

聊逍遥以自恃。

伤太息之愍怜兮，

气於邑而不可止。

凡此等处，皆表现屈赋在修辞方面，以错落求调谐的艺术特色。

　　凡做研究工作，贵能由此及彼，触类旁通。读前人书，要能举一反三，妙悟横生。此其一例也。

三七　诗骚异体的原因，乃由口头歌唱与书面记录之不同所造成

问：关于诗、骚体裁之异，学说甚多。有时代论，以为骚体乃上承诗而有所发展；有地域论，以为诗北方歌体，骚为南方歌体；有阶级论，以为诗乃贵族诗体，骚乃民间歌体。可见问题的复杂性。而先生则倡为诗乃书面形式，骚乃口头形式之说，愿闻其详。

答：我尝说，对某些学术结论，不能盲从，而要追问几个为什么，这种追根诘底的精神，往往会提示出问题的本质。例如，在诗骚体裁问题上，地域论向来居统治地位。即认为诗经是北方的诗歌形式，骚体是南方的诗歌形式，亦即骚体乃从南方的民歌形式发展而成。此说在学术界似乎已成定论。但对此，我们可提出下列几个问题以供思考：

1. 在《诗经》里，江汉的二南跟中原的国风，南北不同，为什么都是诗体形式？

2. 荆轲的《易水歌》与渔父的《沧浪歌》，南北不同，为什么又都是骚体形式？

3. 同是北方，为什么既有诗体的"齐风"形式，又有齐冯谖《弹铗

歌》的骚体形式?

4.同是南方,为什么既有骚体的《越人歌》形式,又有诗体的《子文歌》形式?

5.为什么同一首歌,在这本书上是骚体形式,在另一本书上又成了诗体形式?

以上五个问题,说明了地域论矛盾百出,不能成立。而我的口头形式与书面形式之说,即基于上述诸多情况而提出来的。我认为,古代民间口头歌谣南北大致相同。其特点是字句的参差自然,句尾多带"兮"字(亦即今"啊"音)。而当人们把口头民歌记录为书面诗歌时,有的仍保持口头民歌的原样,即所谓骚体形式;有的则字句趋于简练整齐,并省去口头歌唱时所不可缺少的"兮"音,这就成了所谓诗体形式。总而言之,《诗经》是经过记录者和配乐者的修改整理而成的书面形式,并不是民歌的原型。而屈骚,则是直接在口头民歌原型的基础上发展起来的。这就是诗骚二体形成歧异的原因。

对此,我过去曾略举其例。现在为证成此说,再举些例子。如《汉书·礼乐志》云:"高祖乐楚声,故《房中乐》,楚声也。"但其所载《房中歌》十七章,虽多杂言,而皆无"兮"字。这是"楚声",但跟所谓楚骚形式,显然不同。此盖歌唱时的泛声"兮"字,在书面记录时皆已省掉。其中三言者如:

> 三草蒌,女罗施,
>
> 善何如,谁能回。

其四言者如：

> 王候秉德，其邻翼翼，
>
> 显明昭式，清明竬矣。

其三四者如：

> 大海荡荡，水所归，
>
> 高贤愉愉，民所怀。

以上这些诗句，如果在单句之尾加"兮"字，则为典型的楚骚句式。尤其三字句式中如：

> 大莫大，成教德，
>
> 长莫长，被无极。

这显然套用了《九歌》中的句子：

> 悲莫悲兮，生别离，
>
> 乐莫乐兮，新相知。

两相比较，则《房中歌》此句，虽套用了《九歌》而又省掉了"兮"字；但在口头歌唱时，则"兮"字决不能省，只是书面记录时没有写上而已。

此外如汉高祖好楚歌，他的《大风歌》是典型的楚骚体。但《史记·留侯世家》载：高祖对戚夫人说："为我楚舞，吾为若楚歌。"歌曰：

> 鸿鹄高飞，一举千里。
>
> 羽翮已就，横绝四海。
>
> 横绝四海，当可奈何。
>
> 虽有矰缴，尚安所施。

此为"楚歌"。情调极似项羽的"虞兮"歌，但形式上由于书面记录者省去了"兮"字，故不似楚骚，而似诗体。但如果歌唱时于每单句之末加上"兮"字，即为典型的骚体。这种书面记录而省略"兮"字的习惯，后世仍有之。如《文选·江赋》李善注引《离骚》作"名余曰正则，字余曰灵均"，即其例证。

又楚骚体的另一形式，为句末有"也"字，代替"兮"的位置。"兮"如今之"啊"；"也"如今之"呀"，皆口头歌唱的句尾泛声。如《离骚》云：

> 余固知謇謇之为患兮，忍而不能舍也。
>
> 指九天以为正兮，夫唯灵修之故也。

又《惜诵》云：

> 壹心而不豫兮，羌不可保也。
>
> 疾亲君而无他兮，有招祸之道也。

又《庄子·人间世》载楚狂接舆歌云：

> 凤兮凤兮,何如德之衰也。
>
> 来世不可待,往世不可追也。

这也是骚体。但今传《论语·微子》记此歌则皆省去"也"字,作：

> 凤兮凤兮,何德之衰。
>
> 往者不可谏,来者犹可追。

看来,古代南北口头民歌,大致相似。但经过记录为书面文字,忠于原型,即为骚体；整齐字句,省略"兮"字,即成诗体。屈赋系继承口头民歌原型而发扬光大,蔚为奇观。学术界或谓骚体乃继承和发展《诗经》形式,不可信。果如所言,则箕子的《麦秀歌》与伯夷的《西山歌》,皆在《诗经》以前,又何所继承耶？

总之,原始民歌,依事立言,文字多少,本无定格,尾音摇曳,以畅其情。故语词参差,并带"兮"字,是其特征。但当记录为书面文字时,或多简约其辞,失去原型。古称孔子"删诗书,定礼乐"。孔子是否删定过《诗经》,不可确知。但据《礼记》《仪礼》所言,《诗经》三百篇,古人皆入乐歌。在入乐之时,其必经太师删定,乐师配音,则无可疑。在这个过程中,纳原始民歌而入于乐律,其增损词句,事理之常。此在后世,亦踵其事。如《文心雕龙·乐府》有云：

凡乐辞曰诗,诗声曰歌。声来被辞,辞繁难节。故陈思左延
年闲于增损古辞,多者则宜减之,明贵约也。

《诗经》之异于原始民歌,即配乐加工时"增损"之后,写成书面文字的
结果(《诗经》里将杂言基本上压缩为四言,以及"兮"字的大量删削,
这是属于"减"的范围。同样的章节,而反复出现仅略更几字者,我很
怀疑乃乐师所"增",以适应乐歌反复吟咏的需要)。至于屈骚之体,
则是直接继承原始民歌形式而发扬光大的结果。当然,屈赋在发展
过程中,又接受了战国时期纵横家的辞令、散文家的修辞等诸多影
响,是必然的。但这是发轫发展壮大之事,就其起源而言,则必归之
民歌的口头形式。

三八　楚国之外,徐宋鲁诸国亦有"令尹"之称

问:中国历代职官制度与名称,最难研究。尤其春秋、战国时期的楚官,更多至今未得其义者。例如"左徒"之外,还有"令尹"等称,敢问其详?

答:楚职官有"莫敖"或谓即"左徒",同官而异名,但无确证。或谓"莫敖"即他国的"司徒",但证据不足。"左徒"我已言之,其余仍在存疑之例。

如一九八二年《中华文史论丛》第二辑刊登《楚官考》一文,谓"令尹之名为楚所独有"。但此说不确。当时北方诸国多有"令尹"之称。如《韩非子·外储说左下》有云:"阳虎去齐走赵,简主问曰:'吾闻子善树人。'虎曰:'臣居鲁,树三人,皆为令尹。'"是鲁有"令尹"之称。又《韩非子·说林下》云:"白圭谓宋令尹曰:'君长自知政,公无事矣。'"是宋亦有"令尹"之称。而且从上述二事看,"令尹"亦系高位要职,与楚"令尹"无异。后世注《韩非》者,多囿于旧闻。对前条,王先慎注谓:令尹二字误。陈奇猷注曰:鲁无令尹。对后条,太田方注曰:令尹,《战国策》作大尹,是也,宋无令尹。但是,除上述鲁宋二国外,从近年发现的徐国铜器看,徐国也有"令尹"之名(一九八四年《文物》

一期二十七页）。是《战国策》"令尹"之作"大尹"，或见闻不广者所羼改，《韩非》原作"令尹"，未必误。春秋战国时期，中原文化南渐楚邦，楚国文化亦有北入中原者，尤其与楚疆界接近的徐、宋、鲁等国，其有"令尹"之称，亦不足怪。《论语》载孔子称楚有"令尹子文三仕为令尹，无喜色；三已之，无愠色。"则鲁对"令尹"之称，早已熟知之矣。礼俗问题，在漫长历史中，南北交融。夷夏历史中，南北交融。夷夏渗透，史籍已屡见不鲜。孟子曾说："吾闻用夏变夷者，未闻变于夷者也。"（《孟子·滕文公》）此乃有为而发，即赞同楚人陈良北学周孔之道；而反对宋人陈相奉楚人许行为师。但这也正反映楚文化当时北渐中原之史实。凡研究古史，当以事实为依据，决不能先定结论，再强事实以就之。凡谓"宋无令尹"、"鲁无令尹"，而且欲改"令尹"为"大尹"者，当知其非矣。

三九　屈原北走汨罗的目的，
　　为救国，非为自沉

问：屈原自沉汨罗，历来学者只认为屈子遭谗，流放南楚，行至汨罗而悲愤自沉。至于此一事件，更深层次的历史意义，则很少有人注意。先生曾认为"或有救国苦衷"、"犹存收复之心"而未作发挥，愿闻其详。

答：我对《九章》之作，曾进行过实地探讨，并认为屈子到溆浦后，由于秦兵陷郢，又入黔中郡，使屈子离开黔中转而东北，走长沙、汨罗，写下了《怀沙》《惜往日》。其中《怀沙》有云："进路北次兮"，"限之以大故"，即道出其北上之原因。但自从王逸注："大故，死亡也。"其本义即湮而不彰，以为屈子北上，只是为了自沉而死。然而流亡生活，到处可死，何必北上？今按，"大故"应指秦兵入寇黔中之事而言。《周礼·膳夫》注及《太祝》注，皆谓："大故，寇戎之事。"可证屈子盖谓己之"进路北次"，乃为寇戎之事所迫。

屈原在溆浦时，秦陷郢都后又向黔中郡进军，迫使屈原不得不离开溆浦。但如果仅为避兵，则正可如庄蹻南下奔滇，自可安然无事。而屈原却不然，竟向东北直赴长沙转汨罗。但这条路线的左前方，即接近秦军袭掠的江南大片土地，并非安全之所。因此，屈原此行，或另有目的。因为当时长沙、汨罗一带，乃是楚国经济文化中心，南楚重镇。其重要位置，仅次于郢都。屈原赴此，或有据以复国之心，也未可知。据近年考古发现，仅长沙一地，便有一百八十六座战国楚墓出有铁器，以及"柳叶形铜矛"、"刃甚锋利的铜剑"、"人形铜柄匕首"；并曾出土四百七十多面质地精良、花贝复缛的铜镜；一百多座楚墓出有砝码及天平。此外，长沙仰天湖、五里牌、杨家湾，曾出土三批楚简，陈家大山出土的人物龙凤帛画，子弹库出土的人物御龙帛画，更为人们所赞赏。至于汨罗江畔，乃古罗子国旧地。一九八三年，考古学家在这里发现古罗城遗址和很多战国至西汉墓葬，出土很多楚兵器和楚文物，有几十座大墓，墓主身份是较高的。是汨罗乃至长沙外围，地势亦极重要。我曾说过，当时屈原游浪所到之处，并非荒僻草野之地。其路线多官商大道，其目的地则多要塞重镇。则屈原之走赴长沙、汨罗，当既非专为避敌，亦决非只为自沉。目的何在？值得我们思考。

当然，研究古史是允许推论的。但推出的结论，要力求接近原始资料。如果与原始资料距离太远，就会走入误区，乃学术研究之大忌。因此，我在《〈九章〉时地管见》中，一则曰："很可能郢都虽陷，屈原犹有兴国之志，黔中虽失，屈原犹有收复之心。"再则曰："或跟屈原怀有救国苦衷而欲借此一瞻国内政治动态是分不开的。"我的结论，仍然如此，也只能如此。在没有更多的论据以前，无法再前进一步。

又据《史记·楚世家》云："二十三年（前276），襄王乃收东地兵，得十余万，复西取秦所拔我江旁十五邑为郡，距秦。"而《秦本纪》亦云：三十一年(前 276)"楚人反我江南"。《正义》曰"黔中郡反归楚"。按此事即在屈子死后的第二年。如果说黔中、江南人民为屈子殉国自沉所激励，故响应楚兵起而抗秦，事或有之，而难作结论。学术界或谓当时抗秦兵力即为屈原所领导，则离题渐远，于史无据。至于再进一步，或谓屈子并无流放江南之事。他之南下，乃受楚王密令，率兵抗秦。如此，则屈子《九章》之忧谗畏讥、愁苦颠沛，全为无的放矢、无病呻吟矣。

四〇　诗骚中比兴说的特例

问：自有王逸把屈赋的比兴之义讲得太死，为人所訾诟。但后世又有对比兴不求甚解之弊。敢问怎样对待才好？

答：比、兴问题，世多歧说。但我认为朱熹《诗集传》的说法，还是可取的。他认为"比者，以彼物比此物"，亦即作品所写之物，与作者要说之事，有特征相同的比喻关系。他又说"兴者，先言他物以引起所咏之词"，亦即作品所写之物与作者要说之事，其间并无比喻关系，只是在歌调上起"引子"作用。但问题的实际，比较复杂。有时物与事之间，往往若即若离，呈朦胧状态。必求字字落实，即入魔道。举例言之，如《九歌·湘夫人》云：

> 沅有芷兮醴有兰，
> 思公子兮未敢言。

这类句调亦曾见诸《越人歌》云：

> 山有木兮木有枝，

心悦君兮君不知。

后来汉武帝的《秋风辞》亦云：

> 兰有秀兮菊有芳，
> 怀佳人兮不能忘。

想来，此或古代民歌的固有调式，故古人多袭用之。或视为楚歌所特有，亦未必恰当。我们如果追到《诗经》，则亦有类型相同的调式。如：

> 山有枢，隰有榆。
> 子有衣裳，弗曳弗娄。（《诗经·唐风·山有枢》）

《诗经》里这类调式还很多。我们如果把句中省掉的"兮"字加上去，则成为：

> 山有枢兮隰有榆，
> 子有衣裳兮弗曳弗娄。

即跟《湘夫人》《越人歌》的调式完全相同。故此调或系古代南北民歌所共有。而《湘夫人》中"沅有芷兮醴有兰，思公子兮未敢言"。这一脍炙人口的名句，也就是在这种民歌基础上创造出来的。它既有句式结构的定型化,更有意境创造上的多姿多彩,形成了民歌所特有的美。

至于这种调式的上下句之间的关系,如说它是"兴",似乎还有意义关系;如说它是"比",似乎意义关系并不密切。如字字落实,必致牵强附会。以《诗经》的这类句子,经师多穿凿之词,不可信。但从总体上看,似可得出两个概念:1.多数为抒写所思而未随之意,或系原始民歌的传统形式;2.上句与正句的关系,似只是"有"与"不"的反衬,或者说是"肯定"与"否定"的对比。此外,"芷"、"兰"、"木"、"枝"、"枢"、"榆"等跟下句所言之事,并无特征上的比喻关系。王逸注《湘夫人》的诗句云:"沅水之中有盛茂之芷,澧水之内有芬芳之兰,异于众草。以兴湘夫人美好,亦异于众人也。"王氏把上下句的联系放在"芷""兰"上,这就必然造成对其他同一调式的诗歌的曲解。如"山木"、"木枝"、"枢"、"榆"等,就很难说明它们是否"芬芳",是否"茂盛",又怎能比喻所思之事物?遵王逸之说者,同样陷此困境。如《文选》五臣注铣曰:"芷兰皆香草,喻已之善也。"《楚辞补注》洪兴祖云:"思椒、兰宜有兰芷之芬芳,未敢言者,恐逢彼之怒耳。"可谓愈失愈远。当然,比兴之诗,亦有造意显著,一目了然者,自不必多费口舌。

四一　班固曾撰有《离骚赞》一书，今已佚亡

问：汉代治屈赋者不过几家。除王逸《章句》外，余多亡佚。得先生之说，而刘安的《离骚传》，略见其梗概。但班固所遗二序，说者多不得其解，愿详言之。

答：汉刘安、班固、贾逵之注《离骚》，史迁、刘向、扬雄之说《天问》，其书早已佚亡，不可得见。但刘安的《离骚传》之"序"，今略存于《屈传》。班固之书亦有二序，见于今传洪兴祖《补注》本内。此皆研讨汉代楚学史之珍贵资料。惜班氏之《序》虽赫然在目，而《序》之所以为二，却又不得其由，并多瞽说。此对今后之撰《楚辞学史》者，实为不利。前曾为此撰有短文《班固屈学佚著钩沉》，可备参考。

附录

班固屈学佚著钩沉

东汉班固曾著有《离骚经章句》，其书早佚，其名则见于王逸的《离骚后序》。至于班固又著有《离骚赞》一书，则不见于历代著录。有清一代，补《后汉书艺文志》者凡数家，皆未收入。当代姜亮夫先生《楚辞书目五种》备录汉人佚著，亦未著录此书。其中顾��三氏之补

《汉志》号称博洽,亦仅照录《楚辞》旧本所附班氏《离骚赞序》一篇而已,别无发明。因此,时至今日,仍有人误以为班固所撰《离骚经章句》跟王逸一样,原有二序:其一,即谴责屈原"露才扬己"的那篇"班孟坚序";其二,即称美屈原"忠信见疑"的那篇《离骚赞序》。故有必要祛疑理惑,略作说明如下。

按世传《楚辞》旧本,皆附有班固二序。故洪兴祖《楚辞补注》目录附考云:"鲍钦止云:'班孟坚二序,旧在《天问》《九叹》之后。'今附于一通之末云。"是宋以前的《楚辞》传本,已附有班氏二序,其来源当甚早。所谓"班孟坚二序",即今《补注》本王逸《离骚后序》之末,以注文形式所附录之《班孟坚序》;以及今《补注》本王逸《离骚后序》之后,以正文形式所附录之班孟坚《离骚赞序》。据王逸《离骚后序》云:"孝章即位,深弘道艺。而班固、贾逵复以所见,改易前疑,各作《离骚经章句》,其余十五卷,阙而不说。"可知班固曾撰有《离骚经章句》一书,只注《离骚》不及他篇。但其书早佚,不可得见。《补注》本所录《班孟坚序》,殆即此书之序文。因其内容,皆针对《离骚》而立言,尤其针对刘安《离骚传》而进行驳议。其为班氏所著《离骚经章句》之序,是无疑的。

那么班氏的另一篇《离骚赞序》又是从何而来呢?据《离骚赞序》的内容看,首先是与上文所举《班孟坚序》之专言《离骚》者显然不同,即除述屈原在怀王时见疏而作《离骚》外,又叙屈原在襄王时被放而作《九章》,以及屈原死后秦果灭楚,"其辞为众贤所悼悲,故传于后"云云。是这篇序文,乃泛涉全部屈赋而言,与班氏《离骚经章句》序文之专言《离骚》者不同。因此,对《离骚赞序》这一历来不为人们所注意之篇名,不得不作出确切的解释。顾名思义,此殆班固于《离骚经章句》之外，又撰有《离骚赞》一书。而此序亦即《离骚赞》之序文。而且这里的《离骚》，乃泛指屈赋的全部而言。此犹东汉郑玄《礼记·檀弓》注，统称《九歌》为《离骚》同例（他例别详拙著《楚辞类稿》）。以此推之，班氏之《离骚赞》一书，盖就屈赋每篇而言为之赞，又在全书之首，冠之以序文。惜书已佚亡，不得窥其究竟。但从楚辞学史角度谈，对班固曾撰有《离骚赞》这一史实，几乎无人注意，不能不说是遗憾。

众所周知，班固的《汉书》，乃继《史记》之后的纪传体断代史。他承《史记》纪传之本末附以"太史公曰"的传统，而创为纪传之末附以"赞曰"之体例。"赞"与"讚"古多通用，但此非赞美之赞，而是兼评美恶之词。盖于传述史事之后，又佐以论断。古人谓孔子作《春秋》，"笔则笔，削则削，子夏之徒不能赞一词"。班固《汉书》创为"赞曰"之例，义或出此。而且《汉书》之"赞"，乃以散体行文，与后世"赞"文之为叶韵诗体者不同。班固既创为史赞之体，故又为《楚辞》作"赞"，而撰成《离骚赞》一书，并为之序，即今存于世之《离骚赞序》。

班固之后，"赞"体大行。据《隋书·经籍志》所载，如郭璞有《山海经图讚》，则志地之书有"赞"；缪袭有《列女传讚》，则杂史之书亦有"赞"；郭元祖有《列仙传赞》，则纪仙之书亦有"赞"；郭璞《尔雅图赞》，则训诂之书亦有"赞"；刘勰的《文心雕龙》，每篇之末皆附"赞曰"，则文论之书亦有"赞"。但是，《隋志》已不见班固有《离骚赞》一书。则其佚亡，当在唐代以前矣。《离骚赞》当时是否可能附于班氏《离骚经章句》之后以行，已不可得知。但魏晋以来的书"赞"，多与原书别行。如《隋志》既著录刘向的《列女传十五卷》，又别录缪袭的《列女传赞一卷》。既著录郭璞的《山海经注二十三卷》，又别录郭璞的《山海经图讚二卷》。更值得注意的是，既著录《列仙传讚二卷》，题"晋郭元祖讚"，又别录《列仙传讚序一卷》，为"郭元祖撰"。这不仅证明了班固所撰《离骚赞》，当时应当是由于内容与《离骚经章句》不属一个体系而别为一书，而且也说明了班氏的《离骚赞序》于本书佚亡之后，竟得单独流传下来的原因。

至于王逸《离骚后序》（实即《楚辞章句》全书之序），只举刘安、贾逵、班固的《离骚经章句》，而不言班氏有《离骚赞》者，盖因体例并非"章句"，与自己的著述异流，故略而未及耳。班氏所著《离骚经章句》与《离骚赞》二书，于王逸《楚辞章句》盛行之后，渐渐佚亡。经过六朝之乱，《隋书·经籍志》已不见著录。尤其《离骚赞》，虽一序尚存，早已失其来由，故为之考证如上。

上述关于班氏有关《楚辞》研究之二书，其具体佚亡时间，已不得知。但据《文选·吴都赋》"翼飓风之飀飀"句下，刘渊林注云："《离骚》曰：溢飀风兮上征。班固曰：飀，疾也。"又《魏都赋》"下畹高堂"句下，刘渊林注云："班固曰：畹，三十亩也。《离骚》曰：既滋兰之九畹。"此两处刘氏所引班固说，或即出自班氏《离骚经章句》。则唐李善以前之旧注家，或犹及见班氏之书。又据上述情况。推知班氏《离骚经章句》之体例，当与刘安《离骚传》相同。即前有总序（即《补注》所录"昔在孝武"一序），中有训释（即上文刘渊林所引）。故王逸《离骚后序》对班固、刘安二书，皆称为《离骚经章句》，即以其体例相同之故。学术界或据宋洪兴祖《天问补注》引"班孟坚云：'坤作地势，高下九则'"之语，以为此亦班固《离骚经章句》佚文，则未得其实。盖考之《汉书》，此实《叙传·地理志第八》之原句，谓为班氏屈学遗说则可，而谓为班氏《离骚经章句》之佚文则不可。

至于班氏之《离骚赞》，其体例如何，已无从推知。但就其内容所及，上文已略言之，即并非只谈《离骚》，实乃涉及屈赋的全部。就其形式来讲，盖书前有总序，即现存之《离骚赞序》，书内则对屈赋每篇缀之以"赞"。就文体而言，或同班氏《汉书》赞，是散文体，而非诗歌韵文。最重要的是关于《离骚赞》全书观点问题。我们知道，班固以正统的史学观念，在《离骚经章句》的序中，对叛逆汉廷而被诛的刘安的《离骚传》中，颂扬屈子的论断，大加讨伐。至于《离骚赞》的内容，以《序》文推之，则是另一种态度。如《序》云："屈原痛君不明，信用群小，国将危亡，忠诚之情怀不能已，故作《离骚》。"此与"露才扬己"之言已异其调。《序》又云："至于襄王，复用谗言，逐屈原在野，又作《九章》赋以风谏，卒不见纳，不忍浊世，自投汨罗。"此与"忿怼不容，沉江而死"之言，亦大相径庭。而且这些论点则跟班固在其他著述中对屈原的一贯评价，是相互一致的。例如《后汉书·班固传》载：班固上东平王苍奏记有云："昔卞和献宝，以离断趾，灵均纳忠，终于沉身。而和氏之璧，千载垂光；屈子之篇，万世归善。愿将军隆照微之明，信日昃之听，少屈神威，咨嗟下问，令尘埃之中，永无荆山汨罗之恨。"其颂屈之意，溢于简素。而与世传"班孟坚序"之言，并不一致。因此，《离骚赞》全书的观点，也不难由此得其梗概。至于班固评屈的观点之所以有此矛盾，原因是很复杂的。李诚同志在《论班固评屈》中言之甚详，可参阅。

一九九二年十月

四二　出土楚简以"二"为重文符号之例类繁多,"些"类重文,乃其通例

问:《招魂》以"些"字为语尾,古今只有沈括所举夔峡湖湘獠人咒语一事。先生所举招魂咒语"些"音重读,亦只有云南"白苗"一事。此外旁证,愿闻其详。

答:在学术研究中,往往会有"孤证"问题,这就需要有力的旁证,以成其说。此外,如果结论是科学的,则新的证据就会不断出现,使结论立于不败之地。如果结论靠不住,则反证也会不断出现,使结论渐被淘汰。例如用"些"声作为歌词的语尾,今人不断有新的发现。如今之白马藏族民歌,就多以"些"声作语尾。据扬鸣键同志的调查记录,有下列诸例:

1. 四川省平武县木座乡马春林唱《上山打猎歌》:

> 鄂哉吾吾呃得<u>些</u>,
> 鄂哉车车斜得<u>些</u>。

这两句直译是:

角根粗的先撵来，

角根细的后撵来。

2. 马春林唱《酒曲》：

摇得日日每得<u>些</u>，

撒日饶沫涅得<u>些</u>。

两句直译是：

路途遥远往前走，

背子重得往后坠。

3. 四川省南坪县双河乡杨国富唱《跳火圈》：

湟够麻彼酿拜<u>些</u>，

阿绕麻背饶龙<u>些</u>。

两句直译是：

烟火不生自动着，

侣伴不叫自动来。

4. 甘肃省文县铁楼乡余贵富、余冬莲唱《跳火圈》:

> 高周鄂勒尼日些,
> 呀周斜涅收日些。

两句直译是:

> 脚像水磨轮子转,
> 手像孔雀开屏般。

上述所谓"白马藏族",原称"白马人"。是一九五一年定为藏族的。但学术界对其族属仍有异议。有人认为当为历史上氐族的后裔。我认为,或即宋代沈括所谓"夔峡湖湘及南北江獠人"之流徙于川甘一带者。"獠人",特其土俗之统称耳。记得往年贵州大学杨汉先君所提供的《招魂咒语》,据其实地调查,谓出处"白苗"。"白马"或即"白苗"转音,也未可知。但无论如何,以"些"声为语尾,不仅见之于杨君所录之《招魂词》,亦不仅见之于沈氏所谓之《禁咒语》,乃是西南各省少数民族中,习见于歌尾之泛声。论据越来越多,则沈氏所称非孤证矣。

古人凡歌谣句尾之泛声,由于长言以畅情,往往一声而连迭言之。"些"字乃"此"字之重叠,即由此而来,故"些"字之音古与"此"音同。远古歌谣,尾音曳长并分化为二,时有所见。举例言之,《吕氏春秋·音初》载,涂山氏之女候禹于涂山之阳,乃作歌曰:"候人兮猗。"

事实上原为"候人兮兮",重叠"兮"字以畅情。"兮猗"之"猗",实即"兮"字之重文。后人不明重"兮"之义,故改写其一以为"猗"。亦犹后人不明《招魂》"此此"重文之义,乃合重文为"些"字耳。以"猗"代"兮",乃同音相借。如《尚书·秦誓》"断断猗",《大学》引作"断断兮",《诗·伐檀》"河水清且涟猗",汉石经"猗"作"兮"。近年阜阳出土汉简《诗经》,凡"兮"皆作"猗"。可知古歌"候人兮猗",实即"候人兮兮"。"兮"、"猗"古皆读"啊","候人啊啊",乃迭音以畅情,与"些"为"此此"同理。

至于"些"之从"二",乃古重文符号,金文习见之。楚人文字无此符,世多疑之。其实楚金文与中原金文,此习相同,无可疑者。而且从近年楚简帛之大量出土,不仅证实楚亦以"二"表重文,而且以"二"表重文之范围较之中原更为广泛多样。因"二"实即数字二、三之"=",故除用以表示一字而二次出现之义,还可表示其他意义。如1.表示一个字形当分读二音者,如旹,当读为"之日",㸚当读为"十月"等;2.表示一字当重读其局部者,如𡨥为重读其中"业"形,即为"之岁"连文,㚏当重读其中"大"形,即为"大夫"连文;3.表示=字连续重叠者,如包山楚简"铸剑之官𨱎,法其官事",其中"宋㠯"二字为人名,下句当重叠连读之。以此为例,凡金文中之"𨱎",当重读为"子孙子孙",不当如惯例读为"子子孙孙"。从上述情况看,楚文之用"="符,较之中原更为广泛。如楚简"小人"二字,多合写作𠆎。加"="符,表示分读二音。但中原金文,如"小臣",虽常合写为𠂤,但并不加"="符以示分读。可证《招魂》作为楚文,"些"字的出现,并非偶然,乃非常习见之书写惯例,不足为奇。

四三　屈原初放东居陵阳,其地乃楚国东境的文化中心与交通要道

问:先生以为屈子流亡,西北曾至与秦交界之丹淅一带,西南曾至与秦交界之黔中一带,此或系关心边关形势之心态表现。那么东行路线至陵阳而止,是何原因?

答:前人多言屈子被放于"江南",此盖据其死于汨罗,而泛指其地。但据屈赋,尤其《九章》,得知其路线所经,地域极广。屈子流放之初,首先是沿江东下。此行是否朝廷指定的流放路线,不得而知。但他东下至陵阳而止,而且在陵阳一带住了九年之久,则是《哀郢》篇所叙的事实。但当时陵阳亦非荒僻之区。其地即今鄱阳湖至庐江一带。从楚国的历史习惯来讲,此乃楚吴或后来楚越交界之贸易中心,亦实楚之东境。故屈子当时东下,沿旧习至此而止。春秋时期,吴曾大败楚师于"繁扬",楚大惧,迁都于郢。繁扬即在陵阳一带,乃楚国历史上的东方要塞。近年考古证明,当时鄱阳湖外围,乃东西南北经济文化交流中心,杂有楚文化、吴越文化、中原文化特色。例如贵溪县仙水岩发现春秋战国岩墓群,属古越族文化遗物;又如高安县郭家山发扬的战国木椁墓,其中雕饰精美的漆器、铜剑、铜钺、铜镜、带钩

等楚遗物。此外,九江县的神墩遗址,发现商周文化堆积,其中文物四百余件。既有中原殷式陶鬲,也有楚式高领撇足鬲等。这些文化因素,说明当时陵阳一带,经济相当发达。无怪楚怀王时期,鄂君启节的船队东下路线,也是经彭蠡,达泸江,抵陵阳。这大概是因为吴越未灭之前,此地乃楚国东界与吴越西界,亦系国际官商贸易之集中地。至于屈子东下,至此地而止,且住了九年之久,此或系官方指定的路线,或系历史习惯所造成,已不得而知。但陵阳虽系楚史之国境,而并非荒僻之地,是可断言的。

四四 以韵律为根据,可校正屈赋之许多误文

问:先生长于韵律之学,故对《天问》的脱简、错简,多所纠正。但《天问》的文字衍误,是否也可根据韵律得到校正?

答:当然,跟韵律有关的错字误句,也是适用的。举例言之,如《天问》有下列一节诗:

比干何逆,而抑沉之?
雷开阿顺,而赐封之?

按洪氏《补注》引一本作"雷开阿顺,而赐封金"。古今校读此句者,从彼从此,莫衷一是。但如果以《天问》全篇用韵的规律为依据,则二者是立见。《天问》的韵律,凡每节二、四句末皆用"之"字者,则"之"字不入韵,韵脚在"之"的上一字。凡每节二、四句末,一有"之"字,一用他字者,则"之"字入韵。与他字相叶。其第一例如:

遂古之初,谁传道之?
上下未形,何由考之?

此节用两"之"字，故"之"字不入韵，其韵脚皆在"之"的上一字，即"道"与"考"相叶。此例全篇凡十三见，无一例外。

其第二例，如：

> 会鼂争盟，何践吾期？
> 苍鸟群飞，孰使萃之？

此节第二句末用"期"，第四句末用"之"，则"之"字入韵，与"期"字叶。此例全篇凡四见，无一例外。

从上述两个韵例来看，"比干何逆，而抑沉之？雷开阿顺，而赐封之"，这是属于第一韵例，即以"之"的上一字"沉"、"封"叶韵。"封"在古韵东部，楚的东部已与冬部相通（如《离骚》首节以"庸"叶"降"），古韵冬、侵二部多混用，故又得与侵部的"沉"相叶。前人不察，以为"封""沉"二字不同部，不得相叶，乃于下句改"之"为"金"，以求与上句"沉"字相叶。而不知《天问》全篇无此韵例，徒增纠葛。

此外，《天问》误文与韵律有关者，还有下例：

> 闵妃匹合，厥身是继，
> 胡维嗜不同味，而快鼂饱？

按上句"继"字，在古韵脂部，下句"饱"字，在古韵幽部，二字韵部相远，前人多疑之，歧说亦多。今谓"鼂饱"当为"朝饥"。"鼂"屈赋多作"朝"字用，"饱"乃"饥"之误。盖浅人因王逸注有"苟欲饱快一朝之情乎"，遂据以改"饥"为"饱"耳。其实"朝饥"乃古成语。《诗经·汝坟》有云："未见君子，惄如调饥。"此处"调"乃"朝"之借字。故郑《笺》云："未见君子之时，如朝饥之思食。"则以"朝饥"喻情欲，自古有之。《天问》盖承上文，谓禹与涂山之女通于台桑，为什么禹之所好，与从不同，而快饱此朝饥乎？是"朝饥"本与上句"是继"叶韵。"饥"在古韵脂部，"继"在古韵质部，二部互相通叶，古之常例。

可见，校读古代韵文，以韵律为准绳，可以解决很多问题，在于运用之妙耳。

四五　屈原二十几岁即任"左徒",不合于《曲礼》而合于当时的历史事实

　　问:古人有"三十壮而仕"的礼俗。因此,诸家以屈子生年推之,屈原乃二十几岁即任"左徒",是否有年纪过小之嫌?

　　答:《曲礼》确实有"三十曰壮而仕"之文,但《曲礼》似亦不过对古代人生历程的大致概括。其实不少先秦人物之实际经历并非如此,其例不鲜。如近年出土的云梦秦简《大事记》中之主人公"喜",始皇三年(前219),他十九岁,已官"榆史";始皇四年,他二十岁,又官"安陆御史";始皇六年,他二十二岁,又官"安陆令史";始皇七年,他二十三岁,又官"鄢令史"。可知,战国时期,擢任官吏,并非依《曲礼》行事。屈原二十而膺重任,也正是战国时期任贤授能、不拘资历的时代特征。孟子曾说"尽信书,则不如无书",我对《曲礼》,有同感焉。

四六 王逸注屈赋之失误，多属学识问题，并非全是时代局限

问：世人多谓王逸《楚辞章句》，语义迂曲，多失屈赋本旨。是否出于时代之局限？

答：时代局限，对王逸而言，并不确切。王逸生于千多年前，因近古而得天独厚。但王氏《章句》，确有当知而不知者，不能不说是学识与功力问题。例如《九章·惜往日》云："奉先功以照下兮，明法度之嫌疑。"上句王逸注云："承宣祖业以示民也。"王以"示民"释"照下"，未得其解。其实，王逸注《九辩》"信未达乎从容"句云："君不照察其真伪也。"若以"照察下情真伪"释《惜往日》"照下"，最为恰切。因照察下情真伪，乃战国时主张法治者的观点，与下句"明法度之嫌疑"正相承接。而且"照察"一词，汉早盛行。如《诗·东方之日》毛传云"人君明盛，无不照察"，即其例。《潜夫论·实边》有云："夫制国者，必照察远近之情伪，预祸福之所从来，乃能尽群臣之筋力，而保兴其邦家。"此对屈赋"照下"之义，已尽之矣。王逸注屈，往往有当知而不知者，"照察"之义，能用于《九辩》而不能用于《惜往日》，岂得不归之于学识问题？

四七　汉代以比兴释屈赋之风已盛，而王逸过于穿凿，反失本义

问：训释屈赋，今存最古者，莫过于后汉王逸的《楚辞章句》。但其中比兴之义，讲得很死。如云"虬龙鸾风以托君子，飘风云霓以为小人"等等，多为说者所不取。未知王逸说，是否有所传授？

答：西汉说楚辞者，其说已不传。《史记·屈原列传》中所载刘安《离骚传》语，有"其称文小而其指极大，举类迩而见义远"，盖即指其比兴手法而言，但其详已不可知。传至东汉，除王逸外，亦多演绎比兴之说，不只王逸一人，盖已成风。如《文选·四愁诗序》，张衡亦谓："屈原以美人为君子，以珍宝雾为仁义，以水深雪雾为小人。"则其时，以比兴说屈赋，情况与王逸相似。但张衡所谓屈原"以美人为君子"，较王逸之"美人以媲于君"似灵活得多。因为如以屈赋所有"美人"皆为"喻君"，即会扞格不通，所谓一字之差，谬以千里者也。

四八　刘安被诛后，最早得见《离骚传》者，刘向最有条件

问：先生曾认为刘安《离骚传》当时秘而未宣，史迁未曾得见。敢问西汉得见《离骚传》者，当以何人为最早？

答：我的《〈屈原列传〉理惑》一文，把屈传中的前后两段文字，定为刘安《离骚传》被后人割裂羼入者，因史迁并未得见《离骚传》。至于西汉最早得见其书者，当以刘向为最有条件。因为刘向的父亲刘德，曾参加治刘安狱，由工作需要，大量收集淮南王所著书，以为治罪佐证，《离骚传》当亦在网罗之例。故刘向才有可能读到淮南王书及《离骚传》。今观刘向《九叹》，即曾用过《离骚传》的观点。如其中《思古》有云："兴《离骚》之微文兮，冀灵修之壹悟。"这里称《离骚》为"微文"，当本之《离骚传》前段"其文约，其辞微"句而立意。"冀灵修之壹悟"，当即言本之《离骚传》后段"冀君之一悟，俗之一改"句而立意。据此，更知《屈原列传》中所羼入的前后两段《离骚传》文字，其原始状态，当为前后紧相连接的文字。故刘向袭用其意，亦二句相联成文，作："兴《离骚》之微文兮，冀灵修之壹悟。"今屈传羼乱者，系将《离骚传》之文，割裂为二，分

羼两处。致使后段所谓"冀君之一悟"句,脱离《离骚》,上无所承,意无所属。今得《九叹》为证,其事益明。故世称我发现《离骚传》两段文字为揭千古之秘。

四九　《天问》"顾菟"之得其正解，乃几代学人不断探索之结果

问：先生谓《天问》之"顾菟"，即《方言》所谓江淮南楚之间虎谓之"於菟"，实指虎而言。此从语音之通转得到印证。但《方言》又谓，"虎"，陈魏宋楚之间或谓之"李父"，淮南南楚之间又谓"李耳"。其义何在？

答：扬雄之记方言，从全书体例来看，多记口语之异同，少及字形之是非。如此处"李父""李耳"二名，古今注者多从字形求之，竟误"李"为姓氏字，而曲为之说。其实以语音求之，"李父"即"狸虎"之记音字，"李耳"即"狸儿"之记音字。按《广雅·释兽》云："狸，猫也。"但此猫古非指家畜，实指野兽之似虎者。称家猫为狸，乃后世之事。《诗》言猎物，谓"有猫有虎"。毛传云："猫，似虎浅毛者也。"古人狸、虎混称，即由此而来。故《方言》之言"李"，实即"狸"之记音字耳。

这里要附带谈个问题，即对《天问》"顾菟"的训释，前人之所以能摆脱王逸训"顾"为"顾望"之误，而确定"顾菟"为名词者，说者多归功于清代学术界之献疑。如毛奇龄即曾提出商榷。并举隋袁庆《和炀帝月夜》诗云"顾兔始驰光"；又举梁戴暠《月重轮行》云"从来看顾

兔"。疑"顾"非"视"意,"顾兔"乃指月中兔名。但此或古人本之《天问》而连称"顾兔",并不足为视"顾兔"为名词之确证。今谓唐李商隐《碧城三首》有句:"玉轮顾兔初生魄,铁网珊瑚未有枝。"此处以"顾兔"对"珊瑚",则实释"顾兔"为联绵名词,故得与"珊瑚"相对仗。李氏诗以对偶工整见称,如释"顾兔"为"顾望之兔",则必不与"珊瑚"属对,明矣。此乃前人已有视"顾兔"为联绵名词之确证。迨近人刘盼遂,始确定"顾菟"为联绵词,闻一多又以为"顾菟"即"居蟾",亦即"蟾蜍"。而我又在前人的基础上,结合楚俗,谓"顾菟"实即"於菟"之异文。足见学术上的某些问题的解决,往往要经过几代学人的努力,才能完成。

五〇　屈原所草"宪令"对当时贵族有极大的制约作用,故夺稿,遭谗,被放,乃历史必然

问:先生曾谓,战国时期的"宪令",对贵族亦有制约力,敢问其详?

答:"宪令"古已有之。但春秋战国时期,是由奴隶社会到封建社会的过渡期,特别重视"宪令"。而且一般"宪令"都具有革新意义,故对奴隶主贵族也是有制约性的。当时不独楚怀王制"宪令",此外,如晋有"被庐之法"(《左传》昭公三十年),吴有"继嗣之法"(《说苑·至公》),卫有"窃驾君车之法"(《说苑·杂言》),齐有"哭国之法"(《吕氏春秋·贵直》),鲁有"赎臣妾于诸侯之法"(《吕氏春秋·察微》)等等。这些法令,固然压制了人民,但也限制了贵族。是革新政治的有力武器。即以楚国而言,远在怀王之前,如《韩非子》云:理官执"茅门之法"而楚太子受罚;《左传》谓:申无宇陈"仆区之法"而楚子谢罪,即其例证。至于从屈赋的法治观点看,屈原所草"宪令",当具有更强烈的制约贵族的意义。其夺稿受谗等斗争,是历史的必然,决不能以个人"争宠"加以解释。

五一　在楚国广阔领域中，与中原语言之间，亦当有音系之异，不特音值有别

问：《楚辞》与《诗经》，南北用韵，基本相同，其故何在，学术界已难言之。先生以音系相同，而音值或异之说解之，极有说服力。敢问楚国领域之内的方音，是否仍有音系之异？

答：音系与音值有别，故《楚辞》的音系虽与《诗经》的音系基本一致，却不足以说明，南楚语言的实际音值与中原也必一致。这一观点，至今我仍如此主张。但这并不是说，南楚的广阔地域之内，音系完全没有方音差异。盖楚国的范围，几包括长江流域半个中国。其间，既有较为通行的音系如屈赋者，也有地方性的特殊音系，这就会形成楚国内部的音系与中原音系的歧异。举例言之，如清代古韵学家段玉裁创先秦之、脂、支三部分用之说，世多服其精辟。但如视三部之通用为汉以后事，并以之判断作品之时代，即会陷于谬误。据长沙子弹库出土战国楚帛书，之、脂、支三部，混用无别。如甲篇十二行，以"智"、"祭"、"事"为韵，乃支、脂、之三部通用。乙篇三、四行，以"晦"、"岁"、"寺"为韵，则又之、脂两部通用。又古韵学家对青、阳二部之分，皆无异词。但帛书乙篇第五、六、七行，以"生"、"搒"、"精"、

"郑"、"灵"、"行"为韵,则青、阳二部亦通用无别。总之,以《诗》《骚》为准,其韵系大同小异。至于以出土之楚简帛遗文而言,则歧异特显。此亦有待学术界之进一步研讨也。余正拟撰《楚辞韵读》一书,以明其义,以立其例,当别行。

五二　对屈学遗产要善于继承，
不能抱虚无主义态度

　　问：先生近年常说，对前人的学术遗产不能抱虚无主义态度。敢问此何说指？

　　答：前人留下的学术遗产，其中含有不少精华，值得吸取。而今人更多采取否定态度，这种倾向，不是正常的。举例言之，如史迁《报任少卿书》有"屈原放逐，乃赋《离骚》"之语。说者多因其与《史记·屈原列传》，屈子见疏而赋《离骚》之事不合而疑之。我则认为，史迁的书信乃"以概括之笔抒其情"，史迁的传记"乃以叙述之笔传其事"。以文体不同而手法各异以释其疑。自以为此乃个人的独创之见。其实从文体手法不同解释《报任少卿书》那段话，前人已开其端，并非我的独创。如对其中"韩非囚秦，《说难》《孤愤》"句，《文选》李善注无异言。而六臣注："翰曰：韩非入秦，为李斯毁之下狱。而非先著《孤愤》《说难》十余万言，秦王悦之。此乃书奏秦王后，李斯方毁之下狱，非囚而后作也。迁但取比类，以有才不见用而遭刑也。"李周翰此说，即谓史迁乃以"有才不见用而遭刑"为抒情主题，只取"比类"其事以抒情，故未计史事发生之时序。可见，史迁此种手法，前人早已先我而得之矣。李善注《选》以富赡见胜,而五臣注《选》则往往以通达见长,此其类也。当然,李周翰对史迁此段其他不合史实的文字,并未能坚持此说以为之辩证。反而不顾事实,随文作释,可谓未达一间。我们对这类学术遗产,应当既有继承,又有发展,才是科学态度。而且善于继承,则事半功倍;不善于继承,就要多走许多冤枉路。

五三　不能以"三五"之言，否定《抽思》为屈作

问：有人相信"三皇五帝"之说起源甚晚。因谓《抽思》有"望三五以为像"之语，则《抽思》不得为屈子所作。此说然否？

答：晚近的某些学术结论，在没有经受历史考验之前，不宜贸然以之为理论根据，去证明其他问题。这会弄假成真，遗误后学。例如这里的"三五"，是否即指"三皇五帝"，不敢确定。但"三五"之说，来源甚早，且盛行于春秋时期的楚国。如《史记·孔子世家》有云，楚令尹子西曰"孔丘述三五之法，明周召之业"，是也。子西以"周召"上承"三五"，则指周召以前之帝王称谓，似为可信。至于王逸注《抽思》"三五"云："三王五伯，可修法也。"此以"三王五霸"释"三五"，似与子西之言不合。因"五霸"以时间言，皆在"周召"之后，似违时代序列。而且儒家耻称"五霸"，谓孔子"述"之，亦不合。至于是否即指"三皇五帝"，则暂难确定。但据《左传》楚有"三坟五典"之说，可能与此有关。总之，决不能以"三五"一语，否定《抽思》为屈作。因"三五"之说早已出现在屈原之前，且盛行于楚国。

五四 刘向纂定《楚辞》之后的后人增补，亦犹刘向纂定《列女传》而后人又增补以东汉妇女传记

问：西汉刘向，校书内阁，整理古籍。先秦遗书，凡经其校理者，皆成定本。何以《楚辞》已经刘氏纂定，后人又屡有续增？

答：如果对古书纂辑过程中之惯例，有所知晓，则不会有此疑问。即以刘向为例，《列女传》为刘向所纂，世无异议。但今传的《列女传》中，竟收有东汉女性事迹，则其为后人续补无疑，更何疑于《楚辞》？古代，凡同一学派之后学，对所传祖本，不断搜罗遗说，加以增补，并益以己作。其中如《墨子》《庄子》等，无不如此，更何疑于《楚辞》？

五五 鄂君启节之"郧",当在汉北,
即今湖北郧县、郧西之地,
决非汉水下游潜江流域之郧

问:鄂君启节之"郧",说者对地望所在,有歧说,先生之意如何?

答:鄂君启节之"郧",乃指今南阳以西之郧县、郧西一带,不是指汉水下游潜江流域之郧。其地西接秦境,东与丹淅相连,乃古代通商要道。《史记·货殖列传》云:"南阳西通武关、郧关,东南受江、汉、淮。"所谓"郧关",即在后来郧县、郧西之地。其地邻近房县,故《房县志》载:"城西北一百四十里有秦皇塞,秦将白起屯兵于此。"可见,战国时期"郧关"地带,实秦楚交界之地,亦战争之要塞。因鄂君启节路线,乃秦楚通商之国际路线。故"郧"与"芑阳"、"黄棘"相连,皆为秦楚边塞要地,并非汉水下游。《货殖列传》所云"西通郧关",即指国际通商要道而言,故与鄂君启节一致。知此,则屈子汉北之行的路线与目的,可以得其梗概。

五六 《涉江》之"南夷"，乃指当时溆浦一带的巴、濮诸族而言，非指楚人

问：屈原《涉江》谓"哀南夷之莫吾知兮，且余济乎江湘"。或谓"南夷"乃屈子斥指楚人，此说自然不通。但先生谓指南楚少数民族，亦有所本乎？

答："哀南夷之莫吾知兮，且余济乎江湘"，此屈子已决心由汉北南赴沅江、溆浦之时的悲叹之词。言"南夷"之人虽不吾知，而为了瞻视黔中边防情况，只得济江，济湘，溯沅水而入溆浦。其称为"南夷"者，据现代考古资料，当时沅水中上游辰、溆一带，各种民族杂居。其中主要属巴蜀文化，许多巴人墓葬遗物都是巴式的。此外出土文物，亦发现濮文化特征。皆与楚人不同族属，故屈子以"南夷"目之。言"南夷"虽对我并不理解，但我仍决意渡江湘溯沅水而上，直达溆浦。

五七 "克"字从"古"得声,故"克"得与 《尔雅》"辜月"之辜相通

　　问:先生以为利簋"岁贞克",克与辜通,即《尔雅》十一月曰"辜"。但"克"从"古"得声,为何求之金文字形,似不明显?

　　答:首先当知金文本身亦有讹变现象。"古"字在金文中,已与原形不尽相同。但如公克镈的"克"字,则从"古"之迹显然可见。近年出土的中山王罍大鼎铭文云"克俑大邦"的"克"作𩂉,其上即从"古"声。同时出土的圆壶铭文,则"辜"字作𩂉从"古"从"屍"。其中"古"声与"克"从"古"声,正相合。金文出土愈多,愈见许书"克"字作𩂉,其为形讹无疑。故利簋"岁贞克"与《离骚》之"摄提贞于孟陬"的构句形式是一致的。"岁"与"摄提"皆指木星,"克"(辜)与"陬"皆为月名。

五八 "克"从"古"声,故与"辜""嫴"
皆有肩任负荷之义

问:先生在《屈赋新探》中读利簋"岁贞克"为"岁贞辜"。以为"克月"即"辜月","辜"又与"嫴"通。其中"克"、"辜"、"嫴"三字音同义通之说,愿闻其详?

答:克、辜、嫴三字,皆从"古"得声,故其义亦相通。如《说文》云:"克,肩也。""辜,罪也。""嫴,保任也。"这是因为,古代凡为人奴仆、肩负劳作、担任苦役者,多为罪人,故其义亦相挈乳演变。但"嫴"训"保任",前人或失其本义而曲为之说。实则"保任"古乃仆役之贱称。虽后世有偿劳动,或与奴隶不同,但其义则相承。《史记·司马相如传》"与庸保杂作","庸保"即"佣保";《汉书·栾布传》"穷困,卖庸于齐,为酒家保";《史记》又有高渐离变名易姓,为人庸保,久而苦之的记载。嫴之训"保",即指"佣保"而言。至于"保任"连举,"任"亦"保"也。《说文·人部》"任,保也",是其证。盖单称曰"保",复称则曰"保任"耳。《国语·齐语》"负任儋(担)何(荷)";《孟子》"门人治任将归",注"任,担也"。此又与"克"训"肩也"相通。前人多以"信任"训之,失其本义。

五九 武王以辜（克）月伐纣之事，证以长沙楚帛书十一月"利侵伐"之言益信

问：先生根据新出土的利簋，断定武王伐纣，是在夏历十一月，并用以证明屈子的诞生年月，可谓一举两得。但以利簋的"岁贞辜"，为指十一月伐纣，是否有其他旁证？

答：凡符合历史事实的结论的提出，往往是旁证愈来愈多；凡不符合事实的结论的提出，反证也会愈来愈多。这就是历史的考验。长沙子弹库出土的楚帛书，经过近年的科学处理，字迹已很清晰。其中十二月名与《尔雅》夏历十二月名全同，只是偶用同音借字。如十一月"姑"，"姑"即《尔雅》"辜"之同音借字。亦犹利簋之借"克"为"辜"。其音符皆从"古"。帛书"姑"月之辞曰："利侵伐，可以攻城，可以聚众，会者（诸）侯，刑百事，疼（戮）不义。"这与利簋铭文所载，武王于十一月伐纣之事，不谋而合。帛书这条占候之辞，或为古卜书之遗文，故武王用之。抑或为武王伐纣胜利之后，古占候家始据史事造此附会之辞。帛书十二个月，只有十一月有此"利侵伐"、"会诸侯"、"戮不义"之语，盖非偶然。例如纬书《春秋潜潭巴》（《太平御览》卷九引）有云："疾风拔木，谗臣恣，忠臣辱。"这分明是谶纬作者为了宣扬天人

感应之说,故据《尚书·金滕》所述,周公遭谗事而制造出的谶纬之言。这跟楚帛书所谓十一月"利侵伐""会诸侯""戮不义"之言,其来源是相似的。可见武王辜(姑)月伐纣之事,当是古史遗。文物与典籍,可以互证。

六〇　丹淅即楚初封之丹阳,"三户"即在其地

　　问:先生主张楚封丹阳,即后来的丹淅之地,亦即今河南淅川县一带。并且认为屈原流放中由陵阳到汉北,实欲经丹阳瞻视楚族发祥之地。故《哀郢》的末尾有"鸟飞返故乡兮,狐死必首丘"之语。此事如能落实,对楚史与屈史的研究,极有裨益。敢问其详?

　　答:有关这个问题的证据,这些年愈来愈多。前几年,在丹江口水库一带,发现过春秋时令尹子庚的器铭,故我据之作出上述结论。但丹淅之地是否楚之故都丹阳,学术界意见仍不一致。但自一九九〇年以来,因丹江水库水势消落,考古工作者又在此地的楚墓群中,发现两件升鼎,底部铭文为"克黄之升",另一件方壶上铭文为"克黄"。据史籍记载"克黄"是楚令尹子文的孙子,楚庄王时为箴尹。如跟前次所得子庚器铭合观之,则此处楚贵族墓如此之多,其为周成王时封楚丹阳之故址无疑。至于春秋楚文王时已南迁郢,为何庄王臣仍葬于丹阳,此与子庚墓之葬于丹阳,同为楚人"归葬"故都之遗俗,不足为怪。屈原欲赴汉北,而云:"鸟飞返故乡兮,狐死必首丘。"亦与此"归葬"之俗有关。将来考古工作者,还会得更多的实物以证此说。

　　或谓《史记·楚世家》云:周成王时"封熊绎于楚蛮,封以子男之

田,姓芈氏,居丹阳"。因疑丹阳既称"楚蛮",其地当更偏南,不当在丹淅。其实,当时"楚蛮"之称,并不足怪。因丹淅之地,古时多苗蛮民族。《吕氏春秋·召类》云:"尧战于丹水之浦,以服南蛮。"《汉学堂丛书》辑《六韬》云:"尧与有苗战于丹水之浦。"《水经注》"丹水"条亦云:"《吕氏春秋》曰:尧有丹水之战,以服南蛮,即此水也。"则苗蛮古居丹,后始南下。至春秋战国时,则多言苗居洞庭,非其始居也。至于"丹阳"之名,随楚之南下,其都市多以"丹阳"名之(亦犹后来楚之"郢都",亦随迁地而名之),遂对古史造成混乱。

南公曾谓"楚虽三户,亡秦必楚"。据《水经注·丹水》谓丹水附近有"三户城"、"三户亭"。又引《竹书纪年》曰:"壬寅,孙何侵楚,入三户郛。"则三户之地,即在丹水,且有城郭遗址,或即楚都旧地。因此,南公所言,盖谓楚虽仅余"三户"一城,亦当踞此发祥之地以复兴。

六一 《屈赋修辞举隅》之目的，是解决校勘、训诂难于解决的问题

问：先生的《屈赋修辞举隅》读了很受启发。为什么不全面展开，把屈赋所有的修辞格都发凡起例，以利读者？

答：我当时钻研屈赋修辞，主要的意图，是想从修辞角度解决前人用校勘、训诂所不能解决的疑难问题。因为，屈赋既是以语言文字为载体，不用校勘、训诂为手段是不行的。但屈赋又是文学作品，是语言艺术，不从修辞下手，同样是不行的。而恰恰在这方面，是前人所忽略的。如《离骚》"浇身被服强圉兮"。闻一多曾用一般语言规律来解释：即认为"被服"既动词，即"穿着"。则可穿着者，只有衣服之类，才说得通，故训释"强圉"为"甲胄"。但此说未免穿凿。其实王逸训"强圉"为"多力"，证据坚实，并不误。从修辞学来讲，此乃"拟物"格，即将加诸物体的动作加诸人的行为品德。犹"义"不可"袭"，而曰"重仁袭义"。故"强圉"不可"被服"，而曰"被服强圉"。我所要解决的即此类问题。当然，如果把屈赋全部修辞特色提出来探讨，可以写成厚厚一本书。那就并非《举隅》之本意。

凡后世文学修辞格，屈赋多已有之。例如："横大江兮扬灵；扬灵

兮未极""羌愈思兮愁人;愁人兮奈何"等,被后世定名为"蝉联格"者,
在屈赋中曾以多种形式出现。但皆与解决疑难问题无涉,铺陈罗列
出来,有何意义? 当然,如我所已举的"重现格",主要为解决屈赋重
句问题所引起的诸多议论。但如扩大范围,也还有些颇有意趣的问
题。像以"朝""夕",对应的构句形式的多次出现,即其一例。仅《离
骚》一篇,即有:

1. 朝搴阰之木兰兮,
   夕揽洲之宿莽。
2. 朝饮木兰之坠露兮,
   夕餐秋菊之落英。
3. 朝发轫于苍梧兮,
   夕余至乎县圃。
4. 朝发轫于天津兮,
   夕余至乎西极。

这类句子,很可能也是当时传统歌谣中,凡表现快速、频繁的惯用构
句形式。因此,这些"重现"形式的出现,并非偶然。犹如《九歌》"沅有
芷兮澧有兰,思公子兮未敢言",跟《越人歌》的"山有木兮木有枝,心悦
君兮君不知",同样的修辞形式,而重复出现,显然是有继承关系的。

对屈赋"重现"句所引起的议论,古已有之,于今为甚,甚至波及
国际,竟有人据此以否定屈原的著作权。如日本有学者认为"《楚辞》
之最不可解者,莫过于词义犯复",即其一例。

六二　汉唐摹屈赋者，多失屈赋修辞之妙谛

问：先生对屈赋修辞之妙，多所发明，令人心折。例如《离骚》"折琼枝以为羞"，阐明"枝"与"羞"的譬喻关系。认为"羞"乃"脩"之借字，"脩"为腊肉之长条形者，故以之与"琼枝"相拟。这既澄清了古今对"羞"字的歧说，更合乎"譬喻"之规律。未知此说是否放之四海而皆准？

答：如果是规律，当然会放之四海而皆准。但自汉唐以来，文人拟骚者，对骚赋修辞规律，多失其本真。即以所举的"折琼枝以为羞"句为例。扬雄在《甘泉赋》中拟其句式，竟为"折琼枝以为芳"。"芳"与"枝"已失去喻体与本体的特征联系，可谓修辞的疵累。又唐韩愈《复志赋》有云"谁无施而有菟"，此乃拟屈赋《抽思》"孰无施而有报兮，孰不实而有获"。但屈赋乃"施"与"报"相应，"实"与"获"相联。而韩文融二句为一句，竟"施"与"获"相对，且误"获"为"菟"，大失修辞之法。此皆为一言不智，不能因其为大家，而有所宽恕。

六三 中原文化与楚文化的主流相同，故以中原典籍释屈赋，极少扞格

问：或疑战国时期，南北文化不同，则以北方文献典籍释屈赋，未必可靠。敢问先生的意见如何？

答：我早已说过，楚文化与中原文化，原属一个体系。略有南方特色，但不能视为主流。因此，当时南北之间，不仅有共同的文字，也有共同的语言。屈赋与诸子相比，即显然可见。甚至，某些专门术语，由于当时各国交流频繁，多皆通用无阻。举例言之，如春秋战国的政治术语"国无人"，不仅中原人士如管仲、韩非、贾谊皆常用之，即屈赋亦曾用之。而且不仅屈原用之，楚人亦家喻户晓。如《烈女传·辩通》载，战国时楚大夫江乙的母亲对楚王云："上不明则下不治，相不贤则国不宁。所谓'国无人'者，非无人也，无理人者也。"乙母以"所谓"引起"国无人"一语，则为转述当时通行成语可知。盖其时此已成为南北通用之政治术语。《离骚》之用此语，何足为奇？以中原语义释屈骚，又何扞格之可言？

六四　利用出土文物释屈赋，
必以典籍知识为前提

问：近代以来，出土文物渐多，对文史研究，增加了前所未有的新资料，也得出了不少前人得不出的新结论。先生研屈，在这方面收获最多，为人们所赞许。对此是否可以谈点体会？

答：出土文物，对文史研究确实重要，但这不仅在于知道利用，还在于善于利用。一件珍贵文物的出土，虽人人得而见之，并非人人得而用之。这其中的关键，在于是否有丰厚的典籍知识。否则，文物摆在眼前，也不会有什么收获。如果关于利用，则往往一个图像，一个文字，竟会使传统的结论，得到丰富；旧日的谬误，得到纠正；纷繁的歧说，得到统一。所谓"一字千金"，决非夸张之词。我对此虽为之不懈努力，所获不过点滴。体会谈不上，甘苦之言是有的。举例言之：屈原于顷襄王时，曾流浪至汉北、丹淅之地。或疑汉北、丹淅，顷襄王时已为秦所有，《史记·楚世家》载，顷襄王元年（前298），秦出武关攻楚，"取析十五城而去"，是其明证。故襄王时屈原似无去汉北、丹淅之可能。今按此说不可据。所谓"取析十五城而去"，字或有误。据近年出土的云梦秦简《大事记》，于秦昭王九年，只言"攻析"，不作"取析"。秦昭王九年即楚顷襄元年。可证《楚世家》之"取析",实即"攻析"之形近而误。"而去"二字,则系纪实之语。《左传》昭公元年所谓"疆场之邑,一彼一此,何常之有",即指此类事件。屈原去汉北,在顷襄王九年之后,割汉北地与秦,又在屈原去汉北之后十余年。即《史记·楚世家》所载:顷襄王十九年(前280)"秦伐楚,楚军败,割上庸、汉北地予秦"。《史记·六国表》亦载其事,谓顷襄王十九年"秦击我,与秦汉北及上庸地"。而在这以前,汉北为当时楚之西北重地,丹淅乃楚御秦之要塞。故我曾认为屈原在流亡中之赴汉北,除欲瞻仰楚国先祖发祥之地,亦有窥视敌情之意。

又如楚有"左徒"之官,为中原职官所罕见。但对"左徒",后世亦有歧说。例如《文选·报任少卿书》李善注引《史记》曰:"屈原名平,楚之同姓,为楚怀王左司徒。"引文凭空加一"司"字,显因"左徒"不习见,而依中原官名臆增之,不足为据。而世或因此与中原"司徒"等同看待。甚至认为"左徒"乃"司徒"之误。但一九八三年三月,山东莒南县小窑大队,出土了一件战国青铜戈,其上有阴文"左徒戈"三字(拓本见《文物》一九八五年十期)。莒南县在今山东极南部,乃当时楚之北疆。"左徒戈"之出土于莒南县,不足为奇。"左徒"之名,见之金文者只此一事,但对澄清歧说,删订《文选》注增字,极有意义。

六五　读书必明体例,《说苑·谈丛》足证《渔父》"新沐"二句为古谚,下文非古谚

问:关于《渔父》中"新沐者必弹冠,新浴者必振衣"一段话,屈原以"吾闻之"引起,自是古谚语。但古谚语至何处截止?除以古谚的句型判断外,有无其他证据?

答:我一向认为只有"新沐者必弹冠,新浴者必振衣"两句是古谚语,以下都是屈原借题发挥之言。详《屈赋新探·释"温蠖"》。又按刘向在《新序·节士》中引用《渔父》之文,云:"吾独闻之,新浴者必振衣,新沐者必弹冠,又恶能以其泠泠更事世之嘿嘿者哉。"二句之后,显然是对《渔父》原文的绎述之语,与《荀子·不苟》相似。但刘向在《说苑·谈丛》亦录"初沐者必拭冠,新浴者必振衣"二语,而二语以下并无《渔父》之文。盖因《谈丛》的体例,所录皆古谚语、格言之类,故不羼杂后人之语。可证只有此二语为古谚,汉人习知之。看来,读古书必明体例,是很重要的。

六六　读书宜识字，"睢"与"睢"，
"汩"与"汨"，不能混为一谈

问："读书不求甚解"，却又轻出新说，多发议论，此风近来似渐盛。先生的看法如何？

答：我深以此为忧。例如"识字"是"读书"的基本条件，古人所谓"读书宜识字"，即指此而言。但读书既不识字又断不了句，反而妄发议论者，所在多见。例如，前人已多怀疑楚之"昭睢"即"屈原"。此说是否可靠？后人当然可以继续研究。但这里有个先决条件，即必须先弄清楚"昭睢"的"睢"，究读何音？才有可能从声音上找出"屈原"与"昭睢"的关系。因此，"昭睢"的"睢"，究竟是"从目，隹声"的"睢"，还是"从隹，且声"的"睢"，必先确定下来。因为前者从"隹"声，在古韵脂部，即"恣睢"之义；后者从"且"声，在古韵鱼部，即"关睢"之鸟。文字的结构、音读、意义，划然有别。这在《说文》中是说得极明确的。而有的人一方面确定"睢"是《说文》"睢，仰目也"的"从目隹声"的"睢"，一方面又误读为"从隹，且声"的"睢"，因而得出"睢山"与"楚山"声音相通的结论。这不是科学的态度。中国的形声字，在读书时要力戒"望气而知"。这是要吃亏的。又例如屈原《怀沙》的"浩浩沅湘,分流汩兮"的"汩"字,"从水,曰声",在古韵月部,义为水流疾貌,故与下句的"忽"字叶韵。至于汨罗江的"汨"字,则"从水,日声",在古韵质部,义为水之名称。二字划然有别,不能混淆。但有人竟将"分流汩兮"的"汩",误读为汨罗的"汨",用以作为屈子死于汨罗之证,并自以为独创的发现。这也是不科学的。以前,北京的学术界,对胡适曾以为《诗经》的"为絺为绤",古当读如"为希为谷"(山谷的谷),闻者传为笑柄。因胡不知"绤"字的声符是训为上腭的"谷",而不是训为山谷的"谷"。"字读半边",这话对形声字来讲,原则是对的。但究竟当读哪一边?以及要读的那一边究竟是什么字?首先要搞清楚。否则,科学研究就会失掉科学性。《说文》里对形声字的解释,是否可以怀疑或推翻?当然可以。但有三个条件:(一)原来的定义不合理;(二)有坚实的反证;(三)要反复探讨。如缺乏上述三条件,糊里糊涂,望文生义,是不行的。

六七 出土汉简帛对训释《楚辞》异文，有重要参考价值

问：先生释《渔父》中的"温蠖"为"混污"，破译了千古之谜，可称快事。古书不同传本的差异之大，可谓出人意料。敢问形成这种现象的原因何在？

答：古书传本，往往由于地域不同或师承各别，乃至写手的水平与习惯等等，皆可形成版本之异与文字之差。但如能从文字的形体与音读求之，往往可得其本来面貌。尤其从音读之流变通假求之，更为破译古书之必由之路。传世的《易》《诗》《老子》等书，近年由于汉代简帛写本之出土，其中与今本文字之差异，往往奇突出人意料。有些字句，千古已成定说，而简帛出土，始知其为以讹传讹之谬论。近年阜阳出土汉简《诗经》，文字之异，多出齐、鲁、毛、韩四家之外。但如以音义孳乳通假之理求之，仍可得其牴理。如其中"兮"字，全书皆作"旖"，而《楚辞·涉江》残简，"兮"亦写作"旖"。则其写本，或与《诗》同承一师，或同出一手。以此推之，阜阳出土《诗·女曰鸡鸣》之"琴瑟在御"，作"鋬瑟在苏"。"琴"从"今"得声，故亦可以从"金"得声，易于理解。而"御"写作"苏"，则须分析。盖"御"、"苏"二字古韵

皆在鱼部。"御"从"卸"得声，与"苏"同在心纽。则阜阳汉简之以"苏"代"御"，自因同音之故，相代以成为习俗。因而，今本《离骚》"苏粪壤以充帏兮，谓申椒其不芳"。千百年来的注家，对"苏"字文义，历来训释不恰切。其实"苏"当为"御"之异文，犹阜阳汉简借"苏"为"御"耳。《诗·六月·传》及《广雅·释诂》等，皆谓"御，进也"。《诗·吉日·疏》又云："御者，给与充用之辞。"故《离骚》此句，盖谓谗佞之臣嫉贤妒能而进小人于朝，犹进粪壤以充帏囊，反说申椒并不芳香。王逸《楚辞》，传自刘安，刘都寿春，与阜阳为邻。其时，写《诗》者以"苏"代"御"，则写《骚》者亦或以"苏"代"御"，盖已成习俗。但亦有代之未尽者，如《涉江》云："腥臊并御，芳不得薄兮。""御"即"进"也，意谓腥臊之物并进，而芳香之物不得逼近。《涉江》之"御腥臊"亦犹《离骚》之"苏粪壤"。特"御"字未改，故易解耳。由此可知，《橘颂》之"苏世独立，横而不流"。"苏"或亦"御"之同音借字。"御世"之"御"，盖犹《庄子》"御风而行""御六气之辩"之"御"，与"乘"同义。泛言之，"御世"即"处世耳"。王逸此训"苏，寤也"，虽"苏"、"寤"二字亦有同音假借关系，但"寤世独立"终觉不辞。可见出土之汉简帛书，对整理古籍有极重要的参稽价值。善于运用，所获必多。

六八 《东方朔传》朔作品"八言七言"，乃指当时七字句或八字句的诗歌

问：东方朔的作品《七谏》，何以不见于本传？本传中所述东方朔其他作品的一段话，各家亦有疑义。敢问其详？

答：对《七谏》问题我已作了一些推测，是否待定。至于《朔传》所言之其他作品，在《汉书·枚皋传》及《汉书·武五子传》中，多有明确的叙述。篇名当为《封泰山》《责和氏璧》《皇太子生禖》《屏风》《殿上柏柱》《平乐观赋猎》，八言、七言上下，《从公孙弘借车》。其中"八言"、"七言"，说者多歧义。据《文选·思玄赋》李善注云："刘向七言曰：朅来归耕永自疏。"是"七言"乃指当时的七字一句的诗体而言。"八言"亦当如是。

六九 《哀郢》的"陵阳"、《招魂》的"庐江", 地望相连,于古有证

问:先生引《汉书·地理志》,证明《哀郢》的"陵阳"与《招魂》的"庐江"的关系,是否还有其他旁证?

答:旁证还多。例如《淮南子·氾论》云:"阳侯杀蓼侯而窃其夫人。"高诱注云:"阳侯,陵阳国侯也。蓼侯,皋陶之后,偃姓之国侯也,今在庐江。"按陵阳侯既得杀蓼侯而窃其妻,则陵阳与蓼当为邻国。蓼既在庐江,则陵阳亦当近庐江。《汉志》之说,不可移。凡属于学术上的一般问题,所举证据,适可而止,不必多事铺张。凡在学术上提出新的论点,则证据愈多愈好,否则不足取信于人。你对这个问题,提得很好。因为这涉及千古未决的《招魂》,究竟写于何时何地及何人所写,与招何人之魂等诸多重要问题,应当抱着慎重态度。但或强释"陵阳"为"陆阳",分释"庐江"为"庐"与"江",指庐舍与江水,而不顾传统的历史记载,意在否定"陵阳"与"庐江"的关系,无此必要。

七○　训释《天问》必须宏观与微观紧密结合

问：顷读某权威杂志，其中有一篇谈《天问》"鸱龟曳衔"与上古时代的太阳崇拜问题。此文先生读过没有？

答：这篇文章写得很认真，问题提得很新颖，跟草率趋时之作不同。但作者对太阳神与"鸱龟曳衔"的关系，却首先以《天问》上文，"角宿未旦，曜灵安藏"为依据，则太牵强。当然，"曜灵"为"日"之别称，是有根据的。但《天问》的全篇结构虽极复杂，而从篇首至"曜灵安藏"句，是谈天文。"不任汩鸿"以下直到"乌焉解羽"句，其中包括"鸱龟曳衔"句，则是言地理。这在内容上、结构上是属于两个不同的范畴，这是学术界所公认的事实。把谈天文的内容跟谈地理的内容拉到一起，作为因果关系来进行论证，这一点显然是不够科学的。如果阅读古书也有个"微观"、"宏观"问题，则字词句是属于"微观"，全篇结构与主题的确定，则是属于"宏观"。脱离"微观"，固然无从掌握"宏观"，但离开"宏观"而谈"微观"，也必陷于"断章取义"之弊。

七一　春秋时代"谐音双关语"早已流行，
故二湘修辞采用之

问：先生以"谐音双关"之说，诠释《湘君》的"捐玦"之说，与《湘夫人》的"捐袂"之意，可称妙解。但古代此类修辞格是否确实盛行？

答：春秋战国时期这类修辞格早已形成。我已举一些实例。现再举一例，可见"谐音双关语"，春秋时期已盛行。如《论语·八佾》云："哀公问社于宰我，宰我对曰：夏后氏以松，殷人以柏，周人以栗。曰：使民战栗。"按古人社必植树，各植土之所宜。但古人又有戮人于社之制，故宰我用"谐音双关语"，解释周人社树为"栗"之意。因"战栗"的"栗"跟树木之"栗"，只有同音关系，并无意义关系。宰我以"谐音双关"释之，故受孔子批评。但春秋时已有"谐音双关语"之习俗，于此可见。凡一件事实，如确实存在，则必有相关的事不断出现。孔子曾说："德不孤，必有邻。"我则认为"事不孤，必有邻"。

七二 追本溯源,《楚辞》之"辞"的 本义为争论是非之言

问:先生在《类稿》中曾谓"屈赋"之称"辞",是从屈赋"就重华而陈辞"、"结微情以陈辞"、"兹历情以陈辞"等句的"辞"字而来,可谓探本溯源之论。敢问"辞"之本义又如何?

答:《说文》云:"辞,讼也。从䚿辛,犹理辜也。"是"辞"之本义,专指治狱时两造争讼之辞,亦即争辩是非之言。其字从"䚿",《说文》云"䚿,治也";又从"辛",《说文》云:"辛,罪也。"凡治罪者,必两造对辞,故为"辞"之本义。引申之,则辨别名实亦曰"辞",如《荀子·正名》所谓"辞也者,兼异实之名以论一意也"。又引申之,则判断吉凶亦曰"辞",如《易·系辞》云"辩吉凶者存乎辞"。至于一般所谓"辞令""言辞""文辞",则又本义之扩大耳。但如果要理解"楚辞"之"辞"的来历,则必从"辞"之本义说起。因为"辞"的本义原为争论是非、辨别名实。今传屈赋二十五篇,就其内容而言,皆为与谗人争辩名实,对君王陈述是非之言,皆有《说文》"讼也"之义,有浓厚的"辞令"色彩。故屈赋自称"陈辞"、"致辞",皆从此本义而来。自汉代多称屈赋为"辞",实因屈子自名而名之,可谓名副其实。昭明《文选》强分"骚""辞"为两类,而"辞"类又只收《秋风辞》《归去来辞》等,失其本义远矣。

七三 《屈赋新探》虽早脱销,尚无重版之期

问:先生的《屈赋新探》,可称不刊之作。它建立了先生具有个人特色的屈学体系。听说此书最近要重版,未知情况如何?

答:物质享受应当知足,读书治学应当永不知足。这是我的格言。拙著《屈赋新探》,于一九八四年由齐鲁书社出版以来,国内外评论,类多策励勖勉之词。对此,虽未能免俗,颇慰于怀。但更多的是增加了我对著述的责任感和对读者的歉疚情。故此后凡对拙著有自感不足之处,或别有心得之时,辄笔诸书眉,欲待再版修补之用。几年前,有人从北京返蓉,告知拙著早已售罄,故有再版之说,为之欣然者久之。以为拾遗补阙,此其时矣。直至一九九一年,始得齐鲁书社社长孟繁海君八月五日的来函,除抒久违之情,并云:"先生《屈赋新探》出版后,即产生轰动效应。当年在山东省优秀图书评奖会上,被评为一等奖。在国外,尤其是日本、德国,都赢得了很高的荣誉。美国国会图书馆、各州名大学的图书馆,也购进此书。很受学界重视。"但信中却绝口未提"再版"问题。我很怀疑"再版"之说乃传言之误。因为我深知,当前像我们这类书的出版难,再版更难。妄想是不必要的。只是国内外好友时时来信求书,或垂问购书之处,愧无以应,未免歉疚于怀耳。

七四　姜亮夫氏对"屈原否定论"的论点与态度

问：一九八四年成都屈学会议，讨论"屈原否定论"。姜亮夫先生因年衰未参加。未知姜先生对"否定论"者的态度如何？

答：当时姜先生是大力支持这次会议的。他虽没有寄交什么论文，却有一篇较长的贺词。贺词的中心，是从屈子作品有早年晚年之分，故思想倾向亦有所不同。盖欲据此以驳斥因作品倾向之不同，而否定屈原对某些作品的著作权。贺词全文如下：

　　屈原及其作品，近百年遭人持撝者无所不至，实起廖先生以《离骚》为仙真人诗。盖以古为我注脚，其学有所依归，为学术界所能谅解。而国人之纷纷立异者，不过立异而已，既未深体作品湛潜委曲之义，亦未知屈子之为宗子惟城，而楚民族犹存氏族社会遗习。古今之不明，遂成狂乱。屈子二十五篇，有早年、中年、晚年之殊，此古今学人之通例。孔子五十学"易"，而知天命，故晚年之论与宋都习礼不同。知夏殷周之因革，而后虽百世亦可知。今日悉心读《论语》，知所有矛盾分歧，皆可以晚年定论核之。高密郑君，避难西征，其注经说礼之异，胥存晚年救世之义。近世章太炎先生，中年以前之革命，激切不稍逊，要在辨夷夏。晚年寂寞，不干世事，一意民瘼，因时制宜。此正说明两注《齐物论》，立具舍论，讲习会则倡读孔氏书。有句云"转俗成真真向俗"，救世之意微矣哉。

屈子作品约可分为三级，《离骚》者，入世忠贞之思也；《远游》者，出世悲愤之情也；《怀沙》《悲回风》者，则辞世以归于清白之义也。孔子之梦奠，屈子之轸石，其义盖相仿矣。孔子将卒，心情虽悲而不悲；屈子将辞世，《悲回风》词旨安雅深厚。正见大贤之视死如归，非铮铮然小人之忿懫亡身者矣。

余怀此三十年，故从不与人争辩。此一公案，仅就屈文细细体认，得此大义，故愿为大会一陈之。

一九八四年八十三老翁姜亮夫于杭州

姜老此文，寻其用意，盖因学术界多因屈赋内容的思想倾向不同，而决定其何者为屈作，何者为伪作。姜老则以为屈子前后期的思想本有变化，故形成了不同的倾向，并非真伪问题。

七五 批评"屈原否定论",并不是学术史上由疑古思潮又回到盲目信古的老路

问:先生反对屈原否定论,而且写了一些批评否定的文章。在这次活动中,先生有何体会与感想?

答:从清末以来,疑古之风大盛,其矛头是针对整个中国古代史的,当然也包括屈原及其作品在内。这从学术史上看,由信古到疑古,应当说是理性的象征,是进步的表现。但走向极端,而疑所不当疑,则不能不说是这一学术思潮的先天缺陷。因此,近几年来,以批评屈原否定论为代表的学术思潮的突起,并不是偶的。但应当明确,这并不意味着是学术思潮又由疑古回到了信古,是盲目信古的"回潮"或"复辟"。其根本原因是在于,建国以来,由于考古工作的普遍展开,大量文物的不断出土,使我们不得不对疑古运动予以重新考虑。不得不承认许多传之已久的历史文化的可靠性。包括屈原及其作品的存在,也同样不得不予以肯定性的答案。我在研屈中极为重视出土文物,就是出于这个原因。例如因阜阳汉简《离骚》《涉江》残句的出土,就使得振振有词的《离骚》作于刘安之说,不攻自破。所以说,由信古到疑古,又由疑古到信古,不等于学术史上的循环论,而是

在新的时代,揭示了学术发展史的新篇章。

当然,在这个以考古为基础的学术思潮中,所应当注意的是:不能以为只有出土文物有证者才是可靠的,此外皆不可信。因为出土文物只占中国远古文化的极小一部分,并非其全部。于考古有证者,固当确信其为有;而于考古无证者,却不能遽认其无。这样的思维逻辑才是合理的。而且对可疑的历史文献,在没有得到充分论证之前,宁可存以待考,不可率然否定,这才是严谨的治学态度。

序跋荟存

一 《湘西民歌集》序

内人潘芷云，湘西武冈人。提起湘西，人们总有些神秘感。但我从芷云口里所得到的印象，则那里也并不神秘，只不过其风土人情于纯朴中带点粗犷，颇残余一些古风而已。而且芷云谈起湘西又往往使人产生错觉，似乎天下之美，尽萃于此。如什么"宝庆狮子东安塔，武冈城墙盖天下"等谣谚，是时常挂在她口边上的。我如对此提出异议，她便会说："塘里的蛤蟆塘里好，井里的蛤蟆井里香。"我便无言可对，因为人情自来如此。

不过最使我心服的倒是湘西的山歌。它确实很出色。而芷云从小就是在这山歌世界里长大的。故每谈到湘西山歌，她便滔滔不绝，津津有味，似乎又沉醉在那歌声悠扬的童年时代。同时也把我带进那纯朴粗犷，而又有点古风的社会氛围中去了。

在远古时代，文学艺术一类的东西，本来是跟人民的日常生活结合在一起的。湘西，尤其是那里的少数民族，山歌是生活中不可缺少的点缀。山歌与生活，浑然一体，结成了不解之缘。他们在田里劳动时，就有莳田插禾的歌；男女恋爱时，就有谈情说爱的歌；丧事就有悲怆沉痛的歌；婚事就有热闹欢快的歌。总之，在任何生活领域里，都充满了悠扬动听的歌声。而且,他们的创造力是惊人的。山歌对唱并不是陈陈相因的旧词,而是见景生情,即事起意,完全是眼前现实的临时写照。如:

> 大山大岭好唱歌,
>
> 大田垄里好养鹅;
>
> 庄户人家出歌手,
>
> 蚕子口里出绫罗。

在这些山歌的字里行间,充分体现出山歌在他们生活中的重要性和对山歌的审美心态。

当青年男女在山上隔着田垄劳动时,就会听到此起彼落的动人歌声。那边是:

> 唱个山歌把妹逗,
>
> 看妹抬头不抬头;
>
> 牛不抬头吃青草,
>
> 妹不抬头莫怕羞。

这边是:

> 杉木架桥桥脚高,
>
> 你郎无心莫来撩;

> 你郎无心莫来惹，
>
> 莫作空船水上漂。

在农闲时，住在一个小村或一个大院的男女老少，晚上坐在一起，对着朗净的月光，或搓麻索，或打草鞋，或编背篓。他们之间，并不是讲故事，摆家常，而像是一个山歌对唱会。歌词总是现身说法，跟自己手里的活路紧密相连。他们的目的，并不是赛歌，而是觉得没有歌就会使生活单调乏味。但在对唱中，如果哪个接不上腔，就只得自认失败，并以"久不打鱼忘记河，久不对唱忘掉歌……"来自我解嘲。如果哪个歌声不断，大家就得承认他是胜利者。在当地只要成了对歌的能手，那也是件值得自豪的事：

> 空中星子布满天，
>
> 我的山歌有万千；
>
> 要走旱路挑不动，
>
> 要走水路压翻船。

这歌声就充满了胜利者的荣耀感。

对歌是他们的情趣，独唱也是他们宣泄感情的重要方式。芷云有个伯伯娘，城步县人。是年轻寡妇，是封建婚姻制度的牺牲品。芷云小时伴她生活多年，在她的歌声感染下，深深同情她的不幸遭遇。据芷云说：她每当一个人坐在房里做针线活时，总是歌声不断。她最爱唱的歌当中，有如：

> 千错万错错在前，
>
> 桃花错栽李花园；
>
> 桃子有甜又有苦，
>
> 妹妹有苦没有甜。

她调子压得很低，箫声似的呜呜咽咽地透过窗纱，如怨如慕，如泣如诉。她记的山歌很多，在漫长的岁月里，她总是以此来排遣内心世界的苦闷。但在旧礼教的钳制下，她的心境是足够矛盾和痛苦的。从她的口中，常常会听到这样的歌：

> 石榴开花叶油青，
>
> 一十八岁打单身；
>
> 咬紧牙齿讲硬话，
>
> 手板装油点得灯。

确实，在她们那个时代，要冲破封建礼教的禁锢，多么不易，只有"手板点灯"，自我熬煎而已。但"物不平则鸣"。也许她正是以这样的山歌鸣不平吧？

早年，芷云的邻家有个看牛娃，名石和尚，虽仅十二三岁，却是歌迷。唱山歌成了他的第二生命。他每天骑着牛在山上游转，接触的人多，学到的山歌也多。芷云小时记得不少山歌，除了来自伯伯娘以外，大都是从石和尚那里听到的。古人有所谓"牧笛"，而石和尚却是以歌代笛。武冈是山清水秀之乡。就在这山峦蜿蜒、清溪激流之间，稚气十足的石和尚，总是无拘无束，放开喉咙地唱，直唱得山鸣谷应，万籁齐声。他什么歌都唱，他还不懂得结合自己的身世，也没有什么爱的追求。但如：

> 楸木扁担细溜溜，
> 一条大路通贵州；
> 家里贫寒去混口，
> 硬着心肠把妹丢。

像这类歌，有恨也有爱，似乎跟石和尚的命运也有些相通之处吧？

在湘西的山歌里，情歌占多数，很有些精彩篇章：

> 青领褂子罩白衣，
> 郎变茑鹰妹变鸡；
> 郎变茑鹰抓鸡崽，
> 半天云里配夫妻。

> 月亮出来亮堂堂，
> 对直照到妹的房；
> 扯朵乌云来遮月，
> 乌云遮月妹遮郎。

> 天上星多月不明，

塘里鱼多水不清；

朝廷官多坏了事，

妹妹郎多乱了心。

妹说要做我的妻，

哄郎上树抽楼梯；

茅草架桥哄郎过，

壁上画马哄郎骑。

好个晴天起了云，

好个清官离了城；

天子离了金宝殿，

妹妹离了有情人。

《诗经》国风里的不少诗歌，都是属于这类的东西。古代的经学家，总是赋予它以某种政治内容，说以微言大义，反使本意湮没。还是宋代朱熹确有卓见，他认为是"男女相悦"之词。这颇跟今天湘西一带迄今犹存的古风相合。在湘西武冈，凡是"书香人家"，往往禁止自己的子女唱山歌。这也许正是所谓"礼教"的余泽犹存吧。

其实，先秦的《诗经》，汉魏的《乐府》，南朝的《子夜歌》，唐以来的《竹枝词》，本来都是民歌，或从民歌脱胎而出。据说周代的制度，每年仲春之月，朝廷必派"辎轩使者"巡行全国，采录风谣，以备察民俗、体国情之用。如果真是这样，则后来这制度废而不举，不能不说是遗憾。

建国前,我跟芷云相识后,她在生活中,常常哼着山歌。我有时听得入神,故使她把自己所记得的山歌约千首,纂为《湘西民歌集》。她并非"轺轩使者",而居然采集风谣。这在古代来讲,也许是僭越行为,因为她是庶民而行天子之事。

《湘西民歌集》纂成之后,曾请音乐家以五线谱记录下湘西歌调,以供读者按谱歌唱。据唐代刘禹锡《竹枝词》序中所言,唱《竹枝》,是歌、舞、音乐三者一体,自是较为原始的民歌形式。而湘西山歌则虽跟音乐舞蹈不相涉,却跟日常生活沾着在一起。这也应该是原始先民艺术生活中极可贵的残遗吧?因此,湘歌如果离开了生活气氛而单独唱出,就会使歌调减色。而如果把它还原到湘西山明水秀的生活环境中,则每当春夏之交,莳田插禾的男女们,山歌互答;车夫牧童们,前唱后和;床头窗前的姑娘们打着鞋底,此起彼落地哼出悠扬的小调,这该是怎样令人神往啊!只有在这样的气氛中,才能领略到湘西山歌的真实风味!

一九五二年春月写于蜀中

附记

芷云的《湘西民歌集》,建国前即着手搜辑,五十年代初期才完成,共收山歌一千多首。当时我曾给她写了一篇序文。这篇序文,曾以《谈湘西民歌》为题,发表于《人民文学》一九五二年第七期。后来芷云将这部集子寄给北京"民间文学研究会"。该会答应接受出版,但因"文革"而搁浅。动乱之后，托人到该会寻访，据谓书稿早已散佚，无法找到。这实在令人惋惜！今春清理旧书，见《人民文学》残本，序文宛然在内。因将原序略为改写如上，存之以作纪念。

一九九一年三月十五日记

二 《论章太炎》序

先师太炎先生,在中国近代史上,不仅是民主革命的先驱战士,而且是继往开来的学术大师。我们应为祖国有此杰出人物而感到骄傲与自豪。

但是,先生所处的革命时代,阶级斗争错综复杂。先生在学术上的成就,又融汇古今,博大精深。故先生去世虽已四十六年之久,而学术界能对先生作出公允、精确之评价者,尚不多见。炳早年曾受业于先生门下,但景仰之情深,研讨之功浅。每思有所撰述,辄恐学力不逮,有玷先哲,恒以此为遗憾!

四川大学李润苍、彭静中二同志,治学勤奋,对太炎先生的政治业绩与学术著作,钻研颇深。所撰论文,在资料上有钩沉之功,在观点上多独到之见。虽个别问题,或待商榷,而精审之什,堪称力作。现李润苍同志先将论文裒辑付梓,以就教于学术界。闻在本集出版之后,拟续撰《章太炎传》一书,对先生的革命业绩与学术成就进行全面论述,深望杀青有日,早睹其成!

一九八二年十月六日

三 《屈赋新探》前言

抗战时期,我开始爱上了屈赋。这也许是由于中国的民族危机,促使我跟屈原的思想感情发生了共鸣。

在贵阳时,就曾以《楚辞》教诸生于上庠,偶有心得,辄笔而存之。虽未敢以著述自期,但却积下不少的资料与零稿。

建国后,五十年代,为了熟悉新事物,学习新理论,工作繁忙,没有整理旧稿的机会。六十年代初,才开始写《〈屈原列传〉理惑》《〈楚辞〉成书之探索》等篇。发表之后,受到学术界的多方鼓励,殊增惭悚。但十年动乱,不仅打乱了写作计划,就连旧日的各种书籍与杂稿,也几乎全部散失。而我个人则已年近古稀,并卧病不起者五年之久。

动乱结束,收拾烬余。关于建国前的屈赋残稿,只剩下《〈招魂〉"些"字的来源》一篇。建国后的屈赋残稿,除已发表的两篇外,只剩下《草"宪"发微》一篇。余则断章零句,无从清理。仅仅对某些问题的自我理解,犹留下永不磨灭的印象而已。

然而,我在万象更新,病体渐有起色的情况下,为祖国社会主义文化建设添砖加瓦的思想,实在按捺不住。乃带病奋笔,把自己对屈赋的旧心得或新看法,有选择地加以整理,成文二十篇,辑为此书。

为了便于读者,本书编纂,以类相从。即:第一组,主要谈屈原的生平事迹;第二组,主要谈《楚辞》的成书与传本;第三组,主要谈屈原的思想与流派;第四组,主要谈屈赋里的神话传说;第五组,主要谈屈赋的语言艺术。总之,都是些探索性的结论,很不成熟。出版的目的,是以此就正于学术界。

在出版的准备工作中,我院中文系中国古代文学研究室的领导曾给予大力支持。至于抄写校勘,则皆由研究生李大明同学任其劳。在此并致谢意!

一九八二年十一月二十二日于四川师院

四 《屈原论稿》读后

——关键在勇于探索

中国文学史上，确实有不少影响极其深广的伟大作家。但想要为他们写一部比较全面的评传式的著述，却很不容易。因为这无论从采撷成说或独抒己见来讲，都是一件艰巨而复杂的工作。最近读到聂石樵同志的《屈原论稿》，对此颇有感受。

首先，《论稿》作者表现了敢于闯入"污染区"、清理垃圾堆的勇气。作者经过深入探索，反对"非儒即法，泾渭分明"的说法，提出了"法家学者多出于儒家"、屈原思想"正反映了从儒到法的演变"的新论点。并指出儒、法两家思想，有同有异，而屈原的斗争，则主要是以"法家思想和奴隶主贵族宗臣的斗争"。作者对此，举出了大量事实，进行条分缕析，史论结合，有说服力。

其次，学术界有所谓"冷门"、"热门"的问题。但从学术研究本身来讲，任何科学都是不断发展、没有止境的。搞"冷门"有"开辟"的艰巨，而搞"热门"也有"突破"的困难，像屈原这样伟大的作家，从刘安、司马迁直到今天，两千多年来留下的科研成果，的确是"汗牛充栋"，是"热门"当中的"热门"。因此，在科研上要想有新的突破，确是很不容易的。但问题在于是否能不畏艰难，勇于探索？例如《论稿》作者在书中标立了《屈原的美学观点》专节，探讨了屈原是怎样"在他的丰富多彩的艺术创造中，体现了他的进步的美学观点"。对这个问题，作者认为屈原对儒家的美学观点既有继承，也有发展，在《离骚》中他提出了"民好恶其不同兮，惟此党人其独异。户服艾以盈要兮，谓幽兰其不可佩"。屈原是从实践出发，"自发地感觉到不同阶级的人，就有不同的审美趣味"。像这样的新课题，不仅表现了作者的探索精神，也表现了作者立论的精审。

再其次，对文学作品的"分析"与"欣赏"，略有差别。那就是说，分析时，理智的成分更多些；欣赏时，感情的色影更浓些。但二者之间又是相辅相成的。然而在这个过程中，往往会对自己所最景仰的作家或最欣赏的作品，总是倾注了更多的感情因素，从而冲淡了冷静而理智的分析。作者在《论稿》中对屈原给予了极其崇高评价。但另一方面，作者在感情与理智之间的掌握上是很有分寸的。作者通过多方面的分析，认为"屈原的思想在当时是有进步意义的"，这无疑是正确的。但是作者并没有因此而陷入"偏爱"的泥坑，他更指出，屈原的思想言行，是属于新兴封建阶级的，因此，"并不会'站在人民立场'去为人民落泪"。不过具体问题应当具体分析，所以作者又认为："屈原跟其他新兴封建阶级思想家荀卿、韩非是不同的。长期的流浪生活，使他更接近人民、了解人民"，因此，他的作品具有更丰富、更深刻的民主性。我觉得这个评价是很允当的。

最后，从《论稿》来看，也会发现作者虚心矜慎的一面。因为作为一部综合性的论著，就要求系统而全面。而作为学术问题，又不应当要求作者在各方面都能独抒己见。这其中还需要善于撷取前人的成果。对学术界还没有得到可靠结论的问题，宁两说并列，供读者参考。如屈原的死日，据宗懔的《荆楚岁时记》是"五月五日"；而《隋书·地理志》则是"五月望日"。作者只是指出"诸说不同，可能是各地传说不同"，并不强作结论。这种矜慎严谨的治学态度，是值得肯定的。

一九八三年一月二日

五 《二毋室论学杂著选》序

我与张公汝舟相识,是一九四六年在贵州大学任教时开始的。抗战时期,西南后方,人文荟萃。时战事刚刚结束,贵阳学术空气仍甚活跃。工作之暇,我尝与张公析疑论难,以学术相砥砺。当时通货恶性膨胀,生活极度艰苦,而贵大地处黔中名胜花溪之畔,麟山耸翠,灞桥飞瀑,治学其间,亦颇有"以文会友"之乐!

公之为人,平易纯朴,恭谨谦逊,朋友知交,肝胆相照。在学术问题上,对青年后学,循循善诱,而对权威人士,则往往分寸必争,锋芒毕露。公虽奉佛茹素,而治学勤奋,无丝毫出世想,为人处事,亦有强烈的是非感。以此,颇受朋辈与后学所尊崇。

公所写学术论文,旧日曾读过一些。这次"张汝舟教授遗著整理小组"寄来《汝舟小考据》等,索序于余。讽籀之余,对公之学术成就有更为全面的了解。总的说来,公对经学、史学、文学、哲学、文字、声韵、训诂学等,皆有独到之见。在学术领域中,确实提出了不少带有启迪性的新论点,不甘做"人云亦云"的应声虫。公早年曾受业于蕲春黄先生之门,并尝以"不失黄门家法"自勉。但公虽继承乾嘉朴学传统,而不为朴学所囿;亦或利用西方科学论据,而不为西学所迷。

所撰论文，多提纲挈领，举其大体，开门见山，单刀直入。公常常强调"写考据文也要讲艺术"，这大概就是公在学术论文上所以具有独特的艺术风格吧！

命笔之际，往事历历在目。聊缀数语，以抒积愫，并代序言。

一九八三年三月写于四川师院中国古代文学研究所

六 《〈切韵考外篇〉刊误》序

　　清代古音学家,有"考古"与"审音"两派。江永、戴震诸公对古音学贡献甚大,不特长于考古,而尤以审音见称。然世谓江、戴审音,多以宋元等韵为据。而宋元等韵之学,"自为法以范古人之书",已欠精密。况据此以上推先秦古音,更难吻合无间。此殆亦当时审音者之一蔽也。

　　陈兰甫氏《切韵考外篇》等,欲专以"考古"之法,订正等韵之学。据《广韵》切语上下字以重厘等韵图谱。陈氏考析三十六母字为四十类,二百六十韵为三百一十一类。此说,曾被誉为中国声韵学史上之一大创获。

　　然陈书犹存不少缺点,前人多已指出。而张汝舟君之《〈切韵考外篇〉刊误》,尤为切中要害之作。陈氏盖欲据宋代《广韵》切语,以覆隋唐音读之旧,其龃龉自所难免。张君则以唐写本《切韵》《唐韵》残卷及《经典释文》《玉篇》等书为本,较度锱铢,审析毫厘,补其缺,纠其谬,明其等呼,究其流变。既一反陈氏"过信《广韵》"之非,亦往往发现《切韵》《唐韵》之"疏"。对陈氏书,针砭入里,切中肯綮,可谓"目无全牛"矣!张君因刊陈书之误,而又有叹于"考古之难",诚甘苦之言也。

　　三十年代中期，余曾有《广韵订补》之作。据《广韵》自身之体例，以纠正编纂传写之失误。此与张君据《切韵》《唐韵》之遗编，以探求隋唐切音之旧者，目的虽不相同，而用心颇相似也。《订补》定稿约十四万，未及付梓而抗战事起，写本烬于兵燹。所存者，仅当时章氏国学会《制言》杂志所刊《叙例》数千言耳。今张君《刊误》得付梓问世，而余之《订补》竟片纸无存，所谓有幸有不幸耶？因序张君书，不禁感慨系之！

　　　　　　一九八三年夏写于四川师院中国古代文学研究所

七 《屈赋新探》后记

本集交稿之后,我虽一度产生过人们所常有的那种轻松和愉快。但与此同时,也确实又想到和碰到许多与本集有关的一些学术问题。这里只准备谈三点:

首先,关于学术上的创新问题。

回忆三十年代中期,我曾受业于太炎先生之门。先师讲学,经史子集,所涉极广。其时,先师并未专讲《楚辞》,我亦未专攻《楚辞》。然而,读先师所著书,谈及屈赋之处,亦复时有所见。例如本集所征引的:屈原称君为"灵修","灵修"实即"令长";"吾令蹇修以为理","蹇修"实即"声乐"。并又据"灵修"以探索楚国官制的民族特征。据"蹇修"以阐述中国古代的音乐理论。此皆勇于独创而不离乎典据,立意新颖而不流于诡异。不仅妙语解颐,亦且益人神智!

如果说,乾嘉学派长于文字资料的考证,短于事物规律的探索,而太炎先生却能熔二者于一炉,"微观"、"宏观",交相为用。他上承朴学家法,下开一代新风,对中国文化的发展,做出了卓越的贡献。这从治学方法来讲,应当是值得发扬光大的优良传统。而把考证资料与探索规律割离开来,未必就是一种最理想的分工。因为对事物规律的新认识,往往跟对文字资料的新突破是紧密相联的。

先师作为革命元老、学术泰斗,他的治学经过,治学方法,曾给我以巨大启示与多方熏陶。而最使我难忘的,是在一次个人问学时,先师曾谆谆告诫:

> 治学要有独到之见,只是重复前人成说,于学术发展有何贡献?

此语,对我的教育是深刻的,终身服膺,从未忘却。如果用现在的话来说,那就是任何学术研究(不管是社会科学或自然科学),都要求能在这门学科的原有基础上,增加一些新的东西,获得新的突破;只有这样才有助于推动学术的不断发展。然而,对我来讲,学海浩瀚,百无所成。虽于屈赋略有探索,而对先师所要求的"独到之见",实未敢企及于万一。有负遗教,惭悚何极!

其次,关于不同学科的互相渗透问题。

古人曾说:"不通群经,即不能精一经。"这已道破了治学方法中"约"与"博"的辩证关系。如果把范围扩大一些,则研究文学史上的任何现象,都跟史学、哲学、民族学、宗教学、神话学、民俗学、考古学、语言学,等等,有着不可分割的联系。在科学研究中,它们之间是互相渗透的。涉及的广度与钻研的深度,是相辅相成的。我收在集中的那篇《屈赋语言的旋律美》,已发表于一九八二年《四川师院学报》第四期,其中关于屈赋的"韵律"问题,曾提出了"首、尾韵","中、尾韵"等罕见现象。"例不十,法不立",当时我所得到的例证,每项都在二十条以上。但文章发表之后，仍然于心不安，深恐把偶然现象看成是规律。

然而最近读到一九八三年《民族文化》第二期，竟在黄革同志（壮族）《丰富优美的壮歌》一文中，发现了壮歌与屈赋在韵律上的相似点。他说："壮歌有严格的腰尾韵，与汉族民歌的韵律不同。"所谓"尾韵"，即韵押在句尾，系一般现象，这里从略；而所谓"腰韵"，据作者说：

> 在腰韵方面，五言歌的押韵位置主要在第三个字，其次在第二个字，个别押头韵（第一个字）或在第四个字押韵；七言歌的腰韵主要押在第四个字，其次在第二个字，这是因为歌唱时要在这些地方停顿、换气的原因。不这样就难以歌唱，勉强唱出来也不好听。

不难看出，壮歌的"腰尾韵"，与我所提出的屈赋的"首、尾韵"，"中、尾韵"，颇有共同之处。即叶韵的字，不仅在"句尾"出现，而且可以在"句中"或"句首"出现。并且发现屈赋的形式，跟壮歌的长篇"排歌"（一称"串歌"）极其相似。即除句子的字数不等而外，主要是押"尾韵"。只有部分句子才押"腰韵"。当然，从黄革同志的文章看，壮歌的韵律也有与屈赋不同之处。即壮歌乃"尾韵"与"腰韵"相叶；而屈赋则是"腰韵"与"腰韵"相叶，"尾韵"与"尾韵"相叶。但是，由此可以证明，拙文所提出的屈赋的"首、尾韵"，"中、尾韵"等韵律形态，决不是偶然现象。它们正是战国时期，包括楚文化在内的我国南方民族文化特征之一。而黄革同志所谓的"好听"或"不好听"，也正是属于我所提出的"语言旋律美"的问题。然而如果不从民族学或民俗学的角度,以壮歌与屈赋互证,则屈赋中这类问题虽然也可能被提出来,但悬案终于是悬案,决定性的结论是不容易得出来的。

最后,谈谈学术交流问题。

在古代,限于历史条件,学术交流比较困难;因而学术发展也就相对的迟缓得多。现在的情况不同,不仅国内的学术界交流频繁,而且国际的学术交流,也越来越活跃。但是,不容讳言,由于某种原因,国际间的学术界,仍然存在一些不应有的隔膜。如日本学术界有人对本集所收拙作《〈屈原列传〉理惑》(曾发表于一九六二年《文史》一辑,原名《〈屈原列传〉新探》)一文的误解,即其显著的例证。拙文的中心主题,本来是要试图解决历代学人对《史记·屈原列传》所提出来的疑难问题,从而恢复《屈传》的原型,展示出屈原生平事迹的本来面貌。文章的目的性是明确的。但是,近年来日本学术界否定屈原存在之风大起。始而倡"主人公与作者分离论",否认《离骚》为屈原所作。继而把伟大诗人屈原索性从中国历史上抹掉。因而中国近现代学术界的廖平、胡适、卫聚贤等屈原否定论者,也被奉为研究屈原的圭臬。尤其是对中国何天行的《楚辞作于汉代考》一书,更给以极高的评价。所有这些现象,原属学术争鸣,未可厚非。而问题在于竟有人以拙作《〈屈原列传〉新探》为根据,将本人也纳入否定屈原的体系。其文云:

> 一九六二年,最近的学者汤炳正比较了《屈原列传》的正文和有关汉代的各种文献,指出《屈原列传》的大部分内容是后人增改的。

很显然，这里不仅极端夸大了屈传被增改的范围，而且我所说的"窜
人"，跟"屈原并无其人"也决不是同一概念。拙作是决不能为屈原否
定论者帮忙的。

至于中国何天行《楚辞作于汉代考》的结论，主要是认为《离骚》
并不是什么屈原所作，而是西汉淮南王刘安所作。对此，我本想多说
几句话，以澄清是非。但这里限于篇幅，只打算提出一项新鲜事物，
作个简短的说明。即一九八三年《文物》第二期发表的《阜阳汉简简
介》，其中有这样一段话：

> 阜阳简中发现有两片《楚辞》，一为《离骚》残句，仅存四字；
> 一为《涉江》残句，仅存五字，令人惋惜不已。另有若干残片，亦
> 为辞赋之体裁，未明作者。

《简介》中又报道：这次出土的先秦古籍中，还有《诗经》《周易》等多
种。经考古界的分析，出土器物上有"女（汝）阴侯"铭文及漆器铭文，
纪年最长为"十一年"等材料，确认墓主是西汉第二代汝阴侯夏侯灶。
夏侯灶是西汉开国功臣夏侯婴之子，卒于文帝十五年（前 165 年）。
故阜阳汉简的下限不得晚于这一年。因此，我认为这批汉简的出土，
对判断《离骚》是否西汉淮南王刘安所作，实为最可靠的原始资料。

据《史记·淮南衡山列传》：淮南厉王以谋不轨死，"孝文八年"，
乃封其子刘安为阜陵侯，其时刘安仅七八岁。"孝文十六年"，又改封
刘安为淮南王。武帝即位，"建元二年"淮南王刘安入朝。又据《汉
书·淮南衡山济北王传》所叙淮南王刘安受封的时间，与《史记》全

同。惟于武帝时刘安入朝之下，补入武帝"使为《离骚传》，且受诏，日食时上"等语。而何天行的《楚辞作于汉代考》却以为《离骚传》即《离骚赋》，从而得出《离骚》乃淮南王刘安所作的结论。但是，按照何天行的说法，则刘安入朝作《离骚》的时间，是汉武帝建元二年（前139）。那么，为什么《离骚》汉简，竟会在死于二十六年以前的汝阴侯的墓中出现呢？那时刘安不过十四五岁，而且也并无入朝武帝之事，因为这中间还隔着景帝一代呢。可见，刘安作《离骚》之说，是完全违反历史事实的。我在本集《〈楚辞〉成书之探索》中，曾认为刘安封淮南，都寿春，其地为楚最后之故都。屈赋当已广泛流传人间，故刘安及其宾客得搜罗屈赋以成专集。阜阳乃寿春近地，则汉简《离骚》《涉江》之出土，不仅说明了《离骚》并非刘安所作，而且竟为鄙说增加了一条新的旁证。

当然，阜阳出土屈赋残简，从一般意义上讲，并不为奇。而对于破除刘安作《离骚》的成见，则不能不说是极其珍贵的文物。为了加强学术交流，故特提出个人极不成熟的意见，以供海内外学术界的参考。

以上三个方面，都是本集交稿以后的一些零星感想。学术研究是无止境的，此外还有不少的话要讲；但这里只好从略，庶免"画蛇添足"之诮。

一九八三年七月十六日

八 《楚辞类稿》自序

数十年来，余于屈赋爱不释手。凡批阅古注善本，泛览前代典籍，有得于心，或笔诸书眉，或抄存札记。十年动乱，生平所读《楚辞》旧本及所积资料失落殆尽。劫后搜检箧笥，曾撰《屈赋新探》三十万言。余则断篇残简，丛脞散乱，难于清理。颇欲付之一炬，以了旧缘。然半生劬劳，点滴心血，留之似无用，而弃之则可惜。年来有暇，辄复从事剔选，偶有可取之处，则笔而存之。适巴蜀书社向余索稿，因畀之以塞责。非敢以著述自视，特劫后余生，更惜此半痕鸿爪耳！

昔顾炎武著《日知录》曾谓："其有不合，时复改定；或古人先我而有者，则遂削之。"余以衰老疲惫，多事"改定"，实难为力。但凡古人或时人已"先我而有者"，则必"削之"无所惜。其间因囿于见闻、限于记忆而"削之"未尽者，容或有之。然而，决非有意践前修之陈迹，步时贤之后尘也。

此稿所录，杂而不纯。往往信手拈来，浅尝辄止。一孔之见，谬误滋多。且但求辞达，未遑修饬。长或万言，短则数语，得鱼忘筌，不计雅俚。尚希读者，匡其不逮，则幸甚焉。

此外残札尚多,选录未毕,拟待异日以"续篇"出之,用就正于方家。

一九八五年重九于渊研楼

九 《语言之起源》自序

这本集子,是从幸存的一堆旧稿中选出来的。虽写作时间的跨度很大,从三十年代直到八十年代。但文章内容却比较集中,都是探讨语言文字的。而对语音与语义的关系,乃至语言起源等问题,尤三致意焉。

中国的"音训"之学,汉魏之际,已渐入歧途;西方的"语源"之学,二十世纪,已陷入绝境。但是,前辈科学家的挫折,往往正是后辈研究者的起点。一切科学,都是在无数科学家的艰苦探索中曲折前进的。

在这本集子里,确实有不少"离经叛道"之论,这无疑会引起人们的非难。但是,在学术上任何新论点的提出,总不会是一帆风顺的,这几乎成了一部学术发展史的规律。因此,本集在编选过程中,始终是抱着接受批评的心情来进行的。是非得失,不敢自我论定。

本集所收文章,有早年发表于太炎先生主编的《制言》杂志者;又有近年发表于香港中文大学的《中国语言研究》者;也有未经发表的稿本。这次整理时,词句之间,或加润色,结论方面,皆仍旧贯。其中个别观点,今虽已有改变或发展,然亦未予更动。因为既系旧作,则正可借此自纪治学禅递之迹，不如过而存之。在必要时，或以"附记"形式，说明原委。

八年抗战，流离失所；十年"文革"，屡遭洗劫。检点箧笥，积稿所余无几，思之未免痛心！记得在第一次抄家之后，老伴潘芷云曾将剩稿，藏之隐僻，二次抄家，竟得无恙。故本集今日之得以面世，实不幸中之大幸。

本集的这个写本，乃出于庾国琼先生的手笔。庾先生好古文字学，又喜书法。曾任《汉语大字典》编审，并参与《汉语古文字字形表》《秦汉魏晋篆隶字形表》的纂辑工作。这次肯俯允所请，代缮拙稿，特此志谢！

一九八八年元月

一〇 《楚辞研究与争鸣》序

绵亘两千多年的中国"楚辞学",二十世纪七十年代以来,确实出现了一派可喜的景象。不仅老一代的学者,出其长年的积累,钻研琢磨,不断前进。而最令人兴奋的是后起的一代新秀,他们一面善于继承前人的学术遗产,一面以其更旺盛的创造力和特有的敏锐感,勇于开拓新领域,大胆试用新方法,学术成就尤为斐然可观。"楚辞学"的发展形势,正在进入新的历史时期。

同时,我们更应当看到,开国以来,由于种种特殊原因,造成了中国的台湾地区与大陆学术交流的隔阂。但也正由于同一原因,故土情深的台湾学术界,倾心于爱国主义的历史传统,或阐骚经之《新诂》(苏雪林有《楚辞新诂》),或展《九歌》而辨诬(钱穆有《九歌当为屈原作品》)。至于胡子明的《楚辞研究》,吕正惠的《泽畔的悲歌:楚辞》,都能从不同角度呈现新义。可见,台湾地区的屈学研究,亦大有风起云涌之势。据我们从不同的渠道所能接触到的资料看,其中不少论著,从评析到考证,都达到了相当高的学术水平。这无疑应当引以为我国学术界的骄傲。

但是,正如一位日本学者曾对我说:"屈原这样伟大的诗人是中国的,也是世界的。"事实确是如此。一九五三年,世界和平理事会把屈原作为世界四大文化名人之一而进行纪念以后,各国学术界对屈原的研究,一时蔚然成风。苏联、匈牙利、美国、英国的汉学家研究《楚辞》,时有新作。尤其是日本学者,因其与中国文化有源远流长的密切关系,以及屈原作品对日本文学的滋润沾溉,深入人心,因而日本的《楚辞》研究,名家辈出,胜义如云。虽观点互有异同,而都以相当的深度与广度,著称于学术之林。近几年来,中日两国学者之间的屈原问题探讨,促进了两国学者间的文化交流。当然,中日的文化交流,还有待进一步发展,我们所了解的,只不过是鼎尝一脔,难得其全。

学术界的交流与争鸣,确实极为重要。正如古人云,"他山之石,可以攻玉"。但从上述事实看,无论国内或国际,"楚辞学"的兴旺发达与相互的切磋琢磨,其间还存在着不小的距离。不可讳言,这对屈学的进一步发展,使其成为名实相副的世界"显学",是很不利的。

正由于上述原因,在重庆师范学院《楚辞》研究室的主持下,创办了《楚辞研究与争鸣》,目的是借此交流国内外屈学成果,使所见略同者,相得益彰;结论歧异者,相互砥砺,从而促进"楚辞学"的健康发展。对此项开拓性的盛举,某虽不敏,颇愿为之鸣锣开道,以促其成。故特缀数言如上,以表微忱。

一九八八年五月二十九日

一一 《九歌论笺》序

屈赋二十五篇,奇文蔚起,异彩纷呈。故历代释屈赋者,由于心有所会,学有专长,兼治诸篇者固多,而分治专篇者亦复不鲜。如刘安、班固、贾逵之只解《离骚》,史迁、刘向、扬雄之专说《天问》,早已相沿成风,降及近代,余韵犹存。大明同志之撰《九歌论笺》,殆亦承此屈学传统。

《九歌》一向被屈学视为难点,歧说,定论少。尤其对迷离悱恻之意境,心领神会,往往因人而异。我对治学之道常常强调:求"新"的目的在于求"真"。而求"新"易,求"真"难。所谓"真"即符合或接近历史的本来面貌。而恰恰在《九歌》的研究中,要想求"真",确实不易。大明同志曾根据《九歌》王逸叙中的异文,写有《〈九歌〉夜祭考》一篇,发前人所未发,堪称屈学之一大突破。此殆属于"求真",非徒"求新"而已。他且无论,即此一端,已在《九歌论笺》的一些篇章中,增添了不少新的色彩。这不能不引起我们的赞许!

大明同志从我受业多年,勤奋严谨,要求于己者甚高。希望能在《九歌论笺》的基础上不断攀登,做出更为优异的成绩,庶不负学术界之厚望焉。

一九八九年三月三日于渊研楼

一二 《现代楚辞批评史》序

　　回顾将近一个世纪的现代《楚辞》研究史，虽远承前代传统，考证（包括注释文字、核正史迹）与评骘（包括评价行谊、品第文章）并重，但"五四"以来，尤其是建国以来，这方面的研究成果，却大大超越了前代。这不仅表现在量的增多，主要表现在质的变化。而这个变化，跟"五四"时期西方的神话学、民俗学、民族学的输入是分不开的；而对唯物史观的掌握与运用，虽还不够熟练，显然已成为《楚辞》研究的动力。因而，无论从考证的精密和评骘的允当来讲，《楚辞》研究，确实使垂两千年的"显学"，至此而形成了一个历史上突出的高峰。这就是现代《楚辞》研究的主流。

　　但是，主流之中，也有一些不大不小的旋涡。

　　我们知道，谈到考证，从汉代起，对屈原的事迹即有不同的记载；谈到评骘，从汉代起，对屈原的行谊已有歧异的见解。但是，根本否定屈原这一历史人物的存在，或贬诬屈原这一文化伟人为"弄臣"等等，则无疑是晚近才出现的新的学术动态。

　　本来，学术界的辨伪工作，唐宋诸贤已开其先路，清代学者又显其实绩。到了清末维新之际，康有为承经今文学家之余绪，在《新学伪经考》里,把这一工作引向了极端,也走入了歧途。逮至"五四"运动,清算封建文化之风大起,胡适诸人,又把辨伪工作推向新的高潮。如果说,廖季平否定屈原之存在,只是晚清以来经今文学派的一个发展,那么,胡适否定屈原的存在,则更带有"五四"疑古思潮的新特征。至于在评骘方面,则历史上所谓"露才扬己"、"显暴君过"、"文人轻薄"等等议论,千百年来,早已在《楚辞》研究中销声匿迹。然而,抗战期间又出现了什么"文学弄臣"之类的诡异之谈,这显然跟当时围攻郭老历史剧《屈原》的逆流是相呼应的。以上种种,应当说是屈学主流中的几个旋涡;而这些旋涡,只不过是特定的历史条件所激起的人文现象而已。

然而,值得注意的是,在中国学术史上的这种不良倾向,二次大战之后,竟流传于日本的学术界。六十年代以来,他们此唱彼和,蔚然成风。但日本的"屈原否定论"者,虽导源于我国,并接受了我国的某些观点,而其所涉及的范围及提出的问题,却又远远超出我国老牌的"否定论"。从某种意义讲,他们的影响更为广泛而深远。因此,不可避免地要引起我国学术界参加探讨与辩论。石借他山,互相切磋,这无疑是国际间文化交流的一次盛举。可见,近几年来评议"屈原否定论"的学术活动之所以蓬勃发展,正是在这一新的学术形式下形成的。它虽是旧事重提,但又带有鲜明的时代色彩。

从上述的情况看,将近一个世纪以来,在《楚辞》研究领域里并不是风平浪静的。其中激荡着两种不同的学术思潮,充满了批判精神,是一段具有深邃历史意义的屈学发展历程。因而,能为它撰写一部学术史,以纪盛况、明是非,正是屈学界义不容辞的大事。而黄中模君的这部《现代楚辞批评史》的撰写,正是肩负起了这一历史使命。

黄君自幼喜读古书,对古代文化有深厚的根柢;而对《楚辞》研究,尤为专长。数年来,刻苦勤奋,锲而不舍,除已出版《郭沫若历史剧〈屈原〉诗话》《屈原问题论争史稿》外,尚有积稿甚多。近年来,在评议国际"屈原否定论"的学术活动中,黄君始终站在战斗第一线。其搜集资料之富,撰写文章之多,探讨问题之深且广,在国内外产生了相当的影响。因而,这部《现代楚辞批评史》由他来写,是最适当不过的。的确,正由于在这场学术活动中,黄君并不是一位旁观的史论家,而是一位参与战斗的实践家,这就使得这部论著的内容,多精辟独到之处。它是筚路蓝缕的创举,也是一部独抒己见的专著。湖北教育出版社编辑部嘱我为本书作序,我写下以上的几点极不成熟的意见,质之方家,以为然否?

一九八九年八月十六日于渊研楼

一三 《渊研楼酬唱集》序

我与老伴潘芷云皆不工诗,但很爱诗,平时常以读诗为享受。有时也有习作,脱稿后即投之青瓷罐中,戏称"诗罐"。罐满,则略加清理,以防散佚。数年间,积稿渐多,芷云促我编为集。今年长夏无事,纂成初稿,暂名《渊研楼酬唱集》。

芷云童年爱唱民歌,后曾辑有《湘西民歌集》,收民歌千余首。其佳者,颇饶前人《竹枝词》风致。她中年以后喜读诗,尤喜陆游诗。每读陆氏老年生活困顿之作,辄曰:"此翁若在,我当供养终生。"其倾倒于陆氏者如此。我童年好唐诗,有时随景吟哦,今已所存无几。既冠之后,遨游南北,专治朴学,渐不吟诗。偶有应事之作,亦系勉强成章,自感"才尽"。集中晚年诸作,多类此。纵观前代,以朴学家而兼工诗词者并不多,这也许是个规律吧?因为科学思维与创作思维,是思想方法上两种不同的走向。

我与芷云,生活经历不同,但诗歌见解颇一致。即皆以钟嵘主张"直寻"不贵"用事"为卓见,反对"獭祭鱼"式的堆砌典故。太炎先生说:"后人才不如古,乃以典故为文饰",此言极是。其次,虽皆尊唐诗为不祧之大宗,而对唐人徐彦伯辈之"涩体",则避之惟恐不远。以故，我二人诗作，即偶有清新之致，而深厚典雅不足。旧体诗如何发展，论者尚多歧说。上述主张，或系偏见，知我罪我，待世人论定可耳。

在感情倾向上，芷云语多悲怆，而我偏于乐观豁达。盖因芷云一生历尽坎坷，创伤特深。我则生活道路虽不平坦，而学业事业，自得其乐；尤其晚年以来，渐入佳境。所谓"此生自笑无长物，愧向天涯浪得名"，即晚年自我写照之语。

日常生活中，芷云多在厨灶烟火中得句；而我则多在漫步山林时成诗。因我终日伏案作学术研究，未免枯寂，故散步吟诗，自成乐趣。此殆皆静动相济之妙用欤？我在漫步中，曾发现此间农家村舍，多隐隐在万竹丛中，因得"有竹自成村"之句，以为颇能道出蜀中农家的独特风貌。但历年难得偶句。某日以告芷云，她应声曰：何不谓"养花皆绕舍，有竹自成村"。盖我们所住的狮子山，乃城郊著名的花果山，农舍前后左右遍植花卉，四时芳菲交映，目不暇接。其善于装点环境，实远胜于我辈文人。"养花皆绕舍"，确系写实之笔。后来芷云续成其诗曰："此地非仙境，风光尚可人。养花皆绕舍，有竹自成村。溪畔渔樵话，田家鸡犬闻。老身诗兴在，拈笔共论文。"如果说，我们之间的晚年生活饶有诗趣，这也算是一例吧。

我生平从无以诗名家之念，亦无刻意吟哦之作。偶然为之，乃兴之所至，不吐不快，工与拙，在所不计。我们的诗作，今虽结成小集，而铢两轻重，颇有自知之明。亦即决无"藏之名山，传之其人"的侈想。然而，敝帚自珍，难于割舍，则又似有尘缘未净之嫌。人生心态，其矛盾可笑之处，往往类此。

其实,细想起来,上述心态,也不足为怪。譬如,我过去是写日记的,数十年未间歇。而"十年动乱"中,竟被席卷而去,故就此搁笔。回忆我当年之写日记,并不像清代的某些名流,为了以日记传世,煞费苦心,甚至作伪。而我则只是为了偶然翻阅几页,颇有旧事重温、怡然自得之乐。我与芷云之写诗留稿,也有这样的心境。不是为了传世,又不会以示亲友,只是用以自娱。整理这个集子的根本目的,不过如此而已。

这本集子,并非我们的全部作品,解放前的旧作,由于搜辑不易,几乎是空白。记得我的诗兴最浓,是二十多岁,那时正游学北京,面对黄瓦红墙、到处都是前朝故都的历史遗迹,从旧社会脱胎而来的我,经常写诗,借以抒发思古之幽情,或个人的襟怀。如长篇七古《故宫行》《彩云曲》、七律《咏梅》四首等,都曾在当时的《大公报》上发表过。还记得《咏梅》中有一联是:"一生懒向人间笑,十月先从岭上开",曾被诗界誉为名句,一时和者不少。现在看来,下句还有点进取之意,上句则仍未免旧文人孤芳自赏的傲气。当时我的思想境界,确实也正是彷徨于新旧之间的苦闷时期。

后来就学于苏州"章氏国学讲习会"。章师母汤国梨夫人,是当代著名诗人,一有机会,她就把色彩雅丽的虎皮宣纸裁成整齐的篇页,发给诸生,出题征诗。一次,太夫人八十大寿,在灵岩山寺设宴庆祝。其地俯瞰太湖,可纵览绕湖七十二峰之胜。当时我应征的贺诗是两首七绝,中有句云:"捧将太湖作樽酒,七十二峰祝寿来。"被师母誉为祝寿诗中难得的豪言壮语。又一次,师弟章导结婚征诗,我又凑了四首七绝。有句云:"明朝作羹添新妇,能得山堂一笑无?"时章先生心忧国事,笑口难开,故作此语以慰之,亦得师母的赞许。这些旧事,迄今思之,犹历历如在目前,只是要追忆全诗,是困难的。

所有以上这些少年之作,本来不易收齐,而且也有些"自悔少作"之感。总觉得它太"嫩",值不得保存。但是,正如文学史上的常见现象,那就是少年之作所特有的俊逸之气,往往是晚年无法追踪蹑迹的。从这个意义上讲,将来尽可能把旧作收辑一下,补入此集。

建国以后,我是从一九七七年才开始写诗的,其间相距几乎三十年,形成了巨大的断裂层。这也许是因为"诗无达诂",易于引起误解。中国历史上"乌台诗案"之类的往事,是应当引以为戒的。我想,为此而搁笔的旧体诗人,或者不只我一个人吧? 因而,当前旧体诗词的大发展,连我这个向来不愿在诗上下功夫的人,也竟动起笔来,这不能不说是认真贯彻"双百"方针的深刻反映。可惜的是,集内所收的晚年诸作,生活圈子过窄,个人身边琐事而外,没有能触及伟大的时代脉搏。这本来是文学创作所常见的致命伤,也是本集不可弥补的缺陷。看来,只能用以"自娱",未必能"娱人",这是可以预料得到的。

序于一九八九年中秋节前二日

一四 《离骚大观》序

廖君化津喜《楚辞》,教学之余,勤于钻研,多所发现。盖湘中好学深思之士也。

君与余素未谋面,而常常千里驰书,不耻下问。戊辰端阳"中国屈原学会"召开年会于汨罗,始得相见。惜会务匆匆,未能畅谈。归后,君寄来专著《离骚大观》手写稿四大厚本,求正于余,并索序焉。余以谫陋,何克当此。但谦谦君子,至诚感人,又何能已于言哉!

余今年已八旬,虽尚顽健,终茶然非昔比。巨著包罗甚广,仔细籀读,实有力不从心之感。今乘清秋之际,选要泛览,其中有未惬于心者,则驰函相商。疏懒之处,殊为不安。

君对《离骚》多创见,在前人旧说基础上,往往能自出机杼。如谓《离骚》中之"朕"、"吾"、"余"等第一人称,"都是作品中的主人公自称。主人公与屈原有关系,又有区别"。以此观点疏解全篇,亦有顺理成章之感。今谓,此说虽不认为《离骚》中主人公即屈原,但并不否认《离骚》的作者即屈原。更不否认《离骚》中的主人公有屈原的影子。此与"屈原否定论者"不能混为一谈,亦与文学创作恒律不相背离。备此一说，足资参稽。因余未细读全稿，不过管中窥豹，只见一斑，理解不当，在所难免，幸垂谅焉。特此为之序而归其稿。

一九八九年重阳节于渊研楼

一五　台版《屈赋新探》《楚辞类稿》序言

　　记得，一位日本学术界的朋友曾对我说："像屈原这样伟大的诗人，他是属于中国的，也是属于世界的。"这话很对。最近几十年来，海内外研究屈原之风大盛，正有力地证明了这一点。但是，作为这门学术的研究成果，不仅海内外的交流不够，即就国内而言，海峡两岸的屈学界，也是闭关自守，不通声气。这种文化现象，决不能说是正常的。据悉，近些年来，台湾屈学的发展是惊人的。例如苏雪林教授，早已有《屈赋新探》《楚辞新诂》等巨著问世。但过去我对此毫无所闻，现在虽有所闻，而未见其书，真是万分遗憾！为了加强海峡两岸的学术交流，促进屈学的繁荣昌盛，我多么渴望能有机会畅读台湾同仁的大著，以增进学识，开拓眼界。这次，承贯雅公司将拙著以繁体版的形式在台重印，此实文化交流之盛举；而我也正可借此广泛接受海外同行的切磋琢磨之益。海天辽阔，烟波浩渺，翘首凝眸，不胜企盼之至！

　　　　一九九〇年三月清明前五日写于锦官城东之渊研楼

一六 《当代楚辞研究论纲》序

周建忠同志的《当代楚辞研究论纲》，不久就要问世了！对此，我的第一个念头，就是这部饱含艰辛的学术成果，能以它独有的风采出现于学术之林，我感到万分高兴！

著者，是一位相当有气魄有毅力的开拓者，但又是一位非常深邃缜密而又慎审谦虚的探索者。他在撰写这部论著的过程中，经常跟我通信，他的每一点甘和苦，愉悦或烦恼，都在我的意识中留下了深刻的印象。

我尝说："文艺界，既有作家，又有批评家；学术界，也应当既有专家，又有评论家。这样才有利于学术的发展。"但在这一点上，学术界跟文艺界比较，就未免相形见绌。这也许是由于此项工作的艰巨性，使人们望而却步。如果说，专家要有揭示事物规律的本领，那评论家就要有衡量学术得失的才能，这担子并不轻松。周建忠同志的论著，对当代屈学领域的评论工作，确实付出了惊人的辛勤劳动。应当说，这是一部非常富有现实意义的力作。

据悉，当代很有几位同志在撰写《楚辞学史》。但似乎大都打算写到清末为止；最多也不过写到"五四"。对此，一概说是"厚古薄今"，未必恰当。因为这其中还有其他原因。例如，对古人的成就，虽有重新探讨之必要，然而"盖棺论定"，毕竟易于掌握。而对当代学术界，尤其正在成长起来的新秀，要"铢两悉称"地予以全面评价，则未免棘手。因为，凡属迅速发展、急遽变化的事物，欲给以定型化的结论，确实是很困难的。但周建忠同志，并没有"知难而退"，而是冒着一定的风险肩负起这一重任，并做出了颇为可观的成绩，精神殊为可嘉。

当前屈学的蓬勃发展，是有目共睹的。这主要表现在后起之秀多，论文数量多，新异观点多，分歧意见多。这一切，正是屈学兴旺发达的标志。但不可讳言，它也给屈学评论家带来了眼花缭乱之感。周建忠同志正是在这一汪洋的学术领域中，不惜重资，广搜材料，志之所在，锲而不舍。首先是，开拓视野，把握总体动态；其次是，独具慧眼，发现代表人物；再其次是，从学术个性、著述风格、研究方法等等，发掘不同对象所独有的本质特征。这种"进入个性"的学术评论，正是著者经过精密审思所形成的个人研究特色。因此，这部著作，可以说是"把握总体"与"突出个性"互相结合而且饶有趣味的学术尝试。

据我所知，周建忠同志是勤奋锐进之士。他既是优秀教师，又兼行政工作。而繁重的负担，不仅没有使他放松研究工作，而是更加不知疲劳地进行着有意义的探索。他的研究成果，早被学术界所重视。当然，这部对屈学界纵论得失、品评高低的论著，我们不能说，他的每一个论点、每句话、每个字，都能恰如其分地切合被评对象的实际，但那种自觉的科学意识和高度的学术责任感，无疑会使屈学界的同志们乐于跟著者一道,再接再厉,向更高的学术境界迈进!

一九九〇年四月六日写于锦官城东渊研楼

一七 旧校本《顾亭林诗文集》跋

一九七六年春,于万里桥畔旧货摊上购得《顾亭林诗文集》一部,乃清初通行版本。但诗集部分,有朱、墨两套校语,系前人据两个顾诗原稿本所校补。因清初文字狱极严,故顾诗刻本多所删改。而顾亭林的弟子潘次耕手钞原稿,仍存于世;而且后人转相传钞,不只一本。故此次所得之校补本,乃前人根据两个不同的原稿抄本所为。前书用墨校,后书用朱校,均极精审。墨校卷首有墨书小记云:"据原钞稿本校补于抱石精舍中。壬申瑞阶记。"朱校卷末又有朱书小记云:"壬申除夕,用戴子高藏潘次耕手钞原本复校,聊代守岁而已。瑞阶又记。"所据两本,内容略同。皆补诗数十首。校字或有异,而戴藏本多佳处。盖戴氏所藏"潘次耕手钞原本",更接近原貌。戴子高即戴望,乃清代著名学者。他喜习斋、亭林之学。对清初禁书,只字残篇,珍若拱璧。尝欲著《续明史》,故对明末载籍掌故,所知甚详。他在所藏的《亭林诗集》原稿本上批注甚多;而我所得的校补本,亦皆一一移于书眉。戴氏的批注,对顾诗所涉及明末人物的经历行状而为人所不易知者,皆历历如数家珍。此校补本之远胜于其他校补本者,主要在于戴望的批注;至于文字异同,多与他校相似。

如《千官二首》，徐嘉《笺注》本无此诗，原稿本有之。戴氏批注云："是年十二月，昆山令杨永言，应南都诏，荐先生以兵部司务。"按此批注对解释诗中"千官白服皆臣子，孰似苏生北海边"，以及"御衣既有丹书字，不是当年稽侍中"等句，极重要。先生当时的处境、意志、心情，以及对杨令举荐的态度，宛然可见。

《千里》一诗，戴氏批注云："是年春，先生应荐至京口；四月杪抵南都；甫旬日，南都亡。自此以上诗，皆五月以前作。"按此时举事者多散亡，故先生有"谁复似臧洪"之语，其寄望于诸臣者多矣。此批注极有助于解诗。

《延平使至》一诗，戴氏批注云："是年唐王密遣使召先生，不果往，但志感而已。"按徐嘉《笺注》对此诗述列时事极详，但却未对"延平使至"的本事作说明。此批注是补其缺。

《海上》一诗，戴氏批注云："是岁十一月，唐王走汀洲，被获。《海上》以下诸作，皆感触咏怀之什也。"按徐嘉《笺注》甚详，便未及"唐王走汀洲，被获"之事，故全诗情绪不易掌握。戴氏此批注，弥足珍视。

昔日黄季刚先生得顾氏《日知录》原本，以校清代通行之删改本，作《校记》一书，使后之读者，得见顾书初貌及顾氏之气节，士林传为佳话。今观顾诗原本，则清本删改触忌之原则，与《日知录》全同。或谓清修《四库全书》，是古籍之一幸，亦古籍之一劫，良有以也。然数千年来，古籍之被羼改删削，原因不只一端；而欲复古籍之原貌，使其近古，其任务之艰巨，亦可知矣。

一九九〇年九月十日

一八　《离骚校诂》序

　　黄君灵庚撰《离骚校诂》既成,来书求序于我。并谓他研究屈学,"走的是前人老路,专攻文字、训诂、章句,在屈学这圈子里,颇感寂寞"。及读他寄来的《离骚校诂》十数条,见其中多精辟之言,发前人所未发。对此,我深有所感!

　　前人有言:"不从小学入经学,则经学为无本;不从经学入史学,则史学为无源。"我虽不赞同必尊"骚"为经,但屈赋是先秦典籍,整理这门古文献,如在文字训诂上站不住脚,则任何研究,都只能是无本之木,无源之水;任何高妙理论,都将是空中楼阁。最近几年,译古之风颇盛。一次,上海古籍出版社的同志跟我谈到翻译《楚辞》的问题。我说:"学术界对许多字还没有讲清楚,怎能谈到翻译?"他说:"我们收到一些翻译稿子,只有将就出版;老是等下去也不是办法!"我一面感到他的话也有道理,一面又感到屈学界的责任重大。因此,专攻文字、训诂,虽是"前人的老路",仍要坚持走下去,决不能因"颇感寂寞"而停步。

　　黄君的《校诂》稿本,有未精审处,另函商榷,但其中释"固世俗之工巧"的"工巧"为"工匠",释"解佩纕以结言"的"结言"为"介言",释

"吾令蹇修以为理"的"蹇修"为"巂周"，等等，皆饶有新义，自成一家之言。这显然是新的时代条件加上个人勤奋所取得的成果。这里所说新的时代条件，主要是指：我们所继承的屈学遗产比前人更丰厚，我们所看到的文化资料，多为前人所未及见，我们所掌握的校勘训诂方法，亦有新的发展。在这方面，我们比前人确实占了不少便宜。对此，我个人是深有感受的。例如近年新出土的先秦典籍，尤其是战国楚简帛，从字形到文义，对于训释屈赋，确有极重要的参考价值。我们应当利用新时代提供给我们的新条件，对屈赋多认定几个字，多讲通几句话，为屈赋的翻译工作打下更坚实的基础。对此愿与黄君共勉之！

一九九〇年十二月二十二日

一九 《自在》序

我跟昌灼同志是师生关系。自我从川师中文系调到中国古代文学研究所之后，彼此很少见面。偶然在路上相逢，他还是那么文雅，那样彬彬有礼，敬师之意不少衰。青年人的成长是很快的。古人说："士别三日，便当刮目相待"，就是这个意思。可是，多年来由于跟昌灼同志少于接触，对他的志趣和成就，我并不十分清楚。

记得是一九八九年的冬天，我的散文在北京《散文世界》和天津《散文》上发表之后，昌灼同志像听到空谷足音似的，急忙来到我的书房，畅谈许久，兴奋之情，溢于言表；临走，还送了我一本他刚出版的《散文创作论》。这时，我才知道，他浸淫于散文的创作与研究，已近二十年的漫长时间；而且有不少亲切的体验与卓越的见地。这本《散文创作论》，就是证明。

最近，他又将自己长期创作的散文，结成了集子，嘱我作序。这几年，请我为学术著作写序者，接踵而至，而阅读书稿时，我总感到是一种压力；我曾怀疑，这是年龄不饶人、精力不济的征兆。但这次读到昌灼同志的散文稿子，却一反常态，心情是那样的轻松和愉悦。它使我触觉到了作者的生活、情趣、气质，乃至从字里行间流露出的艺术修养和审美境界，等等。这都比《散文创作论》所给予我的印象，要丰富得多，也深得多。几十年来由于见面稀少而造成的隔膜和距离，至此一下子缩短了许多，甚至完全消失。

这几年，我也写了些回忆录式的散文，但如果以"茶"作比，它有些像红茶或苦丁茶，总觉得浓郁之中带些苦涩；而读了昌灼同志的散文，则有一股花茶的清香和绿茶的回甜。这也许是不同的年龄，不同的经历，不同的性格和气质，在笔墨之间的流露。但不管怎样，他的散文成就，确实使我惊喜！

从前我游桂林时，对漓江两岸数不尽的奇峰异洞，曾苦于笔拙，难以描绘；这次读到作者写西昌的"土林"，那因物赋形的笔墨，将来有机会，无疑会使桂林的山水生色。蒲江的"朝阳湖"，虽号称"西蜀甲秀"，而在我接触的人中，却把它说得"不值一看"；这次读了作者的游记，那带有哲理的审美意识，不禁使我的游兴油然而生，觉得不游此湖，实为生平憾事。而且，不知怎的，作者笔下那多年未见面的姐姐的形象，竟使我想起朱自清笔下的父亲的"背影"；那质朴而富有感情的笔触，颇耐人寻味。昌灼同志曾对我说：他的散文无论是写山水，写人写事，主要是求一个"真"字。但我觉得，作者对姐姐形象的勾画，已从"真"迈向了"深"。可见，作者的散文创作，正在沿着这个轨道、向着这个境界在前进。我愿与昌灼同志共勉之。

一九九一年五月十五日

二〇 《楚辞研究》前言

"中国屈原学会"已成立七年了。我们开始曾认为，既是学会，理应有个定期刊物，作为会员们发表论文的园地。但这不过是"望梅""画饼"，想想而已，谈何容易！后来，学会成立大会的论文，总算结成了个集子，即《楚辞研究》（一九八八年齐鲁书社出版）。记得，当时我曾写信给学会名誉会长姜亮夫教授，请他题个书签。他正病重住院，竟为此专程带病回寓，以惯用的笔砚，写下书签寄来。不难看出，老一代的屈学前辈对这个集子寄以多么殷切的企望！当时的打算，是每次年会的论文即编成一本《楚辞研究》，一直延续下来。但由于种种原因，主要是经济原因，连这样一个"不得已而求其次"的计划，也并没有能够实现。

说句老实话，我们不少同志都有一种感觉，即：当前群众性的学术活动虽比任何时期都繁荣，但离开金钱就寸步难行。而我们这批以钻故纸堆为职业的"秀才"们，则真是生财无路，告贷无门。就在这万般无奈之际，对出版论文集的问题，大家想了个笨办法，即希望年会在哪省召开，就由该省勤俭办会，节约开支，留下几个钱来出该期的《楚辞研究》。本期《楚辞研究》之得以跟会员们见面，就是贵州省的同行们依法炮制出来的成果。也正由于上述原因,论文集的编辑班子,并不是理事会的常设机构,而是根据理事会的意见由秘书处跟该省同志及有关各方共同商量、互相合作,搭个临时班子把工作担起。至于下次年会在哪里开? 能不能出论文集,编辑班子如何搭配? 皆在未知之例。这也许是名副其实的游击战术吧。

但是,不管怎样,这几十年来的屈学发展,是一浪高过一浪的。第一个浪头,是从一九五三年世界和平理事会纪念屈原开始的;第二个浪头,是从一九七八年十一届三中全会开始的;第三个浪头,是从一九八五年"中国屈原学会"成立开始的。其实,学会的成立,不过是一个标志;它标志着党的"双百"方针把屈学的发展推向了一个新的高潮。这些年来,屈学阵营,日益壮大;屈学论著,成果累累;且对某些学术问题,也确实有了新的突破,在屈学发展史上留下了一点记录。就以这本论文集而言,其中就有不少质量好的文章。

可是俗话说:"旁观者清,当局者迷。"我们自己估量自己,难免有些片面性;真正有"自知之明",究竟不易。因此,广泛地听一听学术界的种种议论,是有好处的。例如,屈学研究所取得的成绩,是学术界公认的,这固然是客观事实;但屈学研究的不足之处,乃至不正之风,也还是要听听各方的反映。如有的同志在肯定屈学成果的同时又指出:"特别是近年来,学术界某些人好逞臆说,而不重实证:名曰宏观,实为空谈;名为创新,实为哗众取宠。""主观臆测,标新立异。"有的同志甚至来信指斥:"一部分所谓研究,实质上是在亵渎社会科学,嘲弄屈原。"学术研究"应当对后人、对历史负责"。又如,今年一部屈学新著刚出版,立刻就有不少同志告状,说作者"剽窃"了他们的论点或论著。如此等等。应当说,上述这些意见,既非新旧学术思想的论争,也非不同学派之间的偏执,更不是出于个人的好恶之异,而是学术界普遍关心的原则问题,我们不能不重视。

我认为,世上的事往往会从正面走向反面,而正、反之间又是互为因果的。纵观这十多年来的屈学研究,似乎可用三个字来概括,即:热、新、活。这三者,从学术动态来讲,本是无可厚非的。但也正是在这三股浪潮的冲击下,屈学界的某些同志出现了学术思想的倾斜。

首先谈"热"。一般来说,"热"并没有贬义,如"文心雕龙热"、"红学热"等等。由于人们热爱祖国优秀的文化遗产,而形成了一股"热潮"或"热浪",这并不是坏事。"众人拾柴火焰高",人多力量大,对这门学科的研究探讨,无疑是有好处的。而且,从屈学界来讲,这几年来也确实涌现出一大批有才华、有实学的后起之秀。关于《楚辞》研究成果,据有的同志初步统计,从一九七七年以来,出版专著已逾百部,在海内外各类报刊上发表论文已逾两千篇。这数字是惊人的,二者合计,它几乎相当于一九七七年以前的两千年楚辞研究成果的总和。当然,这其中为了"赶浪头"、"凑热闹"而出现一些粗制滥造的"急就章",是难免的;由于信息不灵、囿于见闻而导致课题撞车、浪费精力者,亦不在少数;甚至因为功力不足,急于求成、东抄西凑、言非己出者,也时有所见;……因此,在这股"楚辞热"的浪潮中,我们应当提倡一个"冷"字。我们对待祖国优秀文化遗产的感情,不妨热烈;而研讨祖国优秀文化遗产的头脑,则必须冷静。科学研究,没有冷静的头脑是不行的,没有"坐冷板凳"、而且一坐就是十年八载的毅力,也是不行的。我相信，在热潮中形成的这支庞大的屈学队伍，其中有的同志尽管还不够成熟，但他们一定会"闹中取静"，吃得苦，耐得冷，从而茁壮成长起来。正所谓"梅花香自苦寒来"也。

其次谈谈"新"。科学研究必须创新，如果陈陈相因，原地踏步，学术就永远不会有进步。这一点，我们一向就在强调。但我们同时更强调过：求"新"并不是目的，求"新"的目的，在于求"真"。所谓"真"，是指历史的本来面貌和事物的客观规律。在我们的屈学研究中，有不少根深叶茂、探骊得珠之作，确实令人耳目一新。然而，只以争新斗奇为目的的现象，也是存在的，正如学术界所批评的那样。而其根本原因并不在于求"新"，毛病出在"新"而不"真"。当然，即使目的在于求"真"，而结论仍非"真谛"，这也是学术史上常有的现象。可是，为求"新"而求"新"，以逞奇为能事，是不足取的。而且，王充《论衡》曾说："文有伪真，无有故新。"这话很中肯。因此，对前代的学术遗产，不能抱虚无主义的态度。如果"真谛"所在，不能因其旧而废之；正如无稽之谈，不能因其"新"而从之。从人类文化整体来讲，没有继承，就谈不上创新；不能继往，也就不可能开来。永远从零开始，就永远没有进步。

最后谈谈"活"。所谓"活"，是可以包括很多方面的，这里只准备谈学术思想。"活"就是指屈学界这些年来的学术思想非常活跃。凡是某一学术领域的思想活跃，就意味着这门科学的前途充满希望。如果大家都是死水一潭、铁板一块，则创造性的突破是很困难的。这些年来，屈学论点的众说纷呈，研究方法的多元竞秀，文风笔调的不拘一格，等等，确有百花齐放之妙。但是，学术思想的活跃，必须跟严谨、扎实的学风和刻苦读书的功力相辅相成,二者缺一不可。要是光靠思想活跃,而放松了一步一个脚印地读书学习,就会在研究上出现逞想象、凭推理、轻事实、缺论据的偏颇。因而,不仅宏观研究未能步步生根,微观研究也难丝丝入扣。孔子在《论语》中说过:"学而不思则罔,思而不学则殆。"可见他老先生是"学""思"兼重的。但他又曾说:"吾尝终日不食,终夜不寝,以思,无益,不如学也。"则他又把脚踏实地的学习放在第一位,颇有点唯物精神。《荀子·劝学》也曾说:"吾尝终日而思矣,不如须臾之所学也;吾尝跂而望矣,不如登高之博见也。"看来,他们都懂得"思""学"并重、以"学"为本的道理。

写到这里,我不禁想起古人咏橄榄的诗句:"皮肉苦且涩,历口复弃遗。良久有回味,始觉甘如饴。"我们对来自各方的意见,无论怎样尖锐,而在冷静的"回味"之后,都会有所收获。这并不是由于"人言可畏",反而应该感谢"将伯之助"。现在,借《楚辞研究》二期出版之际,写出如上的一些体会。愿以此与屈学界的同行们共勉之。

一九九一年八月二十一日

二一 《九章研究》序

我认为每一种学科都存在某些难点；对这些难点，我曾命之为"科学堡垒"。为了攻克"科学堡垒"，古今学者往往竭毕之力而未必命中。但在堡垒面前是"知难而退"，还是"知难而进"，这是考验一个科学家治学态度的试金石。

一座"科学堡垒"的终于被突破，往往不是一个人单枪独马所能奏效，而是靠几个方面军从不同的角度，用不同的方法，各显身手，各施所长，才能克敌制胜。然而，在这过程中，要求每个战士弹无虚发，击中要害，这无疑是脱离实际的。而作为战斗的一员，只要能对准目标，配合行动，这功劳是不可抹煞的。

在屈学研究中，"科学堡垒"是不少的。但究竟有几座"堡垒"已被攻克，已被占领，这是很难说的。而且在进攻过程中，往往情况复杂，明垒、暗堡，随处可有。这其间，有时蛛丝马迹之微，而有关战局胜败者至巨，跟踪侦察，不容稍懈。我认为冀凡同志近数年来对《九章》的研究，就应当这样看待。因为屈原当时，究竟是遭谗言而被放，还是受密诏而南征，自然可以进行一番历史性的侦察；而作为"侦察纪录"所写下的大量文字，也无疑是一部值得重视的文献。

我与冀凡同志，相知很久。每次在屈学讨论会上，总是会碰到他。他也总是那样温文尔雅，谦逊谨慎。但读到他的论文，却给人以另外一种感觉。那就是他探赜索隐，不避艰险，甚至有些倔强。这无疑是一种可贵的学术个性。尤其近年以来，他遭丧偶之戚，生活愈见困顿，但锲而不舍的治学精神，依然没有改变。他每有新作，必寄我看，虚怀若谷，以晚辈自居。近来他拟集结历年论文为专集，并乞余作序。我以精力衰退，逡巡推诿者久之。但终于不得不接受他的意见，"讲几句话"。有的话，未必恰当，望冀凡同志能心知其意可耳。

一九九二年七月二日

二二 《语言之起源》补记

我的旧作《语言之起源》近在"台湾贯雅文化事业有限公司"出版之后,颇引起海内外学术界之关注。但该书所探讨的语言起源问题,是属于世界语言学界悬而未决的重大学术问题,故回想起来,颇感言有未尽之处,也有不少新的发现与想法。但书已付印,无法追补,只得略述数事如下,以申其义。

一八六六年,法国语言学会曾订下了一条规则:不允许语言学界做语言起源的研究,以及不接受有关探讨语言起源的论文。从此以后,一百多年之久,研究语言起源的学术活动,即陷于停顿状态。直到一九七六年,美国纽约州的科学院才主持召开了一次规模宏大的学术讨论会,讨论题目是"语言和语音的起源和演变"。参加这个会的有语言学家、心理学家、动物学家、考古学家、地理学家等好几千人。这个会,很受到学术界的重视,《纽约时报》曾作了详细的报道。会后,还把会议的论文汇印成将近一千页的论文集,内容涉及的问题,相当广泛。据报道,其中有关于猿类的发音器官落后于人类的发音器官的问题;有关于猿类大脑小于人类大脑的问题;以及猿类擅长于运用手势符号,而拙于运用声音符号;人类大脑皮层的语言中枢分成三个区域，各有所司；等等。这样一来，自然会得到下列的推论，即：人类以其特有的思维功能，特有的发音器官，从而发展到以声音符号为其表意工具这一科学结论。但问题远远没有解决，那就是说：当人类挟其以上的种种优势而以声音符号表达事物、阐述意念之际，事物意念与声音符号之间是怎样的关系呢？是怎样来显示其声音符号的特殊效应呢？这无疑是今后要进一步探讨的重大课题。如果说，人类在开始运用声音符号之际，声音符号与事物意念之间并无必然的思维关系，只是一种偶然的结合，则声音符号表达意义的效应从何而来？自然，声音符号在悠久使用过程中，也会形成"条件反射"的习惯性；但某种声音符号在第一次与某种事物相结合时，如果只说成是毫无思维作用的"任意行为"，恐怕未免把复杂问题简单化了。我认为这应当是今后研究语言起源问题的核心。

把人类语言的产生，简单归结为"任意行为"，这无疑是惊异于世界各民族语言的复杂性而产生的"聊以塞责"的结论。但作为科学研究，这样的难题总会逐渐突破的。至于如何突破，则全赖科学的进步与科学家的不懈奋斗。或以个体事例为契机而得到启发，或从各种学科的综合研究而得到突破，都不失为围攻这一科学堡垒的一方面军，都应各尽其力，各显所长。我在半个世纪以前，对此曾做了一番探索工作而写下的《语言起源之商榷》，正是在这方面的一知半解。即认为：当人类由"手势语"进入"口头语"（即声音符号）的初步阶段，其声音符号总是跟客观事物相联系的，即声音符号是通过种种特征来表达事物的形态或性质的。迨传之既久，由于声音符号之演变，或事物形态的异化，语言始跟事物相脱离，而变成了单纯的习惯符号。

诸多论据详拙著,不赘述。

在西方,曾有位英国人 Jones,他研究了拉丁语、古希腊语、波斯语、梵文之后,发现这些语言有很多共同的地方,不仅表现在语言和句法方面,在词汇上也有很多的同源词。一九八六年,他就发表了一篇文章,并作了学术报告,揭示出他所研究的拉丁语、古希腊语、波斯语、古印度语之间很多"有系统的共同点"。因此,他提出一种猜想:这些距离上相隔很远的语言,可能出于同一个"祖先语"。经过几千年时间的变化,这个"祖先语"才变成了种种不同的语言。Jones 的这种研究和论断,曾得到世界一般语言学界所承认。但是,现在看来,Jones 的研究虽是有意义的,而结论则似有进一步考虑的必要。例如,他以为世界诸多语言,都是出于"同一个祖先语"这一论断之外,是否还应当考虑到另外一个论断,即世界诸多语言之间,在几千年的漫长历史时期,由于人类的流徙迁移和交往,还有个互相影响和融合的问题。而且除此之外,是否还会有个答案,那就是:全世界人类,既然在生物发展轨道上循着一个共同的规律向前推进;而且在大脑、发音器官等的结构上也进入了一个基本相等的水平线上;加之在对某些特征相似的事物的感受上也具有"人同此心,心同此理"的直觉反应,因而,对某些事物,不自觉地发出"不谋而合"的声音符号。这不也是完全可能的吗?当然,由于客观事物的差异性和民族心理素质的差异性而产生了感受的差异性,由感受的差异性而产生了声音符号的千姿百态,这是理所当然的。但这种差异性,不仅不排斥语音与事物之间的相互关系,只能说明其间之关系的紧密性与复杂性。因此,Jones 的研究给我们的启发,并不是什么世界不同的语言有一个共同的"祖先语",而是说明了人类的声音符号,其初期都是根据某种事物的特征而来的;因而在人类语言的差异性之外还有某种共同性,存在着"很多有系统的共同点"。这就是我在所谓"祖先语"的结论之外的另一个结论。

我主张人类是由"手势语"发展成"口头语"的。"口头语"的特点,是通过口腔唇舌的不同形态,再辅以声带的音响作用而形成的;听者则通过对不同音响的感受而领会其口腔唇舌的动态所表达的意象。它跟手势语的不同是:(一)从器官讲,由手而移到口腔唇舌;(二)从媒介讲,由形态而转向音响;(三)从接受者讲,由视觉而变成听觉;(四)"口头语"之优于"手势语",乃在于人类虽在双手劳动操作之际或相逢于昏夜之间,都可用声音符号互相通情达意,而"手势语"则无法做到,故"口头语"的效用,实远胜于"手势语"。据说,印度曾有人创造一种用面部动态表达思想的语言,运用熟练,经核查,表义准确无误。但这只能视为手势语与口头语之间的中间形式。因有一点,即它并未体现出由诉诸视觉转到诉诸听觉这一本质的转化。它虽已腾出了两手,可以便于操作,但仍未能表意于天色昏暗之际。其不可能取代"口头语"这一声音符号,是显然的。看来"口头语"对劳动生产力的解放,是具有巨大作用的。但"口头语"于昏暗之际所特有表义作用,仍未被人们所注意。半个世纪前,我的《原"名"》一文,就是为此而作。据近年《世界科技译报》刊载,西方的语言学家,最近提出一个新观点:即原始人类居穴洞,由于光度不够,手势语困难,才产生了黑暗中也能达意的口头语。我认为,这个思路跟我的观点有些相似。但可惜,他们只有结论,未见实证,而且以穴洞与人类整个活动空间相比,其客观条件未免过狭,从而减低了人类历史的必然性。

我从"手势语"转化为"口头语"的演化痕迹着眼,曾写出《古语"偏举"释例》一文,把"偏举"现象作为手口并用时期所留下的语言遗痕。其中有"表动"、"表数"、"表色""肯定与否定"诸例。如对"肯定与否定"一例,我认为古人的"否定词",口头上往往只用一个"肯定词",其否定之意则用手势姿态代之。此一例,问题比较复杂,我虽举了不少词例作证,但结论是否可靠,始终于心不安。顷读一九九一年新版林惠祥的《文化人类学》三五三页载:有些古老民族,至今尚保留有"拟势语",对"疑问句,是先作肯定语,然后用疑问的态度表示它"。此说与我所研究的结论完全相合,为之欣然者久之。足见科学的结论,总是会与客观事实相符合的。附记于此,以供参考。

谈到语言与文字的关系,我在拙著中曾提出许多古汉字有一字歧读的特例,证明语言与文字并不是一开始就结合在一起的;文字作为语言的符号,是以后才出现的情况。我举了很多例证。不料这种奇异现象,最近在中国少数民族文字中也有发现。例如湘西苗文方块字,多借用汉字而另标苗族歧读于其旁。如苗语呼"月"为 Iha,故借用汉字"月"而加"那"旁以注其音,写作"脼";苗语呼"鼻"为 Miau,故借用汉字"鼻"而另加"卯"旁以注其音,写作"劓";苗语呼"足"为 Ie,故借用汉字"足"另加"闹"旁以注其音,写作"蹋"。(这中间也跟汉语一样,有 I、n 二音之转)这跟日本对汉字的"训读"是同一道理。其次,《说文·有部》云:"瞰,有文章也。从有,惑声。"许氏以为形声字,古今说者亦多歧。其实,此字"有"与"或"皆为声符,许氏误以

"有"为义符，故误解为"有文章也"，殊牵强。古人从"有"声字，其义多为文章之貌，如《论语》"郁郁乎文哉"；古人亦借用"惑"为文章之貌（本义为水流貌），如荀彧字文若，即其例。故"馘"字之"有""惑"皆系音符，同在先秦古韵之部。此种中国古代文字的奇异结构，在湘西苗文中亦有其例。如发抖的"抖"（to），苗文作"斠"，其中"豆"与"斗"，皆音符，并非义符。此与"馘"字同例。再其次，苗文中还有两个声符并不同音，乃系歧音歧读。如苗语呼火熄为 Pio，但其字作"燹"。其中"夕"乃汉语"熄"字标音；"发"乃苗语 Pio 的标音。这与我在拙著中所举"谐声字歧符例"相似而略异。可见，歧读问题，不仅存于我所列举的汉古文字之中，也存在于很多中国少数民族文字发展的过程之中，并非什么奇谈怪论。

凡科学研究的难题，往往历经几个世纪而得不到答案。因此，在探索的过程中，人们必然会越出常轨，各寻蹊径；也必需越出常轨，提出设想。故某些设想有时会遭到非议，也是学术界常有之事。如罗巴切夫斯基的非欧几何，曾被责为是"异想天开"；伽罗华的群论，曾被视为"胡说八道"。然这一切，最后都无法扑灭真理的光辉。当然，我的《语言之起源》中的某些"离经叛道"的结论，也许是错误的，或者论点并不完善，但我企盼着科学真理的终于出现。

一九九二年七月十五日

二三 《汉楚辞学史》序

　　李大明同志持所撰《汉楚辞学史》书稿二册,乞余审阅,并谓"请先生把关"。"把关"一语现在颇盛行,但我从未用过。即使是对后学晚辈,也从未以"把关"者自居。我认为,如果由前辈"把关",晚辈就易划地自守,而不敢越雷池一步,这对学术事业的前途,也许是可悲的。因此,这些年来,虽然晚辈多要我"把关",而我的想法却与此相反,常常是希望晚辈能够"闯关"。

　　"学有师承"是句赞许之词,而如果走向极端,就会成了"故步自封"的同义语。当然,任何学术都有其继承关系。但正确的继承,应当是对前辈的学术遗产,择善而从,对前辈的治学方法,扬长弃短,并在此基础上善于独立思维,写出开创之作,自成一家之言。这也就是我所谓"闯关"的真实含义。当然,处在尚未成熟的治学阶段,由前辈指点迷津,还是需要的;但这也是为"闯关"所做的准备工作,而不是其他。

　　楚辞学史之作,起于最近十年之中,前此未之或见也。此实两千年来屈学界的"闯关"之举。但也正因为如此,从已出版的三数种属于《楚辞学史》的著作观之,虽有"筚路蓝缕,以启山林"之功,尚无阡陌纵横、五谷丰登之盛。守成易而创业难,于此可见。因而在"闯关"者面前摆出"把关"的架势,未必是可取的。

大明同志的《汉楚辞学史》也是属于草创之作。但翻阅之余,见其读书甚勤,涉猎亦广。文献典籍,如数家珍,文字异同,细及毫发,朴质之风,溢于简素间。其中虽"史"的色彩尚嫌不足,但有的章节,溯源穷流,评骘优劣,事必有据,言必己出,独创新见,精神可喜。其开辟之劳,拓荒之功,不可没也。

大明同志送来的书稿,目录中首列"汤先生序",足见其乞余为序之心是恳切的。但我年来精力日益衰退,而乞余作序者却络绎于门。每以不能细阅晚辈书稿为苦恼,尤视执笔作序为畏途,盖深恐率尔命笔,自误误人也。以上所言,容有未是,幸读者谅之。

一九九三年除夕写于渊研楼

二四 《千家诗新编》序

有人说：“中国是诗国。”从文学史的角度看，这话是有道理的；但是，如果从当前青少年对祖国诗歌的接触面来看，却跟“诗国”的传统极不相称。这对培育后代的爱善、爱美、爱祖国的高尚情操，很不利。

过去，在中国广大村塾和家塾的启蒙读物中，有《千家诗》一书。据说是在宋代刘克庄《唐宋千家诗》的基础上不断删补而成的。它虽曾“聊胜于无”地满足了旧社会童蒙的需求，而今天看来，缺点甚多：首先是，历史性不强，仅收唐以后的作品，对唐以前漫长而辉煌的诗歌发展史，被抹掉了；其次是，作家的代表性不够，很多诗歌大家，竟未入选；再其次是，诗歌的体裁不备，只取近体律绝，不见古体歌行；最后是，偏重作品的通俗性而忽视艺术性，历来脍炙人口的名篇，多弃而不取。所有这些，对今天的青少年，显然不是理想的读物。

杨乃乔同志最近以其所编选的《千家诗新编》的目录见示，并求正于我。我以年老体衰，精力不济，未能对选目精心推敲。但统观编选体例，确有新的突破。其量之扩大，质之提高，以及权威性与流传性，皆远远胜于前代的旧《千家诗》；是名副其实的“诗国”青少年的必读书。吾知此书一出，其必将取代流传数百年之久的旧《千家诗》，是无疑的。

回忆太炎先生当年曾经修补过《三字经》，我尝疑先生以学术泰斗，为何竟斤斤然留意于儿童启蒙读物？现在看来，前贤对祖国童蒙教育的用心之苦，于后辈有默契焉。故杨乃乔同志不惮耗精靡神编此幼年读物，又不远数千里驰书求序于我；而我亦欣然命笔，写出如上数语，以示鼓励，都不是偶然的。

一九九三年八月二十八日写于锦官城东之渊研楼

二五 《墨子研究》书后

　　墨学历来号称难治,其难有三:几千年来以儒学为正宗的文化偏见,在接受墨学观点上有梗阻,一也;早熟的自然科学内蕴,在理解上多扞格,二也;自古传本稀少,讹误迭出,三也。虽清代中叶以来,学者以治经之余兼治诸子,而有关墨学论著则不逮其他诸子远甚。近代梁启超、谭戒甫、伍非百诸君,皆能继孙诒让之后,各以其所见鸣于世,而此后,墨学似又趋于沉寂。

　　近年来,科学日昌,颇呈百家争鸣之势,则墨学之兴,事出必然。而秦彦士同志的《墨子新论》适于此际问世,实得其时。顷者浏览其书,成就斐然,不禁深为欣慰!

　　例如,墨子乃儒家劲敌,战国以来,儒家诋之不遗余力。而《新论》作者发现,汉代以儒家正宗自命的董仲舒所著书,对墨家思想竟大量吸取,其中如天志、兼爱、义利、天命诸事,作者条分缕析,深中肯綮,为中国文化思想史,增添了极有意义的篇章。次如,墨子文笔质直,历来成为敌视墨学者的口实。而《新论》作者,却独辟专章,对墨子的语言风格进行全面的剖析,关于墨子的善于论辩、长于逻辑的客观事实,作出颇具说服力的历史论证。再次,对墨子的版本问题,前人已多涉及。但千载绝学，刊本奇缺，历来为研究其版本者造成极大困难。而《新论》作者对此，却能独辟蹊径，据版本刊刻之盛衰，探中国文化思想之兴替，娓娓而谈，如数家珍。此较之孤立研究版本者，具有更深层次的文化意义。总之，《墨子新论》一书，不仅覆盖面宽，而且立论多精辟独创之处，非好学深思之士，实难至此。

一九九三年十一月十六日

二六 《屈原与他的时代》序

　　我跟逮夫同志相知，是十多年前的事。那时他发表了关于《离骚》"伯庸"即《楚世家》句亶王熊伯庸的论文，我读后深为感佩！凡善读书者，往往眼光敏锐，力透纸背，逮夫同志庶几近之。我尝想，屈学界读《史记·楚世家》而不参阅三家注者，是决不会有的。但千百年来对"伯庸"的探索者如此之多，竟没有注意到《索隐》所谓熊渠的长子康，"世本康作庸"这一赫然在目的注释。而逮夫同志却独具只眼，能以此为突破口，展开全面的探索，获得历史性的结论。前人尝说"人人眼中所有、人人意中所无"者，殆此类欤？

　　此后，凡逮夫同志发表的论文，我很留心，其结论大都能出人意表，新颖独到。但断断续续，所读有限，对逮夫的学识、学风，还不能说已窥其全豹。上月，我突然收到他《屈原与他的时代》一书的全稿，凡数十万言，并附函约我写序。近年来，我为别人写序，越来越有些畏缩，深恐言有不当，则作者见怪，或读者上当。但不知为什么，这次对逮夫同志寄来的书稿，我竟在三十多度的气温下，竭数日之力，全部浏览了一遍。当然，全书有不少颠扑不破的结论，对此我不准备多说，而我所要说的是这部书稿的出版，必将给当前的学术界带来许多新的启示。

譬如,推翻前人的旧论,创立自己的新说,这是学术界惯用的公式。"不破不立",这当然是对的;但对我国千百年来的学术遗产,是不是也存在"有继有立"的问题? 亦即善于在继承优秀学术遗产的基础上创立新说。这次我读逯夫的书稿,见他在不少的篇章里,首先是接受前人的学术遗产,然后层层论证,步步推演,结果竟得出一个全新的概念。这其间,继承与创新,相辅相成,确实难得。此其一。又如,凡对专业性极强的课题,最容易形成"孤军深入"的探讨,以求达到克敌制胜的目的;但却往往忽视"四面围剿"这一必要的进攻手段。从逯夫的书稿里可以看到,他往往是由点到线,由线到面,乃至四面八方,全方位地展开论证,使历史上的时代风貌,在读者脑海里形成了极其鲜明的"立体感"。此其二。对古史的研讨,微观的考证,是必要的;但只是满足于文字的异同、语音的通转等等,无疑是有局限性的。至于逯夫的书稿,则更多地是在"属辞比事"上狠下工夫,从而提出了单靠训诂校勘所无法得到的新结论。这对微观研讨所起的互补作用,是很显然的。此其三。书稿的其他独到之处,就不再覼缕,读者当会各有所见的。总之,逯夫同志不仅在学术结论上形成了自己的体系,而且在学风上也形成了自己的特色。这应当是读者的共识。

一九九四年五月十七日写于渊研楼

二七 《楚辞今注》序

一九八五年端午节，"中国屈原学会"成立大会在江陵召开。会议期间，上海古籍出版社的赵昌平、王维堤二君，约我为该社出版的"中国古典文学丛书"撰写一部《楚辞》注释。自揆谫陋，难胜此任，几经踌躇，始允所请。但由于诸多原因，一直未暇执笔。十载蹉跎，今始交稿，实感惭疚！

书名"今注"，略有三义：其一，使两千年前之屈宋鸿裁，及两汉遗篇，皆能以较清晰的面貌，为今人所理解与领会；其二，在注释中能体现出今天学术界对《楚辞》研究所已达到的水平；其三，我个人对屈学的己见，能在注释中起主导作用。但这三者要统一得很好，以免百衲成衣、斑斓驳杂之弊，则并非易事。我曾为此作了较多的思考。

最后认定，本书的特色，应当是简明扼要，直书所见，与其他论著有所不同。即书中的一般训释，易于理解，力求精确，不事辩证；特殊词句，偶列论据，意在取信，不事铺张。凡旧说自通者，宁用旧说，只求畅达，不取新奇；凡旧说不通者，始采新说，而取舍断以己意，义蕴多所融会。故全书虽不名一家，而处处是对学术遗产的继承；但全书又系新著，亦处处渗透着一己之见。此外并力求以个人生平所形成的屈学体系,经纬全书。

　　全书,《离骚》《九歌》二篇,由我亲自起草以示例。其余《天问》《招隐》《惜誓》《哀时命》《九思》,由李大明同志执笔;《九章》《卜居》《渔父》《九辩》《九叹》,由李诚同志执笔;《招魂》《远游》《大招》《七谏》《九怀》,由熊良智同志执笔。对上述初稿,我皆精心修改。有小改,也有大改,求合己意而后止。但由于时间匆促,考虑难周,未必皆己是而人非。

　　刻意"求真",是我的要求;但能否"近真",则未敢自信。谬误之处,望学术界不吝赐教。

　　　　　　　　一九九四年九月一日写于渊研楼

二八 题《刘伯骏先生绘画册》

宣汉刘伯骏先生,早年师事国画大师潘天寿。工写意花鸟,兼习指画,而指画尤得潘之心传。先生英年蜚声艺坛,晚岁益臻妙境,造诣之深,饮誉当代。去年在北京中国美术馆办画展时,艺苑名宿常任侠教授称其:"继承传统精华而刻意求新","精、气、神融于一体而达于完美,此一境界之拓新,颇得画坛推许"。洵非虚言。

吾与先生相知,约在辛酉之际,即一九八一年前后。其时先生之佳婿萧德君同志,尝对余述先生之人品与画境,心窃慕之。不久,先生即以墨竹横幅见赐。见其老节挺拔而不乏潇洒之致,枝叶稀疏而不减朗秀之姿,深得刚柔相济之妙用、阴阳相得之至理。非特具功力者,实难有此佳境。赏玩历日,不忍释手。为答先生盛意,乃取郑板桥题竹诗,点改二字,写成条幅相赠。诗云:

> 我是兰花君竹枝,
>
> 隔山相望总相思。
>
> 世人只作红尘梦,
>
> 那晓清风皓月时。

我喜伯骏之画,尤慕伯骏之为人。先生隐居巴山,以画自娱。晚年,亦以画自我写照;墨竹之风貌,殆即伯骏之风貌。故千里神交,无时忘怀。素闻先生爱竹,尝植竹院中,冬夏游息其下,朝夕俯仰其间,对竹之品性深有默契,故先生笔下墨竹,非摹其状,实写其神;乃至与作者之品性达到一而二、二而一之妙境。

后来,先生又曾以巨幅松鹰图见赐。鹰踞高松,顾盼自雄,有竦身欲飞之势。此或先生虽隐居半生而不忘乘风高举之壮志,无意中流露于缣素之间。此幅系先生指画。中国指画传统,经数百年至潘天寿大师而集其成。先生承其遗志,得其真传,故爪痕枒桠而生姿,墨迹枯癯而有神,点染古拙而精气弥漫,堪称指画珍品。当时余曾写诗相赠云:

少陵曾赋画鹰诗,
早岁吟哦入梦思。
今日巴山得相见,
竦身侧目欲飞时。

此一九八六年夏日事也。不料,一九八九年冬,余八十诞辰之际,先生又有所赠,乃一巨幅古柏图。先生在龙干虬枝之水墨画面上略施绿彩,浓淡之间,妙造自然,大有古木逢春之意,并以古篆题"长青"二字以示画境。其祝寿之盛情,洋溢于笔墨之外。我的《八十自寿》诗曾有句云:"错节盘根话大椿,身经斧凿未成痕。"系用《庄子》语意,与先生之画境可谓不谋而合。

　　余与先生神交十数年,对先生知之渐深。先生《抒怀》诗有云:"镜里不嗟头已白,梦中偏欲笔生花。"余与先生有同感焉。故值先生画集出版之际,略书所感,以表相契之忱。自知"门外"谈画,难中綮肯,未之顾也。

一九九四年十月二十八日

二九 《楚辞研究全书》序

《诗》《骚》乃祖国诗歌之两大源头。但自儒家尊《诗》为经,治之者历代不衰,成果丰硕;至于治《骚》之作,则难与比伦。两汉之际,刘安、司马迁、刘向、扬雄、班固、贾逵诸人,略有赞述,而书皆不传。降至东汉后期,南郡王逸综理其业,成《楚辞章句》,始为屈学奠其基。魏晋南北朝以迄隋唐,虽屈骚以奇文见重,然评论、揣摩、讽咏之风大盛,而校理、研讨、训释之学不足。宋元以降,由于民族矛盾激化,时势所趋,屈学崛起。洪兴祖、朱熹等,其佼佼者。清代朴学家,又以治经之余力兼治屈学,戴震、丁晏辈,其成就卓然在历代之上。"五四"以来,郭沫若、闻一多诸前修,挟其新思潮之优势,别启蹊径,屈学亦得呈异彩。尤其近十余年,研屈之风特盛,专著论文之多,竟相当于两千年之综合,屈学始成当代之"显学"。如谓《诗》《骚》并称,在中国文学史上早有定论,则双璧联辉,在中国学术史上至此始名实相副。

由粗而精,由浅及深,由附庸而蔚为大国,此乃学术发展之规律。屈学研究,历两千年之久,先哲含辛茹苦,铢积寸累,已留下极其珍贵之学术遗产;而回顾历史,整理遗著,评骘得失,吸取精华,以推动屈学之发展,此实当前学术界责无旁贷之重任。但由于种种历史原因,有关屈学文献，多已散佚；其幸得流传于人世间者，亦往往传刻不广，孤本仅存，颇有绝迹之虞。此与当前屈学之发展形势，殊不相称；与学术界需求之切，亦不相应；尤其与弘扬祖国优秀文化的时代精神，更不相符。故《楚辞研究全书》之整理出版，实为刻不容缓之急务。

但《楚辞》旧著之流传，存亡聚散，几经沧桑，情况极为复杂：

或只见书名于域外，不见著录于中土者。如成书于日本平安朝宽平年间（相当于中国唐昭宗时代）之《日本国见在书目录》，《楚辞》家收目六种，而《楚辞集音》《离骚经润》二种，中土古今公私著录，皆已不见踪影，遑论传书。

或典籍虽曾著录，而原书早已佚亡者。如不仅王逸《楚辞章句》所记刘安、班固、贾逵之《离骚经章句》早已散佚，即《隋书·经籍志》所著录专著凡十种，而今王逸注外，余九种皆无传书。其中立说精审之郭璞《注》，只见前人之零星援引；号称清切之道骞《音》，唯见敦煌之数尺残卷而已。

或国内虽有传书，而未经发现与利用者。如明人汪瑗《楚辞集解》，以前研屈专家，皆未得见。游国恩先生当年曾通过日本赠贻之胶卷，始得一睹原著。但经过前不久全国善本书普查之后，始发现我国各地藏有数部，北京大学图书馆亦藏有一部，竟未被及早发现与充分利用。

或书虽广泛流传，而缺乏佳椠者。如王逸《楚辞章句》，宋元刊本皆不可得。传世之明夫容馆本，虽出自宋本，而翻刻者多，良莠不齐。朱熹《楚辞集注》，收入"古逸丛书"者有元刊本；建国后发现海源阁散出之宋端平刊本，始补《楚辞》无宋刊之遗憾。但公私藏书，珍贵善本，不少专著，难得复制，亦颇影响传播。

或翻印善本而校理多误者。如日本发现之古写本《文选集注》，其中骚类，多存遗说，足资参稽。当年罗振玉氏曾以影写本收入"嘉草轩丛书"，学者便之。但囿于写手之水平，私加增改，谬误百出。故此次整理，乃函请日本竹治贞夫教授依京都大学影印本代为复印底本，盛意可感！

上述诸多情况，虽为本《全书》之整理编辑带来不少周折，但仍当尽力而为，求完求美，以不负学界之雅望。但限于水平，谬误难免，望方家正之！

一九九四年十二月二十八日于蜀中之渊研楼

三〇　二十集电视剧本《屈原》审查意见

这个剧本写得不错,主要表现在:1.符合历史大框架;2.情节富有戏剧性;3.人物形象较鲜明;4.人物语言多从历史记录脱胎而出,又能有所创造。以上这些方面,都有不少精彩情节与场面。此外:

第一,作为历史剧,只要历史大框架不错,至于故事细节与陪衬人物,容许作者虚构。尤其是历史典籍保留下的屈原事迹太少,因此,虚构在这个剧本来讲,就显得特别重要。当然,这种虚构,最好有点历史的影子,尤其不能违背历史规律。

屈原的事迹尽管少,而留下的作品并不少。因此,除了史籍中的基本事迹以外,屈赋应当是最重要的依据。只有根据屈赋的丰富内容,才能把屈原的形象塑造得更丰满,把屈原的性格刻画得更鲜明。

第二,塑造屈原的形象,似乎应注意下述几个特点:他既是革新的进步政治家,但又是伟大的浪漫主义诗人;他既是有执着的爱国精神,但又有洁身自好、孤芳自赏的气质特征。他是个思想性格复杂而又统一的特殊人物。

作者的剧本,充分利用《九歌》来突出屈原的诗人特征,方向是对的。但如果再能充分利用像《离骚》《橘颂》等作品,则对刻画屈原的人品、性格、情操等，是会有很大帮助的。

第三，屈原的爱国主义精神，应当是这个剧本的主旋律。这主要应当掌握下述三个方面：

1. 联齐抗秦，抵御外侮：剧本对此写得很突出。但要注意一点，即屈原绝不同于当时朝秦暮楚的一般纵横家，他的"约纵"，完全是以祖国的兴衰存亡为出发点。

2. 草宪立法，改革内政：剧本对上官夺稿，写得很好。但夺稿的原因，则主要是由于削弱了贵族的权势。这一点要明确，多发挥。因为这是当时楚国内部两大政治集团斗争的根源，也是屈原爱国精神的集中体现。

3. 反对压榨，同情人民：《离骚》说："众皆竞进以贪婪兮，凭不厌乎求索。"又说："长太息以掩涕兮，哀民生之多艰。"这些都是主要根据。但要写出具体事实就很难。当时屈原所谓"民"，当指奴隶而言（屈原在《哀郢》里说"何百姓之震愆"，百姓指百官；又说"民离散而相失"，民即指奴隶，与百姓有区别）。剧本写了庄蹻起义，据史籍庄蹻的性质，很难确定。但说他是"起义"，似乎也有点历史的影子。尤其是作为历史剧，当然可以如此处理。然而问题在于剧本并没有把他跟屈原联系起来，进行发挥，成了剧本中心主题的游离部分。如果能写出屈原对此事的态度或与此事的某种联系，以表现屈原同情人民的立场，则屈原在历史上的进步形象就会更为鲜明。这应当是写屈原爱国主义的核心问题。记得香港过去拍的电影片《屈原》，曾写屈原把一个受迫害的奴隶隐藏起来，最后放他逃命。这样写，意图是好的，但如果通过庄蹻事件反映屈原热爱人民，则更具有深刻的历史意义。

第四，屈原的事迹，古籍讲得简单，而且还有矛盾，剧本不易掌握。我个人的看法，可以概括如下，提供参考。

1. 生于公元前 342 年。

2. 约于公元前 323 年（21 岁）左右，由家乡秭归到郢都，因才能出众，被任为"三闾大夫"，即当时的"公族大夫"，教育贵族子弟。《离骚》："余既滋兰之九畹兮，……"一段话，即指此。

3. 约公元前 319 年（25 岁）升左徒。楚国对外的"合纵"政策，就是他提出的。对内的改革草宪，也是他的主张。

4. 约公元前 313 年（31 岁），遇谗被疏，罢官，写《离骚》。《离骚》自言正当壮年，即 30 岁左右。从《离骚》中可以演绎出不少戏剧情节，如求"下女"而不谐，叩"帝阍"而被阻，谒帝舜而陈辞，神游太空而终临故乡，等等，都可以利用幻想或梦境等手段构成许多场面，把屈原追求理想与热爱祖国的性格表现得更为丰满与鲜明。

5. 公元前 298 年（46 岁），顷襄王立，信谗放逐屈原：开始东至陵阳→又西北至汉北→又西南至溆浦→秦陷郢攻黔中，屈原又转而东北至汨罗。公元前 277 年投汨罗江死。

第五，古代典籍对屈原的流亡生活，无详细记载；故有些剧本只写在朝斗争，不写流亡事迹。其实根据流亡中所写诗篇内容，可以设想出不少生动情节，可以补充屈原大半生流亡生活的空白。例如：

屈原流亡到陵阳，闻怀王死，写下《招魂》以招王魂；流亡到汉北，见先王庙遗址的壁画而《天问》以抒愤懑；西南到溆浦而写《涉江》，东北到汨罗而写《怀沙》《惜往日》，都可以据其内容而构想出许多情节。这样的虚构,在历史剧来讲,不仅是允许的,而且是需要的。

第六,在人物方面,郭老剧本凭空增加了个女弟子婵娟,显然是据"女嬃之婵媛兮"演化出来的,但较之旧说以"女嬃"为屈原姊之说,并不高明,没有必要。因为根据屈姊之说,仍可构思出许多好戏。其次郭老又把宋玉写成反面人物,既无史实根据,也无文学意义。这个剧本中"楚蛙"这个人物,也没有必要,可以删掉;原缺屈原的弟子宋玉,可以加上去。宋玉这个人物,应当是正面人物,只是软弱了一些。他同情老师,又没有老师那样的反抗性。据记载,他在顷襄王时,任微职,又倍受压抑。

剧本把"南公"写进去,很有必要,而且也刻画得比较好。但在历史上,"南公"的身份不明。这个剧本把他定为"南蛮首领",也未必妥当。他既能说出"楚虽三户,亡秦必楚",则把他定为楚国贵族的长老,似乎更好些。因为"三户"乃古地名,即在古代楚国的发祥地丹淅。则出此言者,必系有深厚民族感情的楚国贵族人物。一个土著民族的"首领",对楚族的兴亡,未必有此想法。

第七,我认为,写剧本的着重点,不在于用具体情节来交代历史故事的过程,而应当是借精彩情节来刻画历史人物的性格。即抓住典型事件,浓彩重墨,多方渲染,从而使主人公的品质性格,跃然如生,深入人心。在这个剧本来讲,中心就是表现屈原的爱国主义精神,一切为此服务。

当然,要做到如上的要求,除了剧作家以外,还要导演、演员等共同努力。故我建议,导演与演员,要把屈原的二十五篇作品,读懂,读透。原文难读,可参考郭老的译文。

由于广电部的批示和陈远新同志的虚心，除上述七条总的意见外，我在阅读剧本时，又曾随手批写了不少的零碎问题在本子上，或对加工剧本有些启发。但千万不要为我的意见所束缚，而影响了修改剧本的创造性。

一九九四年十二月二十三日

三一 《楚辞文心管窥》序

古人曾说:"知臣莫若君";又说:"知子莫若父"。我则认为,此外还应说:"知弟子莫若师。"李诚同志从我治学已数年,讽诵讲习,朝夕相处,对其为人、为学,知之渐深。最近又以几易其稿的新著《楚辞文心管窥:龙凤文化研究之一》一书,求序于我。我从字里行间,得知他的治学,又进入了新的境界,不禁为之欣然者久之!

我生平引以为憾的是,总觉得人的品质,敦厚诚挚,往往跟聪敏睿智不易兼有;人之治学,精深缜密,往往跟博大开阔不可兼得。好像自古以来,这是两个不可克服的天然矛盾。但现在看来,这未必恰当。因为,我发觉李诚同志的为人、治学,正在打破我的这个成见;仿佛看到了我所企望看到的美好理想。

如果说李诚同志的成长与我有关,那倒可能。因为我对后辈的培养,向来有些偏执。即从不提出自己已有答案的问题,使学生去写;也决不提出自己还没有答案的问题,使学生去摸。我总认为,学生应在精诵细读的基础上,能自己提出问题,自己解决问题。因为在科研的过程中,问题的提出,较之问题的解决,更为重要。能启发学生勇于提出问题,善于提出问题,才是培养工作的关键。若只注意为后学命题，从近处看，或对后学有利；从远处看，实对后学无益而有害。李诚同志在学术上的成长过程，正说明了我的主张也许是有道理的。因为，他对《楚辞》与神话的研究，专心致志，独立思考。十多年来，不断地探索，不断地开拓，不断地深化，事实上已逐渐形成了自己的学术体系与论证特色。这正是自我磨炼的结果。

在全书的不少章节里，继承与创新，浑然一体。善于从人所共知的旧资料中，提出人所不知的新结论；从前人相传已久的旧概念中，推出超越前人的新观点；从历史遗留下的"知人论世"的旧方法中，运用出新的水平。可以说是别具风格。

我以上这些话，也许有些主观。但作为第一个读者，略抒所见，自难全面。后之读者，见仁见智，尽可多方评骘。这对作者的继续前进，无疑是有好处的。

写于一九九五年一月二十七日

三二 《辞赋论集》序

毕庶春同志将有《辞赋论集》问世,这是我意料中事。但请我作《序》,则非我意料所及。因为庶春同志的主攻方向是汉赋,而我对汉赋,则所知甚少。

庶春同志曾就读于我校"中国古代文学研究所",攻硕士学位,并以优异成绩毕所学。本拟留研究所任教,而以家庭重累,不得不北归辽沈,就教于故乡。由于行政杂事繁,教学任务重,使他不能在学术上展其才,施其能。故每得来函,我辄为之惋惜不置!但亦时时于国内刊物上读到他的近作,知他也并未因人事丛脞而废所学,又不禁为之欣然!

汉赋,在中国文学史论著中,已被冷落了很久。因此,当前不仅要为汉赋"争座位",而更重要的是要为汉赋"排座位"。这就必须从汉赋内在的文学价值,及其产生的时代意义、学派的来龙去脉和艺术的继承与发展等等,作些深入的探讨。当然,在这方面,时贤已有不少专著论及。但庶春同志的论著却每能发人所未发,给人以切中肯綮之感,绝无浮光掠影之谈。尤其他继承了中国古代文论的优良传统,善于揭示论点,精于铸炼言辞,往往现大千于方寸,纳须弥于芥

299

子,与夫斤斤然以多取胜者不可同日而语。

　　我愿以此短序,表达我对奋进者的欣慰之情,并渴望文学评价界能出现更多的具有中国风格中国气派的文论。

　　　　　　　　　　　　　　　　一九九五年九月三日

三三　跋太炎先生《遗嘱》

——为纪念太炎先生逝世六十周年而作

一九三六年太炎先生逝世时，我正在苏州就学于"章氏国学讲习会"。其时，只闻先生留有《遗嘱》，而未见公布。缪篆先生《吊余杭先生文》中，也曾谓先生"曾草遗嘱，其言曰：'设有异族入主中夏，世世子孙勿食其官禄。'遗嘱只此二语，而语不及私。"（见一九三六年九月《制言》二十四期）所知者仅此而已。至于《遗嘱》当时为何未正式公布，则未得其详。

时隔六十年的今天，我始于一九九四年八月上海远东出版社出版的王元化先生主编的《学术集林》第一卷中，得见《遗嘱》的全文发表；于手迹而外，并附有释文及先生嫡孙章念驰师侄的详细注释。这份有关研究太炎先生一生行谊的重要文献，沉埋了如此之久，终得公之于世，实学术界之一盛事。念驰师侄之谨于守藏与勇于奉献，以及王元化先生之显微阐幽，崇扬先贤，其功俱不可没。

从缪篆先生之言推之，当时《遗嘱》的内容，个别人亦略有所知。特语焉不详，且有失本意。如谓"遗嘱只此二语，而语不及私"，即与《遗嘱》全文不符。今观《遗嘱》手迹，其中涉及财产部分，从"余所有现款，……导奇两男共之"一大段，曾被用笔勾销，细审笔墨，粗重浓郁，与手迹全文迥不相侔，似非出于先生手笔。西俗遗嘱，重在财产处理；中土遗嘱，重在垂教子孙。而先生兼取东西之长，亦意中事。然览者或囿于东俗，而以"语不及私"为高，故勾勒之笔，当系他人所为；而且《遗嘱》之久秘未宣，抑或与此有关。妄作臆测，以俟知者。

然而，先生《遗嘱》，仍以垂教为主。如全文首先叮咛者为：立身为贵，学问次之；富贵不骄矜，贫困不屈节；出洋游学勿傲诞，入官从政务清慎；等等。皆语重心长，以端正品行为诫。此乃祖国数千年传统文明之精华，一旦被先生摄入笔端，寄语儿孙，竟似家常话，如日常事，娓娓而谈，深感人心！此与先生晚年常常以《儒行》教门弟子，其忧虑世风之日下，人情之浇薄者，出于同一心境。

《遗嘱》的重点，自然是先生的民族气节、爱国精神。如谓"若异族入主，务须洁身"，着墨不多，语重千钧。盖自"九一八"日寇入侵，国势危急，先生目睹时艰，已全身心地投入御寇救亡的行列之中。通电呼吁，集会商讨，南北奔走于主事者之间，以谋起兵抗敌。他以为"战败而失之，与拱手而授之，有人格与无人格既异，则国家之根本兴亡亦异也"（《致马宗霍书》）。其救亡图存之志，固甚坚定。然当寇患日亟之际，不禁也发出"吴其为沼乎"的悲观叹息。故《遗嘱》才有"若异族入主，务须洁身"之语。缪篆先生所述"设有异族入主中夏，世世子孙勿食其官禄"，即系此语演绎。但"洁身"所概者深且广，而"勿食其官禄"则所及者浅且近耳。《遗嘱》下文又嘱，死后设祭时，必置勋章于祭器之上，并谓"纵使国失主权，不可遗弃"。示己虽在九泉之下，犹以革命元勋之重，坚守民族大节。此言此志，读之令人泪下。

但原《遗嘱》释文，竟脱落"纵使国失主权"一语，致失此句之爱国至情与民族大义。今后重版，必须补上，万勿疏忽。当然，从《遗嘱》的上述语气看，先生这时对抗日前途，似已失去信心，故对亡国之后子孙如何自处，三致意焉。而先生没有意识到，在中国共产党领导下的抗战，跟历史上任何外敌入侵的结局并不一样，实足以一洗百年国耻而重振国威也。

最后，《遗嘱》释文，偶有误释之字。如释文谓先生嘱对自己所著书，"宜袾藏之勿失"，此"袾"字当系"葆"字之误释。细审手迹，字本作"葆"，其下半，实"保"字之古体，从呆不从木，并非"休"字。"葆"字古籍多借作保藏之"保"。如《庄子·田子方》"虚缘而葆真"，《释文》云"葆本作保"。例不胜举。至于"袾"字，则古籍罕见。《广韵·豪》收"袾"字，读"呼毛切"，列为"薅"之异体字。《说文》："薅，拔田草也。"与保藏之义无关。先生以"葆藏"连文，则当释为"葆藏"无疑。先生《遗嘱》乃研究中国近代史的重要文献，传世之本，宜慎重处理，不失毫厘。

一九九五年十月十八日

三四 《楚辞学文库》总序

在浩瀚的祖国传统文化中,学术遗产,占很大的比重与很重要的地位。我所谓"学术遗产",从狭义上讲,主要是指在祖国历史上有代表性的典籍,经过千百年来的学者们悉心研究与阐释,从而留下的大量专著。正是通过这些专著,才使祖国的优秀文化传统,不断地得到延伸与发展。

《汉书·艺文志》有屈原赋、宋玉赋、庄夫子赋、贾谊赋、淮南王群臣赋、刘向赋、王褒赋等数十家,皆收入《诗赋略》。在这些辞赋中,凡被认为与屈原有关者,至东汉末年皆已先后收入《楚辞》一书。迨至《隋书·经籍志》,虽按四部分类,但于集部之前,别列《楚辞》一类,既不入别集,亦不入总集。对此,世多疑之,亦多议之,且多非之。然而,直至清代的《四库总目》、晚近的《书目答问》,都仍相沿不改。其实,观《隋志》所列有关《楚辞》十书,皆为对《楚辞》的训释与音读等专著;既为研讨之作,实系学术遗产。《隋志》从学术着眼,故别列《楚辞》为一类耳。况屈原之于辞赋,千古以来,领袖群伦,冠诸集部之首,固其宜也。是《楚辞》在集部别列一类,实自阮氏《七录》引其绪而《隋志》定其局。

今《隋志》所列十书，存者不过十之一；而唐宋以来迄于当代，屈学专著，则偻指难数，蔚为学术大观。对这一丰富的学术遗产，屈学界是应当引以自豪的。

虽学术研究，贵在创新，但对前人的学术遗产，应予足够的重视。一门学科的发展之迟速，成就之大小，都跟这门学科所留下的学术遗产之多寡，以及对待这份遗产的态度，是息息相关的。正确对待遗产，则前人之非者，可以为戒；前人之是者，足资启迪。承旧说而继续前进者，可以事半功倍；创新说而独抒己见者，亦免重蹈旧辙。盖前人所已言者，却自矜创获，历史已否定者，却误为真谛，其影响学术之发展，莫此为甚。当然，推演旧说者，当从深度上下功夫，即缵修前绪，能发前人未发之隐；创立新说者，当从广度上用力气，即旁搜博引，能以事实匡正旧义。运用之妙，各具匠心。

屈学遗产，从《隋志》看，训释少而音读多，这跟那个时代吟诵屈骚之风大盛，不无关系。但自唐宋迄今，研究领域，不断扩大，专著迭出，各逞所长。约分之，略有五类：一、校勘字句；二、训释文义；三、品评文艺；四、斟酌音律；五、考核史迹。我们为了推动屈学之发展，对屈学遗产，分而治之固各有所需，而由专研到综合，亦系学术趋势。但书如此多，面如此广，不仅阅读难周，抑亦搜辑维艰。鉴于此，故由崔富章同志主编、湖北教育出版社出版的《楚辞学文库》问世焉。

《楚辞学文库》，系将两汉以迄当代的重要屈学论著，由远及近，去粗取精，以类相从，列为四卷。分类与集结相辅相成，照顾了点，也照顾了面。故使初学者便于入门，资深者便于检阅，泛览者能得其梗概,专研者可取其精华,综理始终者又可借以寻绎屈学之发展变化。其有益于弘扬祖国优秀文化、继承爱国主义传统之意义,深且远矣!

一九九五年十月三十一日

三五 《楚简帛研究》序

自汉以来，商周鼎彝时时出土，迨至宋明，尤为学界所重视。晚近，则殷墟甲文之发现，敦煌古卷之重见天日，使殷商古史、隋唐文献之研讨，面貌为之一新，蔚然成为当代显学。但自长沙子弹库楚帛书出土之后，五十年来，楚简帛竟源源不断地被发掘出来，大有继殷墟甲文、敦煌古卷鼎足而三之势。故因此而引起的对古代南楚文化之研讨，已在学术界揭开新的序幕。前人曾谓西北地势高燥，故简帛时有幸存；今则楚地低湿，而地下遗文竟未泯灭，堪称考古之奇迹，抑亦稽古之快事。刘信芳同志长期任职于湖北博物馆，得天独厚，并全身心地投入楚简帛研究，探赜索隐，成就斐然。今且将有《楚简帛研究》问世，并索序于我，对此，深感快慰！

信芳同志的成就，并非偶然。回忆他在我校攻读研究生时，从我问学，举一反三，颖悟过人。尤其对文字、声韵、训诂之学，领会特深，运用得手，颇多独到之见。如《楚世家》曾谓楚熊渠封其长子康为"句亶王"，信芳认为"句亶"既与"鄂"、"越章"并列为地名，则其语音递变，当即"高唐"，乃楚先祀神之地；又变为"瞿塘"，乃楚人武力所及之处，皆楚文化西渐之遗迹。诸如此类，堪称妙解。后来信芳就业于武汉,临行依依,含泪而别,江汉滔滔,音信不绝。他曾谓:如学术无成,决不敢以我与先生的师生关系公之于世,深恐有玷先生盛名也。此言我不敢当,但其勤奋自励之决心,于此可见。

今观《楚简帛研究》书稿,胜义如云,在楚简帛研究中,实系力作。其间如对楚之物历月名、楚之官职设置、楚之诉讼程序、楚之司法术语、楚之人名姓氏、楚之车马器物以及楚人之筮占与祭祷,等等,凡楚国文化遗迹,皆通过细节考证,勾画出某一侧面,丰富了楚史研究的内容。其中如物历月名之探索,无疑是楚帛研究中的一座里程碑。当然,由于学界对楚简帛研究刚刚起步,以及南楚文化的诸多特殊因素、文字形态的变幻奇异、简帛出土的残缺漫漶等原因,带来研究上的种种困难,对某些问题的探索,还不可能毕其功于一役,而有待于学界的不断努力。但通观信芳同志所提出的论点,往往给人以极大的启发。如在《楚帛书解诂》一章中,对甲篇的"共攻夸步十日四寺(时)"这句话,他有下述一段简括的解释:

> 共攻,典籍作共工。……夸步读"跨步",谓推步历法也。《山海经·大荒北经》所论夸父"追日景(影)"之神话,应源自"夸步";"追日影"者,以晷仪跟踪观测日影也。

他的这一理解,虽还没有展开全面论证,但对探讨这一神话的产生与演化,无疑是很有意义的。不料神话"夸父逐日"的历史影子,已消失于中原,竟残留于南楚,堪称神话研究中的创获。

我对出土文物的研究,尝以下述二点自励:精辨字形,必以音韵为经纬；建立新说，必与典籍相呼应。从上述事例看，信芳对此，当有同感，今后愿共勉之。

我年来精力衰退，对信芳书稿，未能潜心细读，但略事披览，启迪良多。故直书所感如上，以代序文。

一九九五年十一月六日

三六 《儒道诗学与阐释学》序

世之言清代学术史者，莫不以三百年的朴学成就为其主流。其时，汉学以盟主的地位，斥宋学为浅薄，考据以宗师的面目，视义理为空疏。故乾嘉以降，朴学业绩，超轶百代，这是客观事实。但平心而论，这一畸形发展，如一往不返，走向极端，终非学术之坦途。回顾有清初叶，虽皖派朴学大师如江、戴诸公，亦汉宋兼采，未尝偏废。迨高邮王氏而下，始醇然汉学，言不及宋；考据而外，拒谈义理。及其末流，惟琐屑是务，弃微言大义于不顾。朴学之盛，已造其极；而朴学之弊，亦于斯为甚。

先师太炎先生，生于清之季世，高瞻远瞩，规度利弊，一面承袭有清一代之朴学大业，一面又力挽狂澜，使义理之学在新的时代以新的面貌出现于中国学术史上，并写下了极其辉煌的篇章。

太炎先生之学，乃以考据务其实，以义理撷其虚，虚实相济，打破了义理与考据之间人为的畛域。因而，先生的考据，适为义理之津梁，先生的义理，实成考据之神髓，各矫其弊，相得益彰。但如果说宋学的义理，多为内心体验、直观自得之学，并濡染封建礼教至不能自拔，而先生的义理之学，则是高踞时代上游，深寻古今学派之分合，剖析诸家学说之隆替，比勘异同，评骘得失，循名责实，力透纸背。举凡对周秦诸子、宋明理学之探讨，莫不寓考据于义理之中，融会贯通，独抒卓见。迄今，读先生之《訄书》《国故论衡》《齐物论释》诸书，犹令人为之心折。世多称先生为"朴学大师"，此乃得其偏而失其全，非知人论世之言。

　　我始从太炎先生治小学，于析文辨字、斟酌锱铢之外，尤喜先生对语言文字发展规律所作的溯源穷流之论，然鲁钝之资，徒嗟望尘。晚治屈赋，又仰慕先生的诸子之学，所撰屈贾合传诸论，试图熔资料考证与义理探索于一炉，又苦于不得其仿佛。杨生乃乔，其先从余学，余尝以得诸先师者，用以勖勉后学。今观其博士、博士后诸论著，不仅从儒道的人生哲学引向儒道的文艺思想，把研究的领域作了开拓性的横向伸延，而且从儒道文艺思想的矛盾引向儒道文艺思想的互补，把研究的深度作了创造性的纵向突入，左右逢源，新见迭出，在在显示了作者资料功底的扎实，理论功底的深厚，而才华又足以驭之。这确实是继承前修治学风范、建立个人学术体系的一部力作。"文章千古事，得失寸心知"，感后学奋进之志，增我生快慰之情，因援笔而为之序。

一九九六年四月六日

书信拾遗

一　致汤国梨

师母大人赐鉴：

忽得手示，曷胜欣忭！睽违尊颜二十余年，仰慕之情，无时或已，沧桑之感，一言难罄，想处境正同耳。

附寄大作《高阳台》《水龙吟》*，抒写为先师扫墓情景，俯仰今古，凄怆难胜。但与张公苍水相比，虽"英雄一例终黄土"，而先师正当宣付史馆，照耀"汗青"，不只"野老村翁，闲话遗闻"而已。

同门诸友，战时星散，炳所知者，惟姚奠中兄（豫泰）在山西大学任教，余无所闻。

耑此敬颂

吟安！

后学　汤炳正拜

一九六〇年十月廿日

*《高阳台》《水龙吟》全文如下：

往者外子章君，因反抗帝制，被禁燕都三载。既南归，乡人迎于上海，返杭州作湖上之游，乃谒张苍水墓，并为撰文，此四十余年前事也。外子既没于苏州，为谋归骨故乡，得会稽诸申父先生代为觅得南屏山地，与苍水墓比邻，岂意料之所及耶？外子与张公，萧条异代，道合志同，而今共此湖山风月，非偶然也。重来凭吊，景物依然，回首前尘，宛如昨日，凄怆兴怀，爰谱此词，调倚高阳台：

春到钱塘，人归歇浦，陈陈梦影前尘。油壁青骢，相将湖上嬉春。十年迁客曾经地，喜湖山荡尽尘氛。尽多情怀古，苍凉展拜忠魂。

英雄一例终黄土，痛萧条遗榇，来与为邻。杯酒倾怀（苍水公墓，每年祭扫，必为外子安一席），兴亡把臂重论。丰碑五字亲题署（外子墓碑，仅"章太炎之墓"五字，为其幽禁北京时手写刻石，时并不加以生卒安葬等年月日），为人间鸿雪留痕。倘他年野老村翁，闲话遗闻。

丙申仲春，携展女南屏山扫外子墓，并吊苍水公墓，苍凉万感，赋此寄怀，调倚水龙吟：

江山此日登临，当年虏骑纵横地。神京残破，生灵涂炭，国仇如沸。誓扫胡尘，枕戈浴血，壮怀难已。奈天心沉醉，江水无情，奇零草，孤臣泪。

多少兴亡旧事，算从今休还重记。汉家旧物，金瓯无缺，已酬素志。青史传名，青山埋骨，长留正气。看佳城郁郁，南屏山好(公由萧寺赴市,望见南屏,曰:好山色)。荔枝峰翠(公墓在荔枝峰下)。

景麟同志指正

汤国梨初稿
一九六〇年写于苏州时年七十又八岁

二　致孙作云

作云同志赐鉴：

　　大函敬悉。拙作《〈屈原列传〉新探》，其关键问题，在于史迁究竟见过刘安所著书及其《离骚传》没有？阁下对《屈原列传》中的那两大段文字，虽然作了许多解释，但对史迁是否见过《离骚传》，仍然没有确定的结论。古今学术界对此亦少所探讨。金德建君的《司马迁所见书考》，极为博洽。但他认为《史记·淮南衡山列传》中所叙刘安谋反时，胶西王举其"书、节、印、图"等为谋反佐证，其中的"书"，即包括刘安所著诸书。金君此说不可靠。因为这里的"书"，实即指上文谋反时伪造的书信而言，与著述无关，事实已详拙文。盖刘安的著述，始以武帝"爱而秘之"，并未宣布；继以刘安叛逆，又未便传播。故在当时，虽史迁亦未得见。那么，刘安所著书的传布，究竟始于何时？据《汉书·刘向传》云："是时，宣帝循武帝故事，招选名儒俊材置左右。更生(刘向本名)以通达能属文辞，与王褒、张子侨等并进对，献赋颂凡数十篇。上复兴神仙方术之事，而淮南有《枕中鸿宝苑秘书》。书言神仙使鬼物为金之术，及邹衍重道延命方，世人莫见，而更生父德，武帝时治淮南狱得其书。更生幼而读诵，以为奇，献之。言黄金可成。上令典尚方铸作事。……"从这段叙述看，当时刘安谋反之狱,治狱的刘德确曾收罗了刘安的诸多著作,希望从中得其罪证。但其书皆未公开,故"世人莫见"。而刘向则以与刘德为父子关系,除得读其方术之书外,他书亦当见之。史称宣帝好六艺及楚辞,则刘向所献书,除方术之书外,刘安所著淮南"内书"、"外书"、"辞赋"以及《离骚传》等当亦在内。只有此时,《离骚传》才有宣布的可能。故史迁的《史记·刘安传》,未叙著作之事,不是偶然的;直到班固撰《汉书·刘安传》,始有可能补叙刘安所著诸书。以此推之,则《史记·屈原列传》中羼入刘安《离骚传》的两段文字,其时间最早亦当在汉宣帝之后。盖宣帝时,《史记》已由史迁外孙杨恽宣布,故好事者始得就所见资料增补之。而增补之者,或即褚先生之流欤。

当然,刘安的经历与思想是相当复杂的。从史料上看,父辈的遭遇,不能不使他怨望;而武帝对他的尊崇礼遇,又不能不使他感戴。他接受先秦诸子的各派学说,但又倾向于道家的无为。故在谋逆问题上,他始终有些"举棋不定";最后由诸多因素才造成了事实。因而,对刘安评屈原之言,既要考虑到他个人身世的种种经历,更要考虑到他评价历史人物与抒发个人感情之间,有联系有区别这一复杂关系。既不能脱离他的身世遭遇,也不能只作简单的比附,从而把评屈与自传混为一谈。这是我对刘安评屈的两段文字的总看法。

书缺有间,考核为难;言不尽意,未必有当。望阁下裁之。

耑此顺颂

文祺!

汤炳正

一九六二年十二月十日

三　致李延陵

延陵同志鉴：

中华转来大函敬悉。拙文《〈屈原列传〉新探》的关键问题，在于史迁是否见过刘安的《离骚传》。在这个问题上，我认为史迁是没有见过的。证据很多，其中的证据之一，是史迁在《史记·淮南王列传》中没有提到刘安有什么著述；到了班固撰《汉书》时，才在《刘安传》里补入了刘安的诸多著述。这显然是由于史迁时代刘安的著述并未公之于世，至班固时代才得见之。阁下认为，史迁见过的书，《史记》不一定就予以著录；并举《史记》里的张苍、贾谊、董仲舒、蒯通等四人的传作证，但我认为这些都不足以说明问题。因为《史记》的体例，对传主的著述，其著录的方式是很多的。即凡史迁见过或知道的书，在写本传时，或著录书名与篇数；或仅称某人著书传于世，而不著录书名篇数；或择其与本传有关的篇章，录其全文或片段；或本传不见，而互见于他传；或所见书尚无定名，则仅就其内容，以意名之，至与今名不同，等等。阁下所举四人，如张苍，在《史记·张苍列传》中虽未言其著述，但在《史记·十二诸侯年表》序里却说："张苍历谱五德……颇著文焉。"这不正说明他有著作行世吗？迨《汉书》本传又说张苍"著书十八篇,言阴阳律历事",这更证明史迁所见张苍著作,与班固略同。又如董仲舒的著述,《史记》本传虽语焉不详,但《史记·十二诸侯年表》序又说:"上大夫董仲舒,推《春秋》义,颇著文焉。"此殆即指《春秋繁露》之类。是史迁不仅见其著述,而且知其内容。迨《汉书》本传,则详言:"仲舒所著,皆明经术之意,及上疏条教,凡百二十三篇。而说《春秋》事得失,《闻举》《玉杯》《蕃露》《清明》《竹林》之属,复数十篇,十余万言。皆传于后世,掇其切当世,施朝廷者,著于篇。"盖汉时书尚零散,无总名,故与今日传世之《春秋繁露》颇有不同耳。又如所举蒯通,《史记·淮阴侯列传》所附蒯通事迹,并没有著录蒯通的著作,但在《史记·田儋田横列传》的赞语中却说:"蒯通者,善为长短说,论战国之权变,为八十一首。"此亦《史记》互见之例。至于贾谊,《史记》本传虽未明言其著述,但记贾谊为了改正朔、易服色、法制度、定官名、兴礼乐,"乃悉草具其事仪法,色尚黄,数用五,为官名,悉更秦之法"。看来,这些都是写成篇章,著之文字的。其内容,虽未必即与经后人搜集、由《汉书·艺文志》所著录的《贾谊》五十八篇,或传世的贾谊《新书》相同,但史迁是据当时所见的篇章及内容而著之于本传,则是无疑的。而且本传又根据需要录其《吊屈原赋》《服鸟赋》全文,更是记录其著作的显例。不能认为《史记》本传并未著录贾谊的著作。从上述情况看,阁下所举四例,都说明了史迁对每个传主的著述,只要有所见,都以不同的方式,或从不同的角度,予以著录。这其中亦包括史迁当时所能见到的篇章而跟今世传本并不相同的一些著述。以此推之,刘安的著述如此宏富,史迁如有所见,不应一字不提。可见《刘安传》之所以不及著述,实史迁并未见过的明证。汉扬子云曾誉《史记》为"实录",殆以此欤！

匆匆作复，略述所见。不周之处，幸垂察焉。

顺颂

文祺！

汤炳正

一九六二年十二月廿日

四 致汤国梨

师母大人尊鉴：

顷奉手示，知今年十月大寿九十进一，新知旧友，拜贺迎门。翘首姑苏，颇以未获参拜为憾耳。

兹购蜀中特产竹屏一幅，缀以贺寿诗句，以表微忱。顷已付邮，至希哂纳是盼！

寄来自寿五律*，浑朴清新之气，袭人眉宇。老而益健，令人欣喜！

耑此敬祝

健康长寿！

后学　汤炳正拜上

一九七三年十一月廿日

* 自寿诗云：

多寿人称福，康宁聊自夸。

葡萄新酿酒，云雾漫烹茶。

望月浑如镜，敲诗半咏花。

更教逢野老，相语话桑麻。

汤国梨

一九七三年十月

五　致姚奠中

奠中兄：

来函及稷枣均收到，谢谢！此间枣子皆干枯无甜味，而稷枣如蜜，水土使然欤？

先师"护法"后的几十年，我同意"大半从略"，但"思想退坡"的总趋势，还是要写出来，留个空白，似乎不好。先师晚年，并非鲁迅所说的"宁静的学者"，而是积极投入抗日救亡运动。兄将此提高到"实质上是拥护党的号召"来看，非常中肯。

"蒋派人看他，他闭门不见"的具体情况，已记不清。"冯玉祥看他"的情况，记得是在"九一八"之后，日军步步内侵，冯玉祥在张家口、南口一带，组织抗日联军，先师曾去电赞扬与鼓励；后来冯受蒋的压力，联军之举失败。这时冯专程南下，拜谒先师，彼此纵谈抗战形势与民族大义，相得甚欢。

我的病，春节后略有反复，故来书未能及早奉复。近老伴芷云住院割治颈上甲状腺囊肿，生活又受到一些干扰。好在手术顺利，不久当可出院，知注并及。

匆匆顺颂

文绥！

汤炳正

一九七四年三月十六日

六 致汤国梨

师母大人台鉴：

手示敬悉，客岁大寿九十进一，奉寄寿屏，知已收到。此乃晚学略表微忱，以尽弟子之礼。来示屡表谢意，反令下怀不安矣。

所寄答诗四首*，殊佳。惟奖许之语，难副雅望，甚为惭悚！所谓"朴学薪传"，施之他人则可，若炳则颇愿以此自勉耳。

耑此敬颂

吟安！

后学　汤炳正拜

一九七四年五月六日

＊附诗四首云：

（一）

卅年桑海几侵寻，朴学薪传喜有人。

慰我老怀惟一事，天涯桃李尽成阴。

（二）

漫说崎岖蜀道难，鱼书时得报平安。

锦屏好句殷勤寄，无那琼瑶欲报难。

（三）

蟠桃枝上白头翁，画意诗情别样工。

莫道针神能织锦，也应慕此竹屏风。

（四）

谁与萧斋共岁寒，海萍云鸟思无端。

哲人老去闲身在，得共湘灵结古欢。

此致

炳正大弟郢正

影观老人未是稿

时年九十二岁

七 致汤国梨

师母大人尊鉴：

手示奉悉。酷夏中暑，最怕缠绵日久。深望多自珍摄，早占勿药，是盼是祷！

闻先师遗书，乱离后所余无几，甚为痛惜！尤其手稿多被窃往香港出售，更为祖国文化之巨大损失。整理先师遗著，谬蒙属意于炳辈，特恐困难不少，有负尊望耳。组织上为遗稿出版事，既尝派人相商，应积极配合，玉成其事。未知尊意以为然否？

崇此顺颂

教安！

后学　汤炳正拜

一九七四年十月廿四日

八　致姚奠中

奠中兄：

　　来函悉。我对治印是外行，所寄玉章既非一般刻刀所能为，即不为勉强，待以后再说。

　　师母"逝世"之说，乃系讹传，她现仍健在。至于师母给周总理写信，建议组织人力整理先师遗著，并提出包括你我在内的编者名单，此事我毫无所闻。但既系参加全国出版会议的同志传出的，当非谣言。

　　寄来先师评传提纲，颇得要领。评价先师"护法"前与"九一八"后，皆较容易，难在这中间的一段。我想只有如实写，如实评。本着"吾爱吾师，吾尤爱真理"的精神处理，关键在于掌握分寸。如有人不作具体分析，只说"顽固反动"，未必恰当；而鲁迅的"不过白玉之玷，并非晚节不终"，则很有分寸。我以为"资产阶级革命的软弱性"，不是个人的是非，而是历史的必然。这样提比较恰当。

　　为了正确地评价先师的一生，我同意你的意见，必需先整理出一部详细的年谱。我过去曾打算写一部《章康合谱》，通过两人在政治与学术上针锋相对的斗争，以显示先师的功绩。现在看来，此愿很难实现。

　　北方虽寒而家家有暖气,四川严寒不减于北方,而全无暖气设
备。每日僵坐读书,确不好过。

　　书不言尽,顺颂

文绥!

汤炳正

一九七五年二月廿日

九　致王焕镳

驾吾尊兄有道：

得来书，知正治墨子。但墨子难治，墨经尤难。高血压病，还须将息休养，不必操之过急。

伍非百《中国古名家言》，弟有其书，乃其私人石印线装本，伍君赠弟以为纪念者。现特包扎投邮，寄奉参考，不日当可收到矣。

弟治《楚辞》，亦只病中遣日耳。尊庋既有周氏《离骚草木史》，并得允赐阅，何幸如之！

所嘱调养冠心病所应注意之事，自当谨守不渝。但正如尊函所谓："吾辈能在天地间为此不急之务，天之与我者厚矣，敢不黾勉。"此语正中鄙怀。所谓"欲罢不能"者，殆古今同之也。

耑此顺颂

撰祺！

汤炳正

一九七五年五月廿日

一〇 致姚奠中

奠中兄：

得七月卅一日来函，一切均悉。忙于搞运动，各校皆然。我以病故，未能参与。但耳有所闻，略知一二。我与兄不常通信，殆所谓"多病故人疏"耶？为先师写传，多引原文，是必要的；为了照顾读者水平，于原文之下，并列译文，似可试行。但恐亦多困难耳。

先师是朴学大师，但却并非为考证而考证。他的考证，更多是与微言大义融而为一的。这跟清代朴学前辈中的顾炎武、戴东原等有些相似。故写先师的哲学思想与革命活动，似与写朴学成就不相矛盾。二者可以兼顾，也应当兼顾。

我的病较前好些。现除坚持散步，并学按摩。身体条件与工作愿望，是主要矛盾，很苦闷。现在搞点屈赋研究，借以遣日。我近发现，屈原虽有法家思想，但很复杂，不名一家。即以法家而论，他又有黄老思想，与韩非相近，而与商鞅相远。现证以马王堆出土佚书，益明，郭老曾否定《远游》是屈子之作，值得考虑。因《远游》正体现了屈子黄老思想的某一消极面。

匆匆不尽所言,即颂

文绥!

汤炳正

一九七五年八月十日

一一　致姚奠中

奠中兄：

来示及大作《朔县神头镇》诗数首，均收悉，勿念！

诗作运用旧形式，抒写新内容，已属不易，而风骨遒劲，尤为难得。书法亦矫健有力。弟不习此道者已三十余年矣；又兼心脏沉疴未愈，脑力疲苶，思路蹇涩，愧不能酬和也。

匆匆即颂

春祺！

汤炳正

一九七六年二月十日

一二　致姜亮夫

亮夫尊兄有道：

奉读手示，无任欣慰！过蒙奖许，深感惭悚！阁下研治屈赋，海内知名，关于《屈传》之拙作，贻笑大方，希予指正，庶免纰缪。

《大百科全书》体大思精，恐非末学所能胜任。但既蒙相委，自当勉为其难。特未知完成期限之长短。如有可能，则拙稿《屈赋新探》完成后，或可动笔。年来多病，少年锐气，消磨殆尽，一事当前，诸多顾虑，想当见谅于台端也。

年来各种学会，风起云涌，惟成立"楚辞学会"无人提及。近屈赋研究之风，方兴未艾，则以文会友，互相切磋，成立学会，很有必要，台端以为然乎？

顺颂

撰祺！

汤炳正

一九七九年十月十二日

一三　致汤国梨

师母大人尊鉴：

几度专函奉候，不得复音，疑虑之情，时萦于怀！

炳年已七旬，惮于远行，得侍左右之宿愿，恐难偿矣。适此间邹君有苏沪之行，故特委伊登门拜谒，如有教诲，可嘱转达。虽不得亲睹尊颜，亦可聊慰景仰之忱矣。

吴则虞君已于去年逝世，同人凋谢，思之怆然！姚奠中、金德建二兄，时有信来，景况皆佳。惟姚过忙碌，无暇读书，金有眼疾，又读书不便耳。炳心脏病已少愈，正赶写《屈赋新探》，待有成书，当奉呈请教也。

顷在《书法》杂志上得见师母法书一幅，殊感快慰！笔力遒劲，有俊逸之气，寿征也。

耑此敬颂

教安！

后学　汤炳正拜

一九七九年十一月廿二日

一四 致金德建

德建尊兄大鉴：

十月十八日手书敬悉。大著《经今古文字考》有问世希望，闻之不胜欣羡！上海辞书出版社不断寄来《汉语大词典》书稿，约我审阅。但弟正在"病休"，实难接受。如不限期，自当量力而行，勉为其难，尊意极是。北京《文史》，弟无熟人。上半年弟寄去《释"温蠖"》一稿，回信拟在《文史》第九辑发表。现只见预告，尚未见书。蒙兄问及投稿情况，关切之情，溢于言表，实为难得！

弟以为，有些独创性的论文或专著，时间性极强，出版落后一步，往往形同抄袭。大著《经今古文字考》一拖再拖，不得付印，令人焦急！此中滋味，只有吾辈才能体会得到。愿出版界也能与作者有同样的心情。

最近我校建了新楼，邀我迁住校内。以后通信处如有改变，当即函告。

严寒逼人，诸希珍摄，匆此即颂

撰安！

汤炳正

一九七九年十二月十五日

一五 致《社会科学战线》编辑部

编辑部负责同志：

寄来陈久金同志的《屈原生年考》嘱审阅。本人对天文历算所知无几，但读了文章之后，感到很有创见。因为作者能在前人的基础上提出新的结论，这是首先应当肯定的。至于作者之所以能提出新的结论，主要由于他在推算依据和推算方法上突破了三个传统观念的束缚：

（一）关于岁星"超辰"问题：当前学术界推算屈原生年，一般都是根据某书岁星纪年的记录，再加"超辰"这一推算方法。例如郭沫若同志等即如此。而陈久金同志则认为岁星纪年法起于战国中期，当时是合乎天象实际的。但这以前或这以后典籍记载的岁星纪年，多系用十二年周期推算出来的，故不存在"超辰"问题，因而也就解决了拘于"超辰"说而造成的推算屈原生年的某些矛盾。

（二）战国时期，楚国是用的夏正，这是屈原研究者几乎一致的看法。例如，游国恩同志等就曾以屈赋中有关时令、季节的诗句作了不少的考证。因而学术界一般都认为"孟陬"是指的夏历正月。而陈久金同志则根据典籍资料与"科学手段"所推算出的岁星位置，认为楚国当时是用的周正，而不是夏正。这也是创见。

（三）关于日本新城新藏所推算出的战国朔闰表，当代的屈原研究者几乎都把它作为推算屈原生于"庚寅"日的惟一科学根据，凡是该朔闰表里某年正月没有"庚寅"日，就要排除屈原生于这个月或这一年的可能性。例如，浦江清同志就曾为此煞费周折。而陈久金同志则能破除迷信，揭示出新城新藏朔闰表的论据薄弱而不可靠，从而冲破了它的束缚，作出新的结论。

这篇文章，能在学术界不断深入探索屈原生年的过程中，提出新的看法，这无疑是极其可贵的。当然，在论据方面能再丰富一些，就更有说服力了。其次，"庚寅"究竟是周历正月的哪一天，如果能作出初步结论，则陈久金同志这篇文章，在屈原的生年月日上，就会构成更为完整的体系。再其次，如屈赋《怀沙》云："滔滔孟夏兮，草木莽莽。"又《抽思》云："望孟夏之短夜兮，何晦明之若岁。"如果指的是周正，则时令特征未免过早，而如果指的是夏正，则不仅与自然现象相吻合，而且跟《离骚》中"孟陬"的提法也相呼应。这类问题如能进一步作出具体分析与解释，则文章的科学性就会坚实得多。当然，这些问题，也并不影响这篇文章的学术价值。

汤炳正

一九七九年十二月十六日

（见《社会科学战线》一九八〇年二期）

一六　致姜亮夫

亮夫尊兄有道：

顷得王元化君来函，并附寄阁下所撰《屈原》条目，嘱炳依《大百科》撰例加以修改。炳读《屈原》原稿后，知阁下所撰此条，心得创见极多，乃一篇极佳之学术精品，炳实不敢妄加修改。故只得依王君意见，别撰一稿，请指正。并将阁下原稿奉还，望查收。

《大百科》之撰写，清规戒律极多，所要求者不在新说之独创，而在旧说之选取。以阁下之学术造诣，对此乃牛刀割鸡，很难得手。炳撰诸条，亦未必尽合《全书》之旨，企待指正！

耑此顺颂

撰祺！

汤炳正

一九八〇年十二月廿日

一七　致饶宗颐

宗颐先生鉴：

　　武汉与阁下合影，顷已收到，谢谢！

　　关于太炎先生手稿散落香港一事，多蒙关注，至为铭感！炳现正参与《章太炎全集》整理出版工作，对《检论》之有"续编"问题，尤感重要。回忆一九七四年九月间得章师母手书，曾称先师手稿在离乱间不免多所损失，有人甚至盗往香港高价出售。阁下所言是否与此有关，值得留意。但《检论》之有"续编"，炳前无所闻，询之同门，亦无知者。一九三五年炳曾参加清抄先师手稿工作，亦未曾发现此事。以理推之，不外二端：（一）如手稿确有"续编"，或先师整理时早已掺入正编之中，并非佚稿；（二）或持此手稿者高价待沽，故为此言，以牟厚利。但此皆臆测而已。此事阁下如续有所闻，望能见示，此间当可设法购回；如已被私人购藏，则可通过有效手续，复印副本，以便收入《全集》。未审阁下意见如何？

　　大著《楚辞书录》此间极不容易得；何处出售，望能见示，至盼！

嵩此顺颂

撰绥！

汤炳正

一九八一年五月廿六日

一八　致郑文

郑文尊兄大鉴：

手示敬悉。章黄学派人物凋零，与阁下相识，实为欣幸！章师母时有来信，今已高龄九十六岁矣。近两年，音信偶断，风烛残年，令人惦念不置！

览大著《楚辞浅议》篇目，极有意义。惟当前出版学术著作，很费周折，如沪上条件好些，届时当先睹为快也。

炳几年来一直患冠心病，休养之余，以治屈遣日。窃欲几年内写定《屈赋新探》，对《屈原列传》之探讨，乃其中之一项。近年发表了一些单篇，待有成书，当奉寄请教。

来函称《〈屈原列传〉新探》"见解新颖，论证充实"，过誉之言，殊增惭悚！至于尊意以为从被掺入之两段的文章风格看，前段当自"屈平疾王听之不聪也"起。阁下此意，炳在撰文时，亦曾想到。但总认为屈原遭谗而赋《离骚》之说，史迁屡屡提及，不应在屈传中反略而不谈，竟待后人补足。考虑结果，乃放弃此说。

此间溽暑困人。兰州盛夏，无蚊蚋，有瓜果，实消夏去处，不胜向往。目疾当静养，忌看书，希珍摄！

顺颂

文祺!

汤炳正

一九八〇年七月廿日

一九 致萧兵

萧兵同志：

奉读来函，不胜欣慰！阁下在《楚辞》研究领域，可称异军突起，为屈学辟出新的途径，甚为钦佩！

大作《楚辞文化》两篇，是否已投寄其他刊物？如未投寄，我欲介绍给此间《学报》发表，未知可否？

《〈离骚〉辩论会》是一篇绝妙的"学术文艺"！只是其中屡用"批判"一词，似不符合该文所描写的气氛。此文如能投寄性质适合的刊物刊载，对活跃屈学空气，大有裨益。

所办《活页丛刊》，活泼及时，为一最大特色。如有拙作，自当奉寄请教。此刊一、二期尚未收到。多蒙关照，谢谢！

顺颂

撰祺！

汤炳正

一九八二年一月十六日

二〇　致赵逵夫

逵夫同志：

前日寄来大作，阅后极为钦佩，已托郑老代达鄙意。因其时身体不好，故未作复，希谅！

大作以《楚世家》熊渠长子伯康即为《离骚》之"伯庸"，确为精辟之论。以此为突破点，加以发挥，为屈赋研究，立了一功。闻郑老言，你留系后仍研《楚辞》，希努力之！

兹寄去拙作《屈赋语言的旋律美》，希指正。此文亦皆"老生常谈"，没有什么意思。但其中有三个论点，似为前人所未及者，（一）《九歌》"兮"字的特殊用法，从理论上应当怎样解释？（二）屈赋如《离骚》，上句用"於"下句用"乎"，此已发现多年，但原因何在？（三）《离骚》用韵，古音学家皆以四句为一节，一节为一韵例，但从文学语言旋律来讲，这样划分未必合理。对上述三个问题，略抒己见，以就正于学术界。意在通过现象，寻找原因，并提高到理论认识，是否有当，未敢自信！

顷接东北方面来函，知于本年七、八月间在大连召开屈原研究学术会议，邀我参加。但路远体迈，未必能如愿前往。未知郑老跟你接到通知没有？

此间春寒料峭，毫无暖意。西北如何，诸希珍重！

匆此即祝

春祺！

汤炳正

一九八二年三月一日

二一　致赵逵夫

逵夫同志：

　　来函早已收到，因一个月来小病不断，未能及时作复，希谅！

　　关于《九章》后四篇的真伪问题，历来争论极大，相持不下。我的态度，是在双方证据都不充足的情况下，与其过而弃之，不如过而存之。但是，对双方所持的论据，无论否定或肯定，只要有新的看法，都应提出来；哪怕是一点或两点，也会对问题的最后解决，作出贡献。您的《〈楚辞〉中提到的几个人物与班固刘勰对屈原的批评》一文，正是从几个具体人物的分析来探讨《惜往日》《悲回风》的真伪问题的，看来还是有一定的说服力的。希望您坚持下去，把这篇论文完成。关于屈原不会赞扬伍子胥的问题，刘永济先生的书中也提到过，但仍要作进一步的探索。

　　拙文《关于〈九章〉后四篇真伪的几个问题》，刊于《四川师院学报》一九七七年第四期。该文也是本着上述的态度，仅仅谈了两个问题，即不同意坚持"四篇"为伪作的两条所谓得力的证据：（一）扬雄所见《九章》仅是从《惜诵》以下至《怀沙》五篇；（二）刘向《九叹》认为《九章》是"未殚"（未完成）之作。我的意见，以为这两条都不可靠。以

"四篇"为伪是可以探讨的,但应另寻论据,这两条似乎不便再用。而您的上述论文,恰恰是在前人的基础上又提出了新的论据,这无疑是值得欢迎的。

我的精力极差,因病后胃口不开,总是不想吃东西,故恢复甚慢。匆匆即祝近好! 并代问

郑老康泰!

汤炳正

一九八二年八月廿五日

二二 致章念驰

念驰师侄：

顷由四川大学李润苍君转来大函，欣喜之情，难以言喻！先师谢世后，门人弟子，凋零殆尽，而芝兰毓秀，后继有人，先师有知，当含笑于九泉矣。

编先师"演讲录"，师母在世时，炳曾提过几次，终以离乱频仍，未能实现。不料门人弟子所未能尽其责者，竟由师侄毕其役。所喜之余，益增惭悚！

先师生平书信，历史价值既高，数量亦复惊人，如能登报征集，汇录成书，实学术界盛举。师侄其有意乎？

炳所藏先师手泽以及遗书，抗战烽火中，已荡然无存。《尚书讲义》，过去有所存录，现已不复见矣。汪震其人，不知来历。只知在苏州时，先师门下有金震者，字东雷，当非一人之讹传？

代为复制先师演讲录四篇，甚为感激！沪上汤志钧君，专研先师生平事迹，虚心交往，当有裨益也。

炳晚年体衰，除培养研究生外，正整理《屈赋新探》。现出版社催稿，颇感力不从心。幸有研究生代为抄写，年底可以完稿，勿念！

先师母逝世时,炳曾写小诗四首,以抒悲悼之情,另纸附去,希赐正!

嵩此顺颂

文祺!

汤炳正

一九八三年七月廿日

二三　致聂石樵

石樵同志：

前得来示，曾即作复，谅邀鉴及。顷得卞孝萱君来函，知他已与你晤谈成立"中国屈原学会"问题。并为此见过邓绍基君，甚为欣慰！

卞君认为："各方面都很积极，关键在于湖北省领导。"这个估计很准确。据炳所知，两湖的文化界积极性都很高。但湖北只有文研所长张啸虎君从事筹备，而省委并未表态；湖南则只有文化厅拍电给大连会议，争取明年办会，而省委亦未表态。因此，能促使两湖省委主动出面支持，确实是关键。至于如何筹备，可由两湖省委协商。会务，则可公推姜亮夫兄一人主持，炳不必滥竽其间矣。

以上意见，极不成熟，不知台端以为然否？附寄卞孝萱君一札，希代转是盼！

嵩此顺颂

撰祺！

汤炳正

一九八三年八月九日

二四　致黄中模

中模同志：

　　前日来函及大著，均收到。大著实为《屈原诗话》之姊妹篇，皆以文艺界斗争为中心，别具一格。将来你对有关屈原问题斗争史的撰写，一定会做出更为出色的成绩，企予望之！

　　关于召开屈原问题讨论会（评"屈原否定论"），我当仁不让，早与此间研究所商洽。他们以为有关经费问题，仍需院方批准。对举行此类有重大意义的学术活动，院方批准当无问题。如这一设想实现，由我们研究所做东道主，则你与谭优学君即不必为此事而风尘仆仆于成渝之间矣。

　　关于屈原的生年月日问题，至今仍坚持我个人的意见。去年拙著《屈赋新探》定稿时，我又加进了一些极有意义的新证据。对陈久金君的文章，当时是《社会科学战线》编辑部请我代为审稿，我临时写了几条审查意见。不料该编辑部竟来函要求将"审查意见"公开发表。这是一种破例的要求，但我答应了。我对学术上的老大难问题，一向抱着发动群众、共同攻关的态度，从不想一个人说了算。只要言之成理，我鼓励新颖意见尽量发表。因此，我对陈君的敢于创新、勇于破旧的精神，予以充分肯定。但对他的结论，我却在"审查书"的后半极其委婉地提出了意见。总的来说，就是陈君的论据单薄；尤其是"楚用周历"之说，与屈赋有关时令的描写，矛盾极大，不可信从。对此，"审见书"已举的例证之外，还有不少例证，皆从略。

至于最近郭元兴君之说，生年与敝说不谋而合，这恐怕不是偶然现象。因为他所据资料与所用方法皆与我不同，而竟得出共同的结论，则这样结论或更接近客观事实，所以我赞同。但郭说以为"楚用秦历"，以夏正十月建亥之月为正月，亦即以十月为岁首。这个论点，我不同意，因为（一）《尔雅》记夏历十二个月的名称与次序，跟长沙子弹库出土的楚帛书是完全一致的，与《离骚》也一致。则楚用夏历，不容否定。（二）如果楚以"秦历"为岁首，则较之用"周历"为岁首，又提前了一个月，即与楚之夏历，相差三个月。因而跟屈赋中有关时令的描写，就发生了更大的矛盾。屈赋是有力的内证，不能置之不问。（三）郭君的新论据，是云梦发现的《秦楚月名对照表》。此表乃秦取郢都为南郡的初期，楚人以原用之夏历与秦之颛顼历的对照表，目的是便于对照使用。犹辛亥革命后的日历，亦阴历阳历对列，公元之外，附以旧日之农历。如以此证明屈原以前楚国已用秦历，不见得符合历史事实。

以上就是我的看法，简述如上，以答所问。

嵩此顺颂

文祺！

汤炳正

一九八三年十月

二五 致王元化

元化先生：

元月十三日来函已悉，利用寒假将《大百科全书》部分原稿修改了一道，现已完成。不当之处，望赐正。

关于姜亮夫先生《屈原》一稿，内容丰富，多心得创见；而且结构完整，自成体系。炳自顾谫陋，不宜冒昧"修改"。故只好各抒己见，另换一篇，以应急需。《大百科全书》多清规戒律，缚人手脚，希斧正。

《大百科》中有屈原、楚辞部分，系分工撰写，事前未开碰头会，失掉配合。故大、中、小条之间，难免有矛盾、重复乃至空白之处，只有今后统稿，再行调整。

关于屈原与楚辞，有不少学术问题，尚乏定论。炳属稿时，对关系较大的问题，所列结论，以大多数人同意者为主；必要时，以其他为副。如此处理，似较恰当。

全部稿件，已挂号寄出。姜先生原稿亦退回，请查收。

匆匆顺颂

撰祺！

汤炳正

一九八四年二月十二日

二六　致［黎］传纪*

传纪同志：

来函及论文，早已收到，因杂事丛脞，未能及时作复，歉甚！

大作立论，足以破王力先生脂、微分部之说，这是应当肯定的。从方法上看，有事实，有数据，有分析，而又出之以矜慎态度，这是很好的，对王氏之说，往往能以子之矛攻子之盾，尤其切中要害。

你问的问题，我只提出以下几点极不成熟的意见，以供参考：

关于论文前半篇"分三步"的问题，你"自觉未能把话叙述清楚"，这是属于文章结构上的逻辑问题。对此，你是否可以考虑分成这样"四步"：（一）王氏《考证》中脂、微二部合韵的比例及其方法；（二）王氏《韵读》中脂、微二部合韵的比例及其方法；（三）指出王氏的《考证》及《韵读》中存在的问题，提出重新统计之后二部合用的百分比；（四）综合分析：明确展示出，越是认真审核，两部合韵的次数越多，即两部混用的情况越突出，证明了脂、微二部之分，不仅王氏早年的初步结论（《考证》）靠不住，即使晚年经过精心推敲过的结论（《韵读》）同样不符合客观事实。

关于文章后半篇所提出的谐声字问题，这并不是王氏脂、微分部问题的要害（要害在于《诗经》二部合韵的频繁）。但对王氏所谓"只须依《广韵》的系统细细分析"，"用不着每字估价"的作法，提出讨论，也是必要的。

而且董氏认为谐声字问题，对考证上古韵母系统与《诗经》"同等重要"。这话要加上时代断限的条件在内，才算是准确的。段氏所谓"谐声必同部"也是要加上这一条件的。因为《诗经》所反映的"古韵"系统，其时代是比较集中的。而谐声字则不然，凡产生在《诗经》以前的谐声字，即与《诗经》时代的"古韵"，大有出入；凡产生于汉唐以来的谐声字，则跟《诗经》时代的"古韵"相比，情况更为复杂。如不认真分析，则王氏的作法，必然出错。

关于所谓古韵表的"系统性问题"，太炎先生有这样的话："对转之理，有二阴声同对一阳声者，有三阳声同对一阴声者……非若人之处室，妃匹相当而已。"根据具体韵例以分部列表，不以主观想象求其整齐，此实太炎先生的科学态度。先生的《成均图》即守此原则。其中入声缉、盍二部与阴声分列，而职、药、铎、屋诸入声则与阴声合而不分，即依据事实而不求整齐之范例。故王氏韵表以入声质、物二部及阳声真、文二部配阴声脂、微二部，这当然是极其整齐的。实则即使脂、微二者不当分部，而入声质、物，阳声真、文等部之分，只要证据确凿，亦不必为求韵表的整齐强行合并。总之，一切要尊重事实。

关于"董文以《广韵》重组反映古韵部"之说，因我手头无董书，不知其具体内容，不便详论。但王力先生在《诗经韵读》十七页有云：这里"同""调"为韵，"也许是上古有以声母押韵的办法，调同属定母。但只此一例，未能断定"。今按《诗·车攻》"同""调"韵例，不能成立，或系首二句误例所致,前人已多言之。而且《离骚》虽有"同""调"为韵之例,但据《淮南子》此"同"字乃"周"字之误。古书"同"、"周"二字互误之例极多。"同"本作"周",则与"调"谐和无碍。王氏"声母押韵"之说,绝不可从。

以上意见,极不成熟。望与孟伦教授仔细探讨,多听他的意见,再作结论。

匆匆即祝

撰祺!

汤炳正

一九八四年四月十五日

* 传纪是山东大学殷孟伦教授指导的研究生。殷先生嘱他把论文寄给我审阅,故复此信。

二七　致朱季海

季海学兄惠鉴：

得四月十二日手书，知愿应邀来此间参加屈原问题讨论会，不胜欣喜。暌违将近半个世纪，借此夜话巴山，乐何如之！论文题目定为《远游略说》，附评廖（季平）胡（小石）二家说，极佳。因时人多知胡适之谬，而忽视小石之非也。印资困难，可先将原稿寄来，大会设法出资付印。

此间会期，五月廿二日报到，阁下黄山之会，可提前一天退席，当不致延误。我与敝校领导商量，已允破例解决食宿交通等费。如为争取时间，可乘飞机前来。尊意如何？请赐佳音。余不觏缕。

即颂

撰祺！

汤炳正

一九八四年四月廿日

二八　致赵逵夫

逵夫同志：

来函悉，寄来经修补之尊稿亦收到，勿念！

开会期间，由于会务忙，精力又差，未能跟郑老和您促膝长谈，甚憾！郑老平安无事，亦幸事也，我一直为他担心！

会后我休息了一段时间，精神已略恢复，堪以告慰！蒙告李行之老学兄之事，甚为惋惜。回想当日同在苏州章氏门下学习时，宛如梦境，为之感慨者久之！

您的论文，前已读过，这次又读了一次。你能在发现了"伯庸"的基础上，又向前推进了一步，用以解释前人所难解决的问题，颇多创见。对一门学科，要能建立起自己个人的体系；可以看见，您的体系已逐渐在形成中，颇为欣慰！因为只有各抒己见，才能推动学术向前发展。

最近，我正准备编会议论文集，但由于人手少，出版社未落实，何时出版，颇难预料。您的大作，定当入选，以光篇幅。

匆匆即祝

撰祺！

郑老及鼎文同志希代致意!

汤炳正

一九八四年六月廿七日

二九　致姜亮夫

亮夫尊兄有道：

奉读三月十八日华翰，敬悉一切，贵体违和，还望珍摄，至盼！

蒙赐大著，如获拱璧，循诵之余，无任钦佩，诚屈学津梁也。

关于成立"中国屈原学会"，两湖基本一致，问题不大。惟主其事者，非台端实难胜任。望能出面负责，弟当辅翼其事也。

成都会议，蒙大力支持，并撰文颂之，实为感激！惟颂文手稿，已被黄君取去，此间只有大会《简报》所载印本，寄奉一份，请查收。

弟与两湖有联系，明年屈学会成立会议是否能参加，视健康情况决定。余俟再叙。

顺颂

撰祺！

汤炳正

一九八四年九月十日

三〇　致王仲荦

仲荦尊兄有道：

寒舍畅谈，得抒积愫，快何如之！次日本拟进城相谒，以受风寒未果。其间曾托大会秘书组转去拙札及小照一帧，以资纪念，未悉收到否？念念！

月之四日上午，曾派人约定下午会见，而秘书组同志谓：台端已于二日北归，闻悉之下，怅望久之！

拙著《屈赋新探》书稿，去年交齐鲁书社，今年七月谓已发排。如见孟繁海君，仍请代为敦促，望于明年端阳能见书，其时，"中国屈原学会"将成立，可作纪念也。

冬寒袭人，诸希珍摄。

匆此顺颂

撰祺！

并祝嫂夫人清泰！

汤炳正

一九八四年十一月廿八日

三一　致常振国、降云

振国、降云同志：

前函谅已收到，念念！

新的一年将开始，委托编选《楚辞研究论文选》一事，人力已配备好，行将展开工作，编选标准，大致依前函所言。如有具体问题，仍当随时商洽办理。

关于少量经费问题，拟造预算，呈报本校科研部门，作为一般科研经费处理，当无问题。贵社如无"惯例"可循，可以不必考虑。

得悉出版机构，将由事业单位转为企业单位，这对普及一般文化，或有好处，而对推动祖国文化向尖端突进，则未必有利，鄙见如此，未知然否？

冬至前后，严寒逼人，略感风寒，现已痊愈，谬蒙关注，甚感！

顺颂

文祺！

汤炳正

一九八四年十二月廿九日

三二　致周啸天

啸天同志：

来函及《〈辞典〉序言》均收到。《辞典》成书以至发排，如此神速，令人快慰！

《序言》具有高度的概括性，也有相当的深度，处处流露精辟之见。"黄绢幼妇"，堪称佳构。个别排字脱误颠倒之处，校清样时当注意订正。下列几个小问题，是否可考虑：

（一）篇首第一行的那句话，是稳妥的；而第三行所引闻一多那句话，则带有片面性，可删去不引。

（二）第二页第二行"包括今之陕豫鲁晋鄂等黄河流域极广阔的幅员"，可把"黄河流域"四字删去，因为其中"鄂"为江汉流域，并非黄河流域。

（三）第六页十一行"且兼作介词之用"，应改为"有时兼作介词连词之用"。因为只有《九歌》及《涉江》首节等，"兮"字才有此特殊用法，他篇无此现象。

（四）第六页倒数第三行："王逸又益以己作《九思》与班固二叙为十七卷"，其中"班固二叙"四字可删去。因世传《楚辞补注》所录鲍钦止的话,谓班孟坚二叙,旧本在《九叹》之后,则附此二叙者或系班固所为。因班氏所见《楚辞》乃刘向所辑十三卷本,末篇为《九叹》,故以己叙附其后,并非王逸所增益。

　　阁下才华横溢,佳作不断问世,可喜可贺,望好自为之!

　　附寄拙著《楚辞类稿》一本,请予指正。

　　匆祝

春祺!

汤炳正

一九八九年二月二日

三三　致王利器

利器尊兄有道：

扶桑讲学，载誉归来，以此促进中日文化交流，实属盛举。

研究生李诚所写《屈赋神话刍议》，题系该生自拟。但问题较复杂，望台端不吝赐教，以励其志。

研究生夏述贵有志于谶纬，研究所以指导之任相委，却之不恭。做学问，趋热门固然不对，寻冷门也未必是，而当以情之所钟，性之所近，人类之所需为准，未知阁下以为然否？夏述贵此次北上晋谒，学海指迷，实寄望于台端也。

晤谈在即，余不一一。

顺颂

俪安！

汤炳正

一九八五年二月

三四　致张啸虎

啸虎同志：

　　元旦前曾收到"通知"，获悉"中国屈原学会"已定于今年端阳节在江陵召开成立大会。楚辞学界所日夜盼望之盛举，终于实现，不胜欣慰！

　　为了促成这一盛举，阁下曾不惮跋涉，北走燕都，西赴荆沙，堪称劳苦功高。

　　当然，在召开大会以前，还有极其繁重的工作要做，望再接再厉，完成这一具有历史意义的使命。

　　关于大会邀请的对象，如能参考秭归、大连、成都三次会议的名单，则屈学界的同仁基本包括进去了；此外还有一些屈学名宿与新秀，亦当酌为补充。近阅《光明日报》，知江陵新出土大批简文；武汉歌舞剧院又以编演之《九歌》蜚声全国，皆为此次大会增色不少也！

　　匆匆即颂

文祺！

汤炳正

一九八五年三月二日

三五　致郭在贻

在贻同志：

(去年)九月廿七日大函早悉，近来健康如何？尊著已出书未？时萦于怀！

拙著《屈赋新探》已寄样书十本。看来总算出版了。吾辈要办成一件事，真是"难于上青天"。现邮寄一册请教；另一册希转姜老，并代致意！

前月曾接到齐鲁书社拙著责任编辑任笃行君来函，要我请学术界人士为拙著写一篇评价文章。我平时反对"自炫以求售"，故未予作复。

后来才听说，现在出版社的责任编辑自负盈亏，销路不畅，个人贴钱。我始知任君来函的苦衷。乃嘱其以出版社名义直接与阁下联系，结果如何，我未过问。这可能又是读书人的旧观念在作怪吧？

阁下来函垂问，故略述此事的原委如上。

今冬，我身体极坏，常发烧，立春后始起床，莫可奈何！乍寒乍暖，务希珍摄！

　　耑此顺颂

撰祺！

汤炳正

一九八五年二月十五日

三六　致姜亮夫

亮夫尊兄有道：

　　函悉。台端拟与弟连名主编《中外屈原问题论争集》，未知出版社已联系稳妥否？念念！

　　台端委弟全权处理审稿问题，承此重任，殊感不安。但台端视力不佳，自当不辞其劳也。

　　出版社如已落实，希示知，以便安排日程，促成其事。

　　耑此敬颂

道祺！

汤炳正

一九八五年五月六日

三七　致张啸虎

啸虎同志：

函悉。大作《后记》极佳。有此，则大会论文的主要议题得窥一斑矣。论文稿，正审阅中，不久当可寄齐鲁书社。书名初拟为《楚辞研究》，请姜亮夫先生所题书签，昨已寄来，姜老正在医院养病，得函专车回家，以惯用笔墨为之，其情可感！

筹款事，确甚艰巨。今年杭州年会，姜老希拨款支援，始能租定会场；齐鲁又催付书费，实在为难。

齐鲁来函，转寄台端参考。

匆匆即颂

文祺！

汤炳正

一九八六年一月十二日

三八　致稻畑耕一郎

稻畑耕一郎教授大鉴：

　　别后已数月，江陵"以文会友"的盛况，锦城"剪烛话旧"的情景，至今历历在目。尤其书信往来，互相切磋，受益孔多，令人难忘！

　　今年富春之会，竟未光临，殊为憾事！近收到寄来大作，除已分交研究所外，诵读之余，如见故人。

　　关于《宋玉集》问题的大作，早已编入《楚辞研究》，并交齐鲁书社出版。为了尊重阁下意见，对原文未作任何改动，不久当可见书，希勿念！这次附寄的复印本《北堂书钞》零页，已收到。可证阁下治学严谨，大作引文，确有根据。但敝意以为，唐宋类书虽有参考价值，然亦多以讹传讹之处。例如大作所引《〈宋玉集〉序》一段文字，即有问题。关于宋玉此事，最早系出西汉文帝时韩婴的《韩诗外传》卷七；次观于西汉元成之世刘向《新序》的《杂事》第五。其基本内容皆一致。即友人荐宋玉于楚王，未被楚王重用。宋玉责其友，友人以"姜桂因地而生……"二语答之。而《北堂书钞》所引《〈宋玉集〉序》，文字既多脱误（如王、玉二字互误），叙事又不清晰。尤其孔氏校注所引《汉魏七十二家宋玉报友人书》所附注文，竟把《韩诗外传》及《新序》所叙事迹,完全搞颠倒了。即把友人的话误为宋玉的话。因此,《北堂书钞》所引《〈宋玉集〉序》,亦当为后人所乱,决不能视为《汉书·艺文志》所载《宋玉赋十六篇》的原序,其中颇多错误,故采用时宜慎重。不过,以上乃鄙见所及,未必正确,只是提供参考。清代学者,偏信唐宋类书,造成不少错误,大儒王氏父子,犹未能免,宜引以为戒!

勿此顺颂

撰祺!

汤炳正

一九八六年八月十日

三九　致李希泌

希泌尊兄椒华大嫂鉴：

　　一九八六年杭州一别，倏已两载有余。嘱写自传刊登于《文献》，揄扬之谊，十分感激！但拖延至今，无以应命，有负雅望，甚歉！

　　顷接孙儿汤序波来信，谓拟撰写《学海扬帆六十年》一篇以代小传，供《文献》刊用，未知情况如何？序波现在贵州党校学习，趁寒假之际，率尔命笔，届时抑扬之间如有不当，请予裁夺！

　　元宵已届，余寒未减，诸希珍摄。

　　耑此顺颂

撰祺！

汤炳正

一九八八年二月十二日

四〇　致赵逵夫

逵夫同志：

汨罗之会，未能相见，甚以为憾。汨罗归来，得手书，始知其故。刘瑞明同志亦来信说明：该校因控制经费，未能与会。此外郑文老亦未与会，是未接到请柬？还是别有他故？希于便中侧面了解一下。此类事，最易得罪朋友也。

您交大会的论文，我已读过，探赜索隐，不失为一大发现。来函似对大作有不足之感。此等谦虚态度与不断探索的精神，实为可贵。鄙意：此文是否可以另外选择一个"突破口"？即不以"有人"问题（原文一节）为"突破口"，而以"昭过"问题（原文四节）为"突破口"，提到全文之首。这样做，有下列好处：

（一）"昭睢为屈原的同一政见者"的结论，几乎成了屈学界的成说。对此事能进行澄清，这本身即具有巨大的学术意义。

（二）昭过即是昭滑，而非昭睢，在异文上、字形上、人物的政治态度上，都有铁证，可成定论。这样就可对《楚世家》所记昭睢与屈原同调之误，予以纠正。

（三）在此基础上，再把"有人"章的昭滑作为屈原的同政见者提出来,则"有人"之为屈原,就顺理成章,更有说服力。

(四)当然,上述的处理,可能会使人感到辨滑、过、睢成了论文的主题,而辨"有人"之为屈原,成了论文的副主题。但即使如此,论文却可以立于不败之地(上述四条意见,并不成熟,是否可行,仅供参考)。

评价《楚辞研究》,很重要。这除了对"屈学会"扩大影响外,对青年新秀的脱颖而出,也有好处。香港方面报道甚好,大陆亦深望有推荐文章,您以为然否?

关于《著名学者谈读书》,有暇当应命执笔。近来溽暑困人,只有拖延一阵再写。

匆匆即颂

撰祺!

汤炳正

一九八八年八月九日

四一 致戴志钧

志钧同志：

屈学年会期间，因会务扰攘，未能畅谈，深以为憾！汨罗归来，于休息中，拜读了大作《读骚十论》及其他论文三篇，甚为欣慰！总的讲，你在屈赋研究中，确实取得了相当可观的成绩。质实的学风，严谨的逻辑，再加上十分活跃的思维力，极为难能可贵的。希望你在祖国的北方，能团结屈学同仁，做出更大的贡献！

此间溽暑困人，读书执笔，诸多不便。想哈市当仍凉爽宜人，不胜向往之至！

匆匆即颂

撰祺！

汤炳正

一九八八年夏

四二　致潘景郑

景郑尊兄赐鉴：

姑苏一别，五十余载，回忆往事，恍如隔世。前些年，始知阁下寓沪，惟以人事匆匆，未暇奉候，深以为歉！

八年抗战，十年动乱，学业荒芜，愧对兄长！年来先后出版拙著《屈赋新探》《楚辞类稿》等，自愧谫陋，寄奉请教！

今年又从幸存之残稿中，选编《渊研楼语言文字论集》一部，其中有三十年代发表于《制言》者，亦有近年发表于香港中文大学学报者。书稿欲寄上海古籍出版社，何日出书，待命运决定耳。

弟今已七十有八，想阁下已八秩以上矣。严寒逼人，诸希珍摄！

耑此顺颂

撰祺！

汤炳正

一九八八年十二月十二日

四三　致萧兵

萧兵同志：

　　前由李大明同志转来大著《楚辞与神话》，得集中拜读其中佳构，开人眼界，益人神思，在中国当代的楚辞研究中别开生面，为屈学展开了一条新路，甚佩！

　　拙著《楚辞类稿》去年新出，皆札记之类，拘墟之说，难登大雅之堂。奉寄一册，希赐教正！

　　去年汨罗之会，未得见面，甚是遗憾！明年年会，拟在贵阳召开，黔中乃西南少数民族聚居之地，风土习俗，或对研屈有助，届时务希光临，至盼！

　　顺颂

文祺！

汤炳正

一九八九年六月十日

四四　致《云梦学刊》

《云梦学刊》编辑部：

贵刊所设重点栏目"屈原研究"，乃当前国内刊物之创举，并且办得颇有成绩。盖巴陵曾为屈子行吟之地，此一创举实寓有深刻的历史意义，其得到学术界的关注与支持，是理所当然的。

最近读到贵刊本年度第一、二期，其中刊入"屈原研究"栏目的文章，选得不错。例如，以勇于创新而知名的龚维英、张中一同志之谈《少司命》与《远游》，能发前人所未而给人以有益的启示。其次，楚辞学史之研究，当今方兴未艾，而易重廉同志对《九歌》研究之回顾、江立中同志对屈学三座里程碑的概括，都能在所涉范围内提出个人的见解。至于对当前屈学研究的新发展，要作出深入而全面的评价，其难度是很大的。而毛庆同志长期潜心于屈学方法之探讨，周建忠同志又长期努力于屈学动态之剖析，两美相合，写出了《困难·突破·超越》这一力作，对推动屈学之发展，无疑是有贡献的。至于袁纯富、刘玉堂、朱建东等同志的文章，也能从不同的角度提出了自己的论点，多有可取之处。总之，读了这两期的文章之后，使我学到了不少的东西。

当然,要办好一个刊物,是不易的,编辑工作者负有极其艰巨的任务。在稿件的要求上,应当既求"新",又求"真",也求"精"。要做到这一点,还必须不断努力,愿作者与编者共勉之!

辱承虚心下问,故略陈所见如上,不妥之处,尚希见谅!

耑此顺颂

文祺!

汤炳正

一九八九年十月卅日

（见《云梦学刊》一九九〇年第一期）

四五　致《社科纵横》

《社科纵横》编辑部：

去秋，在"中国屈原学会"常务理事赵逵夫同志的主持下，蒙贵刊在第五期上开辟了"西北楚辞学者笔谈"专栏，有十位学者围绕三个问题，参加了笔谈。这些文字，大都短小精悍，生动活泼，一针见血地提出了自己的学术见解。读后，受益实多。它反映了西北屈学界的学术热情，也树立了出版界与学术界密切合作的典范。这一合作，无疑将使西北的社科研究打开新的局面。笔会，是很值得提倡的一种学术活动形式。这种形式，可以克服大论文的撰写时间久、发表周期长、交流机会少等等缺陷。因此，我向西北的屈学界提出两点建议：第一，"中国屈学会"，两年开一次年会，在年会之间，不妨常常以"笔会"的形式交换意见；第二，每次讨论的课题不必多，最好能就屈学界新出现的或有争议的某一课题，及时交换看法，各抒己见。这对屈学的发展，无疑是极有意义的。我衷心祝愿出版界与学术界合作的理想时代的来临！

顺颂

文祺！

汤炳正

一九九〇年一月廿六日

（见《社科纵横》一九九〇年第四期）

四六　致《文学评论》

《文学评论》编辑部：

　　你们好！

　　最近读到贵刊一九八九年第四期发表的杨乃乔同志《理性的觉醒和悲剧的诞生》一文之后，有些感想。

　　屈学研究，最近十多年来出现了蓬勃发展之势。这主要表现在文化资料的广泛应用，观点结论的多元纷呈，或偏于微观钻研，或重在宏观概括等等。但其目的只有一个，那就是意在探索历史的本来面貌与发现事物的客观规律。从这个意义上讲，上述的种种尝试，各显神通，无疑都曾对屈学作出了突出的贡献。

　　然而，尽管如此，从最近几年的屈学来看，似乎又出现了一种步履维艰、徘徊不前的局面。历史性的新突破，还有待于同行们的拼搏与努力。因此，近年来只要在屈学领域出现了新的苗头，总会引起我的注意和兴趣。

　　杨乃乔同志这篇文章，除全篇的结尾有些偏激，值得商榷之外，论文构思的不落俗套，剖析的深邃入微，视角的新颖独到，它确实像一股清风，吹进了屈学园地。如果说，数年的屈学研究方法可以归结为微观的考核与宏观的概括两大类别,那么,此外似乎还应有综合宏观与微观,从理性认识与哲理意念的高度上进一步提炼与升华的必要。也就是说,从视角与取向上不拘一格地作出更高层次的探索。在这一点上,杨乃乔同志的文章,确实是个新的尝试,它冲破了屈学研究徘徊不前的沉闷空气。至于其中的小疵累是有的,这里就不谈了。

当然,学术研究,应当百家争鸣,百花齐放,任何一种新方法或新结论,都有待于历史的检验,由历史来淘汰与选取。不过当新鲜事物出现之际,我们总应当以热情的态度去扶持它,培养它,并使它得到健康的成长,这是我们义不容辞的历史使命。

以上所言,是否有当,望同志们不吝赐教!

耑此顺颂

撰祺!

汤炳正

一九九〇年六月廿九日

(见《文学评论》一九九〇年第五期)

四七　致吴贤哲

贤哲同志：

　　你的论文我阅读了一过，你认为：《招魂》"乃民间巫歌，作者为巫师，与屈原、宋玉无涉。在流传的过程中，经过人们的不断加工，即成为今天所见的样子"。当然这种观点，并不新鲜，不少人早已用这个观点剥夺了屈原对《九歌》的著作权。但这提法要慎重。我的意见是：（一）楚国民间巫师本有招魂的巫歌；（二）诗人屈原在巫歌的启迪下，创造了我们今天所读到的光辉诗篇《招魂》。此说跟你的观点有联系，但却有差别。你认为是"加工"，我认为是"创造"；你认为加工者是"人们"，我认为创造者就是屈原。但你要否定旧说，自立新说，必须有坚实的证据，光靠推理，是不行的。希望你在证据上多下功夫。证据充足，未尝不可自成一说。朱熹对《九歌》也有来自巫歌之说，只是不说"加工"，而说"更定"，这也同样不够确切。因"更定"、"加工"等等，跟"创造"是有原则区别的。不过朱熹还算有分寸，其"更定"权，仍属于屈原，并未彻底否定旧说。

　　你的论文中，论证比较充分的是"镫"与"烛"的区别问题。你认为战国时只有"烛",没有"镫",镫是后代之物,《招魂》既言"华镫错些",故非出于屈原之手。其实,古代"镫"、"烛"实一物,因着眼点不同而异其名,别其字。如《招魂》:"兰膏明烛,华镫错些。"前言"烛",指其火焰而言;后言"镫",指其承盘而言。故两句同时并用"烛""镫"并无时代之别。从语言角度讲,"烛"之初文即"主",篆文作主,像灯盏中有火光。故《说文》云:"主,镫中火主也。""烛"、"主"皆属古韵侯部。至于"镫"之初文即"豆",或由侯部转蒸部,故又或作"登"字。《诗·生民》:"卬盛于豆,于豆于登。"毛传云:"木曰豆,瓦曰登。"实一物而异其名,皆所以盛食品者,其状皆如镫台承盘。故"烛"之转称为"镫",实由烛光转指烛台及承盘而言,至于火焰则仍称为"烛",故《招魂》上句写"烛"而言其"明",指火光也;下句写"镫"而言其"华"其"错",言承盘雕纹错杂也。至于"主"、"豆"古音皆在侯部,则或远古已因其体用相混,故以同语呼之耳。近年包山所出战国楚简,其中"遣册"有"䇓"字,实物亦有人擎灯,承盘中心有插烛短柱。《说文》云:"镫,锭也。"徐铉云:"锭中置烛,故谓之镫。"徐说正合古制。盖古人"烛""镫"互称,各有所指,故《招魂》既言"明烛"又言"华镫"。后人不明古制,或改"华镫"为"华雕",误。则战国有"烛"无"镫"之说不可靠;而以之判断作品之时代,更无据。

从论文来看,你是好学深思之士,好自为之,前途无量。上文所言,乃略陈鄙见,以供参考,不确之处,是难免的。

暑假中,杂事仍多,溽暑困人,下午略事休息。你如有暇,除星期天,每天下午都可光临晤谈。特有劳大驾,于心不安耳。

　　耑此顺颂

文祺！

汤炳正

一九九〇年七月十日

四八　致杨乃乔

乃乔同志:

最近的来信及论文,已收到。读论文,知你在神话学领域里,又有新的见解。我不禁为学术界后起有人而欣慰!为了使你的论文更加完美,提出几点意见以供参考。

论文的中心议题,是提出了三种神话界分的理论,从而解决了希腊神话与华夏神话互相歧异的原因和华夏神话半人半兽的历史根源。这个见解的提出,论文分量已足够了;因而论文第一部分所谓"初民逃避死亡追求永恒"的议题,就成了全文的赘疣;而且这一部分,也谈得不深不透,水准不够,故建议删去此部分,使论文中心突出,浑然一体。

其次,微观方面,对"神""鬼"的区别等见解,讲得很好。尤其从"神"的解释来考查先民的宇宙本体意识,更有意义。只是关于"七十二化"的"化",虽对袁珂驳斥得有理,而你自己的解释却提得不够鲜明确切。又如昆仑即泰山之说,乃今人的新解,证据不足,未为学界认可,本此以立说,根基欠稳,这是接受或继承前人论点时,必须首先考虑的问题。而且西方昆仑,贫瘠似过于齐鲁,跟你的主题也并不矛盾,是否必采新说,请斟酌。

再次,关于处理资料上的矛盾现象,应当是"解决"矛盾,不应当"排除"矛盾,或"回避"矛盾,因为在解决矛盾的过程中,往往会使论文进一步深化。例如"盘古"的形象跟你的结论有矛盾,那就应当探索:这是华夏荒古"神界Ⅲ"的遗存,还是经过后世演绎编造的结果,作出明确的答案。又如你说《九歌》中的《国殇》等是"鬼"非"神",这自然说得通。但《九歌》其余诸篇,则又分明是"神",而且纯人格化了,应属"神界Ⅰ",这又与华夏神话属"神界Ⅰ"相矛盾,应当如何解决? 要追下去。

最后,关于文风问题,我喜欢明白清朗的文风和民族化的语言。理由很简单,文所以达意,把文章的思路表达得越清楚越好,尤其是理论文,更当如此。你的论文,有不少生硬的句式,生造的词汇,生僻的术语,可能是受某些翻译文章的影响。我不仅希望你改变文风,而且希望你能以身作则,扭转当前理论文章在语言上的不健康倾向。

你的论文,总的说来是有质量的。浅见所见,或未免要求过高,但"教学相长",你当能心领其意。

顺祝

文祺!

汤炳正

(一九九〇年)十二月三日

四九 致郑在瀛

在瀛同志:

十一月十二日大函奉悉。谬蒙赞许,深感惭悚! 阁下以博学多才之资,而虚怀若谷,欲就学于蜀中,愧不敢当! 但阁下既有入蜀之意,不得不有所复命。

以我个人感受,蜀中学术空气,远不及武汉之开放、活跃。历来如此,非特今日。我以齐人而寓居巴蜀,乃历史原因造成,并非情有独钟。华中理科大学,其学科结构,文理相济,有利于人材之培养。当然,试办过程,不易遽臻完善。但几年前"中国训诂学会"成立大会在武汉召开,你们的校长居然参加了五天会议,并邀请代表赴贵校参观。有如此兼容并蓄的办学气度,学校前途是广阔的,有望的。

拙见如上,未必有当,仅供参考。如需帮忙之处,自当尽力为之。

尚此顺颂

撰祺!

汤炳正

一九九〇年十二月十二日

五〇　致黄灵庚

灵庚同志：

来函已悉。大著部分条目，早已收到，因杂事干扰，至今始得拜读一过。序已写就，大著的成就，已在《序》中言之；现仅就其中不足之处，略陈鄙见。以备修改时的参考。

首先，大著名《离骚校诂》，但"校"的部分，是否弱了一点，如敦煌古写本《楚辞音》残卷、日本古写本《文选集注》残卷等皆很重要，似乎未见引用。又如 1667 页引王逸注"言士民所以变直为曲者"句，谓："今本皆讹作'变曲为直者'，特正之。"但今传夫容馆以下诸本，并不误，不当谓"皆讹"。

其次，驳斥旧说，失之粗率。例如 1428 页，引郭沫若说"字读纳告反"，实乃上承"夑"字作音，非为"告"字作音。而你却说："告非音纳告反，郭说失之。"又如 1405 页，引姜亮夫以"雎鸠"说"雄鸠"，此乃以义喻求女，非以音证通假，而你说："雄雎古不通用，雄鸠非雎鸠也。"驳语不对题。又大著对自己不同意的旧说，似乎罗列太多，而且引语过繁，应大加删落精简。

再次，联绵词变化擎演之说，数十年来已成语言学的通论，自然应以释屈赋。但大著对此似乎发挥过多,扯得太远,反而对屈赋的义蕴,造成纷歧。此当大加精简提炼。例如 1352 页,对"纬繣"一词的解释,"乖戾"与"靖好"杂陈;1407 页,对"蒙鸠"一词的解释,又"麻雀"与"斑鸠"并举。凡此皆应有所裁断,以免泛滥无归。

其他草率谬误尚多,皆应修改纠正。如 1426 页谓:"妥、受本一字,引申为受之付之相反二义。"实则"妥"字音"摽"或"票",其义为"击",与"受"字音义远隔,乃两字,非"本一字"。又如 1405 页谓:"雄鸠训鶌鸠者,雄盖鶌字之形讹也。故朱注引一本雄音呼故反,谓即鶌字。"但据朱熹《楚辞集注》于"呼故反"之下谓:"然则鶌字欤。"则你说朱氏"谓即鶌字",既与"呼故反"不合,亦与朱说相背。

据上述情况,建议大著在出版前,通体自检一道,除纠误外,字数可压缩一半,以求精确简练,字字珠玑。所言是否有当,希赐裁夺!

顺颂

撰祺!

汤炳正

一九九〇年十二月廿四日

五一　致梅桐生

桐生同志：

寄来大作《楚辞全译》，拜读之余，甚为欣慰！

大作能选取诸家注文之长，作为译文之依据，这是可取的。行文简括扼要，平易通达，富可读性。此外，译文能扣紧作品的主题及作者的感情旋律，体现出通篇的义蕴与精神，这尤为难能可贵。古今释《楚辞》者，多只注屈赋，而《楚辞全译》则译其全部，这虽增加了译者的难度，却使读者得窥《楚辞》全部。这也是本书值得肯定的一大特色。

此书为世之读《楚辞》者，在古语与今语之间搭起了一座方便之桥，是屈学的功臣。当然，在训诂学家还未能正确解决的一些词语，不能强求译者作出准确性的定论，只有待后学之继续努力！

顺颂

文祺！

汤炳正

一九九〇年十二月廿六日

（见贵州人民出版社《书讯》一九九二年第一期）

五二　致浦士培

士培同志：

　　二月十六日大函奉悉。阁下准备把主张屈原生于江陵的文章结集出版，这是件好事，可以促进学术发展，闻之不胜欣慰！

　　我在《楚辞类稿》中（P14—19）的那段话，当时只是从评论《七谏》的角度出发，根据词义作出的结论，并没有把问题展开论证，而不料竟与前人之说暗合。如阁下欲收入《屈原生于江陵论集》自然是可以的。

　　至于为该集写序，我看就不必了。因为此乃学术探讨问题，不一定是最后结论，应该让大家继续讨论，各抒己见。我写了序，表了态，反而不利于学术发展。

　　我个人的"简历"可参考某些《辞典》所介绍的，不赘述。

　　匆匆即颂

撰祺！

汤炳正

一九九一年三月十六日

五三　致竹治贞夫

竹治贞夫教授台鉴：

七月八日大函敬悉。寄来照片数张，甚为感谢！在岳阳旅次讨论学术的合影，前已由李诚奉寄，想已照收不误。岳阳楼前石阶并坐合影未见，亦憾事也。

寄来诗篇，甚佳！深情厚谊，溢于言表。过去已知先生大名，由于远隔重洋，未曾交往，故今日颇有相见恨晚之感！现依原韵和诗一首：

自古三人有我师，扶桑宿学早闻知。

会当瀛海重相见，莫遣离愁上客眉。

诗写得不好，请指正！

先生的学术论文《关于〈楚辞释文〉的作者问题》，以为《楚辞释文》当出于陆善经之手，考证详尽，结论可信。先生发前人所未发，实《楚辞》学史之功臣。此文我已请人译成中文，准备在大学学报上发表，未知先生意见如何？

先生在论文提纲中认为:《楚辞释文》最大学术价值之一,在于它的篇目次第与今本不同。此言与鄙见不谋而合。对此,我在一九六三年所撰《〈楚辞〉成书之探索》(见《屈赋新探》)即依《释文》的目次为据,加以考证。请先生指正! 拙作与先生的论文,实相辅相成,亦中日学术界佳话也。

　　耑此顺颂

撰祺!

汤炳正

一九九一年八月六日

五四　致刘信芳

信芳同志：

　　这几年蒙赠阅《江汉考古》，又寄了不少论文给我看，甚感！尤其在《考古与文物》的附言中，认为"有文章向老师交卷是最大乐趣"，使我深受感动！因为我作为老师，同样也以能读到学生的论著为莫大的欣慰！从你近年的论文来看，已渐入炉火纯青的境界。每想多写回信，互相砥砺，但我已年逾八旬，又加杂务缠身，颇有力不从心之感。居尝以此为遗憾！

　　即以《考古与文物》上那篇《册、㩅、珊、䀈汇释》而言，就写得很好，对于省吾先生训"㩅"为"砍断降虏肢体"之说，提出不同意见，深中肯綮。你对此字本义之探索，虽未离开"册"字旧义故作惊人之论，但却能紧紧抓住纽、韵以定音，更辅以古文法以定义，此与世人单凭字形以释字义者，迥然不同。记得徐中舒先生曾说："我如精于声韵之学，则成就当不仅于此。"此实徐老毕生治古文字学的经验之谈。至于我本人则感到："我如精于远古文法之学，则取得的成就或更大些。"我们两人的切身感受，实可为后学之治古文字学者所借鉴。当然，《说文》有时代局限，未必尽是，但如完全弃《说文》如敝屣，以独逞己见为能事，实为治古文字学之大忌。《说文》或失本义，固有待于出土文字以更定之；但中国的古文字学，如果离开《说文》，就寸步难行。打好《说文》基础，则驰骋自如，一生受用。

你对从"册"而异体的四字，既释其同出一源，又谓其因事异形。其说本于薛、郭，而又有所发明与推进。尤其《尚书·洛诰》的"王命作册逸祝册"句，你以为"作册"乃官职，祝为人名，实足纠正旧读为"王命作册，逸祝册"之误。据我的记忆，前人似乎尚未有见及此者。当然，论文内也有驳斥了旧说，而新说又未贴切者。如对《殷契粹编》的"丝入"，指出郭沫若释"丝"为"编"之未妥，这判断是对的；但又谓"丝"之从"系"，乃因"古时丝为供品"，则论证不够周延，据《小屯》二七六八片，亦有"册入"之句，则"縣"即"册"之异体，古人之册或束以丝，故增"系"旁耳。

我尝认为：治古字应注意三个问题：（一）出土古字，仅古文化中的九牛一毛，并非一部完整的文化字典，如据出土古文字中有无此文字，以推断古代有无此事物，是很危险的作法。（二）利用开国以前出土古文字的著录，首先在辨其器之真伪，万不可受古董商人的愚弄，以假当真，误入歧途。今天的科学发掘，自当别论。（三）远古文字，并非记音，"歧读"现象，我已揭其秘。但殷周以降，文字与音读基本结合。因此，治古文字只是依形断义，不顾字音之来龙去脉是不足取的。以上虽系区区之见，乃系古文字研究之大方向，颇愿与你共勉之。

我近与台湾一出版社合作，主编一部《楚辞文献丛书》，收汉至清末有代表性的论著三十多种，略施标点，附以"前言"，各书由整理者署名。你如有兴趣又有时间，是否校点一部，望示复。

　　即颂

文祺

　　　　　　　　　　　　　　　　　　　汤炳正

　　　　　　　　　　　　　　　　一九九一年九月十日

五五　致竹治贞夫

竹治贞夫教授大鉴：

奉读十月廿四日大函，并收到《文选集注》残卷复印本，不胜感谢！

复印本纸地洁白，字迹清晰，开本大方，爽朗悦目，堪称上乘。《楚辞文献丛书》得此作底本，乃大幸事；而阁下相助之情，也永难忘怀。喜吟小诗一首以资纪念：

漫道岳阳"新相知"，酒痕洒落故人衣。

逸经宝卷来中土，胜似琼瑶报我时。

记得，在岳阳临别宴席上，先生写下"悲莫悲兮生别离，乐莫乐兮新相知"之句以相示，深情感人，至今难忘！

吾二人虽系"新相知"，但却"一见如故"，大有"相见恨晚"之感！所谓"酒痕洒落故人衣"者，实指此耳。蒙以《文选集注》复印本相赠，实堪铭感。但《诗经》云："投我以木桃，报之以琼瑶。"我无"木桃"之赠，而先生有"琼瑶"之报，殊惭愧也。

秋寒袭人，诸希珍摄。翘首云海，言不尽意。

　　耑此顺颂

撰祺！

　　　　　　　　　　　　　　　汤炳正

　　　　　　　　　　　　　一九九一年十一月九日

五六　致敏泽

敏泽阁下赐鉴：

九月十二日大函奉悉。顷又接云南大学寄来请柬，邀我参加由《文学评论》与云南大学联合主办的"中国古典文学研究的回顾与展望"学术讨论会。本拟整装前往，接受教益，并一览滇池风光。无奈气候突然降温，深恐以衰朽之躯，难禁风霜之苦，只得弃此良机，以图后会。特此遥望南天，祝大会圆满成功！

我对这些年来的古典文学研究，所知无几。仅凭感性认识，则似乎学风之外，还有个文风问题。当然近年来不少研究论文，在这方面堪称典范，但文风的不良倾向是存在的。例如，作为古典文学研究，我总认为理论要高要深，而文字则要浅要近。对此，"深入浅出"四字，还是有意义的。而且不妨说，理论越是深，文字越要浅，以免对接受高深理论造成人为的障碍。至于像古人所讥讽的那样"以艰深文浅陋"，那就更要不得。因为理论并不高明而故意以艰深的文字吓唬人，这似乎已超出我们所讨论的范围。这不是文风，而是作风。

文风的民族化，应当是个方向。某些文章，因受翻译作品的影响，而出现一些"剪不断，理还乱"的长句型，以及非中非西、似通不通的生硬词汇,这些似乎都应有所改变。当然,我所谓评论文字的语言民族化,既非提倡《文心雕龙》式的骈偶连篇,也不赞成诗话词话式的零散错落。作为理论文章,我们应当要求在现实语言的基础上提炼成一种生动晓畅而又富有逻辑力量的文风。

当然,谈到古典文学评论,也并不排斥使用一些传统的又是有生命力的词汇,但这仍然有个理解、融会、消化问题。记得本年第四期《文学评论》有一篇论文,题目是《公允的肯綮的》。我们知道,"肯綮"出自《庄子》,古今训诂或有小异,但皆作名词,无异议。因此,这里与形容词"公允的"并列使用,似不妥,亦不词。作者在论文内还有下列一段话:"第一次为人们提供了一部系统的、材料丰富的、评理公允而分析肯綮的《周作人评传》。"同样是因为作者对"肯綮"一词的理解不够,故在使用上造成不应有的错误。

以上乃临时想起的一点意见,作为向大会的献词。信手拈来,未必恰当,谬误之处,望赐裁夺!

匆匆顺颂

撰祺!

汤炳正

一九九一年十一月廿六日

五七　致刘信芳

信芳同志：

十月十九日函及论文初稿，均已收到。你对楚帛书月名及神祇的研究，是一项成功的尝试。其中的思路、方法、结论，我都同意。此实近年来你治学功力的集中体现。我在阅读过程中，有时不禁拍案称快！你对文字、声韵、训诂及其通转假借的关系，融会贯通，渐有得心应手之妙。这使我回忆起当年你写楚史研究论文时，将勾亶、高唐、瞿塘联系起来考虑的生动情景。在这方面，你现在更成熟多了。

来函说，你的新说，"将从根本上动摇有关《尔雅》月名二千年来的旧说，包括从许慎到王段诸大师，故不可不慎之又慎"，因而请我"把关"。这种谦虚的学术态度，又不禁使我心许。说实话，我近数年来，为人多而为己少，几乎每天都在为后学审阅文稿与书稿中过生活。但仔细想来这也很对，我以一个年逾八旬的人，自我贡献，究竟有限，而广大青年一代则是实力雄厚的后备军。多付出点力量去关心他们，是值得的；更何况你这样具有密切关系的及门后生。

寄来论文之精彩处，我不谈了。略感不足之处，罗列如下，供修改时参考：

3页6行:"秉司春"之前,当按丙篇原文,先列三月"曰秉"句,则"秉司春"的"秉"字才生根,余如正月"曰取",二月"曰女",类推。

6页14、15行—7页1、2行:神话演化规律是多元的。例如有以语音通转为媒介而演化的;有以字形变异为媒介而演化的。你在此提出"重、秉完全可以并存"的观点,即属后一类的情况。故对此,应当加上几句话,提高到神话演变规律的高度加以阐述,才有理论性,有说服力。

14页12行:"抽象化",似当改为"变异化",这是神话流传过程中颇为突出的现象。而这种"变异",由此到彼,往往"相去很远";但中间自有其复杂的因果关系。虽有的还寻不出线索,而规律自在。

16页9行:"兽身人面"句下,似可加"有二尾,殆为'乘两龙'的遗痕"一语,意义更为周延。9—12行:"又《大荒北经》谓'烛龙',……为即祝融"一段话,似可删去。因为《山海经》《淮南子》皆谓"烛龙"在北方,不在南方,而学术界多以为"烛龙"即"祝融",乃仅凭"音近"为说,不计神话大体系,不可从。

21页4行:"一读佘"句下,当加夹注:(佘实即余字,因出现声音转变,故古人多改变字形以别之。古文字中,因异读而别其形音,在姓氏中尤多见,如刀之别为刁,沈之别为沉,余之别佘,皆然)。这样可免误以"余""佘"为二字。而且"佘""蛇"二字古音相转之理自明。

25页14行—28页2行:这一大段文字,主要是分析"五月鸣鸠"的物候问题。原因是,作为物候,"五月鸣鸠"要比"鸠化为鹰"可靠得多。但下文所引《王制》云:"鸠化为鹰,然后设罻罗。"则古人曾以此为物候标志,无可置疑。虽"鸠化为鹰"的具体时令,古书说法不一,但据《夏小正》"五月鸠为鹰"以立说,仍是坚实可靠的。似不必在"鸠"、"鹠"的问题上多费笔墨,以免节外生枝。

31页7行:"亦无多大问题"句下,是否可据帛书图象,强调一下"虎爪""执钺"的特征。因为这跟秋司肃杀有重要关系。

35页13行:《汲冢周书》改称《逸周书》为妥。两汉人多引《周书》,内容与《逸周书》同,则其非晋代出土于汲冢之书可知。

41页5行:"几乎不见螳螂之特征"的提法可仔细考虑。以神祇图与李学勤君的描绘来看,似乎所谓"鸟身",实即李时珍所谓"修颈大腹",螳螂秋季产卵前,确有大腹如图像者;所谓"爪细长如鹤",实即螳螂足爪之形,特由四简化为二耳;所谓"兽首",实即螳螂之头部及二牙的夸大;所谓"吐舌",殆指前体两巨螯,只位置略有讹变,且由二简化为一,遂误视为"吐舌"之形。事实上,细察楚帛之图像,确多讹变之迹,不特螳螂一事。

48页6、7、8行:帛书记"鹿"为"姑",确难索解。但如以声求之,则《说文》云:"麚,牡鹿也。从鹿,段声。"又云:"家,居也。从宀,豭省声。"是"段"、"家"同音之证。然汉"曹大家",又称"曹大姑";唐人"姑翁"又称"家翁"。是"家"之读如"姑",殆亦犹"麚"之得读如"姑",同属古韵鱼部字。牡鹿之得称为"麚",亦犹牡牛之得称为"牯",乃"段"、"古"二音符古人互用之例。十一月以"鹿""麇""麈"等为物候,"麚"既为牡鹿,故通称无别。不过,此仍当进一步探索。如《说文》谓麚乃"夏至解角",与麋之"冬至解角",恰相反。此究系文字之误,抑系物候多说?

58页2—6行:我过去写有《试论"寅"字之本义与十二支的来源》

一文，系以西南诸多民族的物名纪月，说明汉族以十二支字纪月，乃由物名纪月演化而来。这跟楚帛书由十二月物候演化到《尔雅》十二月，其发展规律是一致的。亦即人类思维由具体事物到抽象符号的一般历程。只是西南民族的物名与十二月的季候无关；而楚帛书之物候则与季节有关，且又有由物到神这一中间环节耳。这一发展历程，是否符合客观事实，提供你参考。

从你这篇论文看，无疑是帛书出土后的一个惊人的突破。即使有个别问题还无法解释，但总的思路、总的方法、总的结论，是自成体系的一家之言。《尔雅》十二月名，使古今学者长期陷入迷雾，如能因此得到确解，实千古一大快事！但你对这个问题，态度仍谦虚谨慎，这是学人应有的品德，我们提倡这种品德。因为它是导致一个学者取得巨大成就的前提。望你好自为之！

我今年已八十有二，虽尚顽健而精力渐差，所寄关于《日书》的论文，尚未细看，等以后再说。

杨守敬是中国近代颇有影响的大学者，经你据鄂馆所藏手稿整理出的《杨守敬题跋书信手稿》，乃极珍贵之学术遗产，国内居然难于出版，实属憾事！待我与台湾出版社通信时，定当以此相商，使其早日问世。

余俟后叙，并颂

撰祺！

汤炳正

一九九一年十二月二日

五八　致何新

何新同志：

　　承赠《众神之颂》已收到，谢谢！

　　你的大著《诸神之起源》我早已拜读过，甚为钦佩！尽管学术界对它多有微言，但对此富有开创性的著述，是应当充分肯定的。一件新事物之出现，一味指手画脚，未必恰当。当然，在你来讲，作为一种鞭策前进的动力，也还是有意义的。

　　《众神之颂》，企图通过你的再创造，把远古的艺术珍品《九歌》跟现代的欣赏趣味沟通起来，这也是创举，望好自为之！

　　匆匆即颂

撰祺！

汤炳正

一九九二年二月九日

（见一九九二年出版的何新著《爱情与英雄》附录）

五九　致竹治贞夫

竹治贞夫教授赐鉴：

奉读一月十二日大函，不胜欣喜；所赠大著《楚辞研究》，亦于二月间收到，尤为感谢！不幸正在此时我突患高血压，进城就医垂两月之久。不仅未能拜读大著，并未能复函道谢，深以为歉！上周已病痊返校，急作此函，以释远怀！

近来略览大作，见其体例严密，资料丰富，论点新颖，堪称屈学巨著。东国学者，有如此博大精深之作，令人敬佩不已！关于阁下有关《楚辞释文》之作，已交此间《成都大学学报》发表，待出版后，当即奉赠。

"中国屈原学会"第五届年会，拟于今年十月六日在山西临汾召开，系国际性的。届时将游览黄河龙门、司马迁祠等名胜。望阁下能光临指导，并得促膝谈心。邀请函当已收到，希速赐复，以便安排。

回忆去年岳阳临别之际，阁下于别筵间曾手书杜诗"明年此会知谁健，醉把茱萸仔细看"之句以相赠；今年山西之会，恰值重九时节茱萸盛开之际，深望阁下能践前言！

匆匆顺颂

文祺！

汤炳正

一九九二年二月廿日

六〇　致稻畑耕一郎

稻畑耕一郎教授台鉴：

去年岳阳之会，未见光临，殊感遗憾！今年"中国屈原学会"第五届年会，将于十月六日在山西临汾召开，并游览黄河龙门、司马迁祠等名胜，深望能拨冗光临指导！大会请柬早已寄出，当已收到。

关于阜阳出土汉简《楚辞》一事，阁下十分关心，其实早在一九八七年十月《中国韵文学刊》创刊号上已发专文报导，未知阁下曾见到否？该报导谓：汉简仅存《楚辞》两片，一片是《离骚》"惟庚寅吾以降"句中"寅吾以降"四字；一片是《涉江》"船容与而不进兮，淹回水而凝滞"两句中的"不进旖，奄回水"六字。其中"旖"即"兮"字，同时出土的《诗经》"兮"皆作"旖"，可以为证；"奄"乃"淹"之省文，古人通用。该刊并附有汉简《楚辞》原物照片。阁下去年寄诗中有"东海无杭求索子，独投角黍吊灵均"之句，足见阁下在学术上不断"求索"的精神，故特附笔以此事相告。虽似过时，不以为嫌。此外附寄拙作散文《屈里寻踪》一篇，希笑纳，并赐斧正！

匆匆即颂

文祺!

汤炳正

一九九二年三月三日

六一　致新田幸治

新田幸治教授赐鉴：

　　承赐大著《迁生龙门》并龙门合影数帧，不胜感谢！

　　大著精审谨严，诵习之余，获益良多。临汾相晤，因会务繁忙，未能畅谈，殊为遗憾！幸鸿爪留踪，合影纪念，亦盛事也。

　　耑此顺颂

文祺！

汤炳正

一九九二年十二月九日

六二　致冯俊杰

俊杰同志：

十二月八日来函已悉。关于出大会论文集事，山西人民出版社所提条件，比较慷慨，自当同意。至于下列几个问题，我的意见是：

（一）尊意以奠中兄的大会发言作为论文集的代序，极好；但请阁下再写一篇《后记》，略述大会概要。

（二）封面、扉页的书名，过去几集均作《楚辞研究》，改了就会失去连续性；考虑阁下意见，是否可将"屈原与中国文化"作为副标题，以示本次会议的中心。以后各集，均可仿此。

（三）援旧例，编委会成员共九人，学会理事占五人，其余四人，由贵处安排。

（四）阁下分别发信各编委，请提供初选篇目，再由阁下审阅并综合平衡。全集三十篇左右；论文如已发表，但作为本次大会成绩，可照收。

（五）凡入选的论文，可通知作者；无稿费，赠书二本，并希望能订购十本。

社方一周交稿之约，时间太急促，以上具体意见，未能与有关同志商量,是否恰当,即望阁下裁夺!

　　本次大会《论文提要》,如有存书,请寄我一本。会期分送者,已佚失,希谅!

　　耑此顺颂

文祺!

汤炳正

(一九九二年)十二月廿日

六三　致潘力生*

力生阁下及夫人赐鉴：

一九九二年十一月卅日大函，及尊撰联语与诗歌，均收悉。先生道德文章，令人敬佩；至于对尊撰妄加"评点"，则愧不敢当！

先生与女士几经颠沛，终成眷属，事同传奇，感人肺腑！且身处异邦，情系故国，对华夏传统文化，涵养极深。力生先生之于联语，应求女士之于诗歌，尤为擅场，读之令人叹服。所寄巴蜀滇黔诸卷，联语浑厚以高古，诗歌清醇而俊逸。如"立足自知非绝顶，荡胸已觉起层云"诸联，"功过归青史，山川动古情"诸句，其气度风韵，置之古名家集中，殆无愧色。炳今已八十有三矣，非特相知已晚，抑且远隔重洋，惟有翘首云海，缀此数语，以为二老寿云。

炳虽年登耄耋，而俗务纷扰，难息仔肩，以视先生伉俪之酬唱以颐天年者，盖不可以道里计也。

言不尽意，敬颂

文祺！

汤炳正

一九九三年一月卅日

* 潘系美籍华侨,热心祖国文化建设,且工联语诗词。远隔重洋,寄作品乞评点,故以此复之。

六四　致竹治贞夫

竹治贞夫教授台鉴：

四月十一日大函敬悉。所寄《文学论丛》及抽印本三份，亦收到无误，特致谢意！惟因邮递延迟，刊物近始收到，故未能及早作复。甚歉！

大作《围绕〈楚辞释文〉的问题》，读后不胜钦佩！其第一部分，虽系重述先生旧作《楚辞释文》作于陆善经之说，但较之旧作更为缜密精确，说服力更强。其第二、三部分，乃系统地介绍拙文《〈楚辞〉成书之探索》的观点，并加以肯定与品评，多中的之言。例如，认为屈原的《离骚》第一、宋玉的《九辩》第二的篇次，之所以得长期流传并为人们所接受，乃中国文化传统中"经传构想"所造成。此说颇足补敝说之不足而相辅相成，不胜感谢！

其次，对刘勰《辨骚》中"招魂招隐"一句，先生提出刘氏此处乃以"文艺标准"评论楚辞的艺术风格，故不以时代为序。因而不从敦煌古本作"招魂大招"，而仍以后世通行本作"招魂招隐"为是，并提出萧统《文选》与刘勰《辨骚》的观点一致为据。此说持之有故，可成一家之言，使拙文少一旁证。

再其次,拙文以为第四组的三篇,增辑非出一人之手;第五组,即最后的一次增辑者为王逸,他只在原有的前四组十六篇之外,增加了自己的《九思》一篇而已。而先生则认为四组五组,不当分开。此乃王逸一人增辑了四组三篇,又加己作《九思》。以为"这样的想法才是合理的"。事实上炳在撰此文时,也曾有此想法。但因读王逸的《离骚》后序,知道王逸所继承下来的《楚辞》传本,乃"十六卷"的本子,即包括第四组三篇在内。而且误以为此乃"刘向典校经书,分为十六卷",故他又"稽之旧章,合之经传,作十六卷章句"。据此可知,第四组的三篇,并非王逸本人所增辑,而是旧本所已有。故炳之所以不以第四组为王逸所增补,因有王逸自己的序文作证。当然,拙论是否准确,仍希学术界予以论证。

通过以上所叙,使炳深深感到:只有以先生对《楚辞》的精深造诣,才能提出如上的中肯意见,以补拙见之不足;也只有与《楚辞》大家如先生者互相切磋交流,才有如此无限乐趣。此段学术佳话,将会永远留在中日文化交流的史册上,而为人们所称羡! 先生以为然否?

顺颂

文祺!

汤炳正

一九九三年六月七日

六五 致郭维森

维森阁下赐鉴:

去年临汾届学年会,不见光临,殊为遗憾! 近况如何? 时萦于怀!

四届年会的论文集《楚辞研究》,已由北京文津出版社印行。大作收入集中,未知已邀台览否?

最近由我主持之科研项目《楚辞研究全书》,已由国家教委批准,列入国家"八五"社科研究规划。此书拟收汉至清末有关《楚辞》研究专著一百余种,加以整理、校点,并冠以"前言",用以满足屈学界的急需,并抢救濒于散佚的《楚辞》古注。惟兹事体大,非一人之力所能任。深望阁下大力支持,共襄此举。

过去南京龙蟠里的国学图书馆,历史悠久,藏书甚富,今殆早已归并于南京图书馆。又南京大学从过去的东南大学开始,即以富于庋藏名闻遐迩。敝意拟请阁下派一得力助手,将上述两馆藏书卡片中有关《楚辞》专著之目录(尤其是善本书目)过录下来,便中寄下,以备参考。琐事相扰,殊感不安,容后面谢!

溽暑困人,诸希珍摄。余不一一,顺颂

文祺!

汤炳正

一九九三年六月十三日

六六　致竹治贞夫

竹治贞夫教授台鉴：

六月二十一日华翰拜悉。关于拙著对《楚辞》成书经过中四、五两组分开的问题，经阁下客观考核，以为"是十分合理的"。这是阁下对我的支持与鼓励，不胜感谢！

阁下的"经传构想"观点，解释第一组形成的原因，对拙论的补苴，极为有力。从梁启超以来，降及当代，竟有据此以证《九辩》乃屈原所作，其说可以休矣。通过这次讨论，对友朋切磋之益，领会颇深！

寄来诗篇，堪称佳作，吟咏之余，颇增怀旧之情！因赋《癸酉端阳怀旧和竹治贞夫教授原韵》云：

回首当年岁月新，龙船旗鼓洞庭滨。

岳阳楼上相逢处，往事如烟忆故人。

拙句俚语，请赐斧正是盼！

顷闻贵国大地震，甚为悬念！远隔重洋，祝愿先生无恙！

耑此顺颂

文祺！

汤炳正

一九九三年七月廿二日

六七　致陆天华

天华同志：

　　前后两函及大作，均收到。从字里行间，知道你是一位好学深思之士，不胜欣慰！

　　以《离骚》"降神"一节为劝"留"而非促"去"，清人已有此创见。罗漫同志近年发表的文章，亦有此意。这也许是暗合。但巫咸在此所举历史人物中，固有君臣同国而相得者，然如成汤之于伊挚，周文之于吕望，则皆为异国遇贤君而得行其志者。故巫咸是促屈原远逝他国，还是劝屈原留在楚国，不是不可探讨。但如果把问题的中心放在"求合"上，则本国既无相知之君，"求合"自然是劝其去国。

　　关于《哀郢》的写作时间，前人亦多定为郢都沦陷之时。但屈原在顷襄王初年，早已流放在外，为何这时竟能与流民一同从郢都出发而东下？这是起码的历史事实，也是问题的关键所在，不能放过。望你能进一步探索。

　　《九章》"外承欢之汋约兮，谌荏弱而难持"句，你把"外承欢"解释为外媚强秦。此说似合原意，拙著《屈赋新探》（第六十九页）亦持此说，堪称同道。

你勤奋好学,勇于探索,文章亦颇见才华。但立新说要有确证,袭旧说要有发展,望继续努力!

顺颂

文祺!

汤炳正

一九九三年八月二日

六八　致杨乃乔

乃乔同志：

八月二日来函已悉。前次你托何炜同学带来"果茶"，甚佳，谢谢！

你所拟博士论文的两个选题，都有些范围太大，不易控制；而且一个是属于文化学的，一个是属于学术史的，似乎都跟你的专业"文艺学"有一定距离。是否可以征求导师的意见，仍从"文艺学"的角度选题为好？至于你认为谈及经学，我有"发言权"，其实并非如此。你既就读于北师大，则一切当由自己的导师审查，不必征求我的意见。

《千家诗新编》的序文已写好，不知是否合用。因我近来精力不济，未能对选目仔细推敲。只觉得有的选目，是否对少年读者有些深。旧《千家诗》过于偏重通俗性，是不对的；我们重视艺术性，很有必要，但也不能忽视少年读者的接受能力。此言未必恰当，仅供参考。

至于"专家推荐"云云，这对你来讲，似无必要；但如果出版社定要如此办理，也只有听从他们。

即祝

撰祺!

汤炳正

一九九三年八月三十日

六九 致苏雪林

雪林教授赐鉴：

去年十月，"中国屈原学会"第五届年会，曾专函邀请阁下光临指导。未料阁下以年迈未能参加，殊为遗憾！

前接台南市成功大学中国文学系来函，并代表阁下赠以屈学大著四种，甚为感谢！但迄今已有三个月，仍未收得该书，可能已为邮递遗失。阁下对屈学贡献甚大，久欲拜读尊著，接受教益，今又失之交臂，殊怅怅也！

拙著《屈赋新探》等，前几年台湾"贯雅文化事业有限公司"曾予再版。为免邮递周折，拟请该公司就近奉赠请教，未知能否办妥？以后来函，请寄：四川省成都市四川师范大学，即可收到。

耑此顺颂

文祺！

汤炳正

一九九三年八月卅日

七〇　致夏传才

传才尊兄赐鉴：

　　来函及成立"中国诗经学会"的资料，均已收到。大会盛况空前，弟竟缺席，殊为遗憾！大会选弟为"顾问"，尤感惭悚！现微恙渐愈，正在调养中，堪以告慰。

　　阁下拟主编《诗经要籍集成》，很有意义。弟亦正主持《楚辞研究全书》的整理工作，从汉至清，约收专著百余种。此项目已由国家教委批准，列为"八五"社科专项。但此中的最大困难，是复印底本，所费不赀；落实出版单位，殊多周折。阁下广交游，能代为寻觅一可靠的出版社否？此事正待解决，伫候佳音。

　　阁下欲于明春入川，弟当扫径以待。届时巴山夜雨，剪烛话旧，当别有一番情趣也。

　　会员表格，容当填寄。

　　耑此顺颂

文祺！

汤炳正

一九九三年九月廿四日

七一　致黄中模

中模同志：

　　蒙邀参加"楚辞与苗文化"学术讨论会，原拟跟李大明、李诚二同志共同参加，但最近因身体欠佳，不能远行；李诚又因研究所事务繁忙，不能脱身。故只有李大明同志一人前往，交流经验，并致歉意！前此曾欲借此一览大足石刻，现在竟成空想，徒唤奈何！

　　我个人认为，楚民族是中原民族的一个分支，楚民族南下之后，又与江汉间少数民族文化相融合，从而形成了中国历史上绚烂多彩的楚文化。

　　关于《楚辞》与西南少数民族文化的关系，宋代沈括在数百年前早已提出；关于《楚辞》与西南苗族文化的关系，我在四十年代的著述中，也已加以探讨；直到一九九〇年"中国屈原学会"四届年会在贵阳召开时，不少同志才对这一问题，展开进一步的探讨。现在本次大会在国家民委的关怀与支持下召开，把这个问题作为中心议题，进行讨论，这不能不说是《楚辞》学史上千载一时的盛举，必将取得历史性的突破，是无疑的。请代我祝大会圆满成功！并向屈学界的同志们问好！

匆此顺颂

文祺！

汤炳正

一九九三年十月廿三日

七二　致陆天华

天华同志：

十二月一日大函及论文，收悉。《悲回风浅探》一文，虽然没有能提出一个学术问题并予以解决，但却不失为一篇佳作。因为它解释了某些深奥的文义，使古人的文学艺术，能为今人所理解欣赏。这在古典文学研究中，尤其是先秦文学研究中，也是一条可走的道路。当然，这种类型的文章，学术刊物上不容易发表，但我认为，你的想象力高，表现力强，颇具再创造的才能。因此，我建议你能把屈原赋二十五篇，用统一的手法，统一的风格，全部予以串讲与分析，写成一部有分量的《屈赋赏析》。这也许是有意义的。

但是，写这类文章，发挥想象力，固然重要，然下列几个问题，更当注意。

（一）要注意写作背景。如来文提到的《哀郢》，如不解决写于何时何地，则任何分析，都是不着边际的空谈。

（二）要落实字句训诂。不能脱离本文，任意发挥，如天马行空，脚不落地。

（三）遇到时下的显然误解，尽可能地予以纠正，如大作所已做到的那样。

　　从来函看,阁下虽自许为正在成长中的"千里驹",可我却不敢自命为伯乐。特奖掖后进,责无旁贷,故不避觌缕,专此奉复,并祝

　　文祺!

　　　　　　　　　　　　　　　　　　汤炳正

　　　　　　　　　　　　　　　一九九三年十二月廿四日

七三 致陈怡良

怡良教授赐鉴：

尊函及大著，已先后收到。炳以谫陋，过蒙推崇，感且愧！

阁下以雪林教授之高足，又能扬鞭奋进，振兴屈学，不胜钦佩！大著斟古酌今，断以己见，而对屈子之人品、文品，尤多发明与激扬。字里行间，充满对祖国优秀文化遗产之热爱，实为难能可贵。拙著疵累甚多，请不吝赐。愿两岸学术交流，前途广阔！

近已收到阁下的研究生李温良寄来的感谢信。他虽虚怀若谷，我却对他帮助不大。甚为歉仄！

雪林教授去年赠我大著，系误寄武汉，故久久始转到。当时曾专函致谢，委贵校中文系转交，未知收到没有？见面时望代致意。

翘首云海，言不尽意。

耑此顺颂

新年康乐！

汤炳正

一九九四年一月二日

七四　致章念驰

念驰师侄鉴：

去年九月十九日来函及大著，早已收悉，勿念！

今年一月十二日在杭州召开先师诞辰一百二十五周年学术讨论会，并成立"章太炎研究会"。如果主其事者确想为祖国文化事业办点实事，此不失为盛举。故炳接到邀请后，本欲前往参加，以尽后学尊师之谊，并为发扬章氏学派的优良学术传统而略尽绵薄。不料时值严冬，偶感风寒，未能前往，深以为愧！

来函谈到祖国的文化现状，担心将会发现"在繁华的都市里生活着一群文化侏儒"，此言实具远见，我有同感！

你以身受的体会，认为知识分子"路狭心狭"，互不相容，自古已然，于今为甚。炳对此已司空见惯，不以为怪。最重要的是从奋斗中求自立，以成果决胜负。寄来大作，已极见功力，望好自为之！

匆匆即颂

文祺！

汤炳正

一九九四年二月一日

七五　致夏传才

传才尊兄有道：

手示敬悉。新正与林宗仁社长见面时，未知该对《楚辞研究全书》订约事，有何意见？颇为念念！

前次寄去的"协议书"初稿，因急付打印，未必尽善。林社长看后，仍可提出修改意见，俾臻完美。例如：

（一）"全书"名称，尊意以为不必改为"丛书"，甚是。因任何"全书"都是相对而言，并不是绝对的。

（二）版权"十年"的条文，本已同意删去，因打印人员大意，仍未去掉。因此类书籍，再版周期特长，预作制约，似无必要。

（三）关于施加标点，非常必要。一为方便普通读者，二为参加整理者多些学习机会，并留下一点成绩。

为了"协议书"早日正式签订，如无特大更改，林社长可就原"协议书"上述各项略加修改打印，签署之后，再寄我签署。

林社长如已离开石家庄，望兄能用电话协商，使此项工作早日有个着落。至盼！

　　李大明同志参加诗经学会的表格已填好，随函附寄，请查收。匆匆即颂

文祺！

　　　　　　　　　　　　　　　　　汤炳正

　　　　　　　　　　　　　　　一九九四年二月廿三日

七六　致张中一

中一同志：

　　收到来函及大著《屈原新传》数本，深喜阁下治学之勤奋与收获之丰硕。惟对大著的推销，则因拙于经营，恐难完成任务，只能徐徐图之。请见谅！

　　顷读一九九三年二期《云梦学刊》，知岳阳成立"屈原研究所"，特此致贺！该期所载大作对先秦日本与中国的文化交流，提供了丰富的资料，但谈到日本学者大宫先生所提出的屈原到过日本的说法，因资料不足，未肯遽下结论。有一分资料讲一分话，这种矜慎的治学态度，是可取的（只是把联绵词"倭迟"跟民族名称"倭夷"相提并论，不合语言规律，未安）。戴锡琦同志那篇大作，对屈赋与巫文化的关系，立论有分寸，跟当前中外屈学界讨论这个问题而把屈原与巫师混为一谈者不同，不禁为之欣然！

　　匆匆即颂

撰祺！

汤炳正

一九九四年三月十日

七七　致廖化津

化津同志：

　　年来精力衰，杂务繁，亲友间音问久疏。此中苦衷，当能理解，并见谅也。

　　日前所寄大作《续说汤炳正先生〈屈原列传理惑〉》，读之很受启发。本来对《史记》"屈平疾王听之不聪也……故忧愁幽思而作《离骚》"一段文字，我在拙文属稿时已有所踌躇。因为以文风而论，显然与下文的《离骚传》相类。但史迁在《史记》一书里，屡言屈子赋骚，似不当在《屈传》里反略而不谈。拙文发表后，谬蒙学术界赞许，而郑文先生则主张将此段文字亦划入下文《离骚传》。但对《屈传》为何竟不提屈子赋骚这一重要问题，并未得到解决，故仍觉未安。

　　大作以为，此乃传、赞互补。"太史公曰"以下所言"余读《离骚》《天问》《招魂》《哀郢》，悲其志"，实乃传文之补笔。此说似有道理。我读大作时，曾经想到《史记·管晏列传》。该传本文亦一字不及管晏所著书，而在"太史公曰"下则谓："吾读管氏《牧民》《山高》《乘马》《轻重》《九府》及《晏子春秋》，详哉其言之也。"与屈传之传、赞互补同例，语调亦相似。但此说是否能成立，仍待学术界论定。在学术研究中，一种新学说的提出，往往要经过后学的不断琢磨，才能臻于完善。
在学术史上，其例不鲜。阁下所言，殆此类欤？

专此顺颂

文祺！

汤炳正

一九九四年四月廿八日

七八　致竹治贞夫

竹治贞夫教授台鉴：

　　奉读一月四日大函，得悉阁下荣获国家三等勋章，并蒙天皇召见，不胜欣羡！阁下专攻汉学，尤长《楚辞》，终生勤奋，著作等身，功业自有千秋，得此殊荣，固当之无愧也。寄来受勋诗篇，忠孝之忱，溢于言表，儒家风范，令人敬仰！

　　炳亦于前年荣获国务院"有突出贡献"奖状，并发给特殊津贴终身。此事亦殊荣幸，特此相告。

　　近赋七律诗一首*，恭贺阁下受勋之喜。写成横幅，呈寄台览，并作纪念。炳幼习书法，愧无所成，涂鸦满纸，幸赐教焉。

　　耑此顺颂

撰祺！

汤炳正

一九九四年五月六日

　　* 附录原诗：

震世文明传盛唐，一衣带水话沧桑。

愧无鹏翼垂瀛海，喜逐龙舟会岳阳。

自古经生多博士，如今骚客受勋章。

扬眉一笑遥相贺，万里同飘翰墨香。

七九　致刘毓庆

毓庆同志：

《泽畔悲吟》及附函，早已奉悉。对你在文化事业上的开拓精神，感到欣喜！有感于你的不耻下问，略抒所见于次。

把屈学问题作为历史上的文化现象进行研究，这是屈学界的新动向。此实有利于对两千年来某些屈学现象，挖得深，钻得透，触到问题的实质。正如大著所展示的，你确已取得了不小的成绩。

至于把《周易》理论应用于文学研究领域，这设想，很新颖；但如何实践，却非易事。例如大著将太极生成理论用于研究文化现象由混沌到具象的发展层次；又用太极图说明事物内部矛盾的调谐与对抗；又以太极图说明屈原内心的"君"、"国"地位，在文学史上的认识，由于时代不同而有所变化，等等。对此确亦言之成理。但重要的是，应当首先确定太极图产生于什么时代？它能否真正代表《周易》的哲理体系？而且在大著中似乎《周易》也只是对屈学研究起了一些图解与表格的作用，而未能把《周易》的深邃义蕴跟屈学研究融成一体。

过去我读过大作《屈原人格结构》(刊于《楚辞研究》)，我已意识到你以《周易》研屈的意图。但该文对屈原的"体格"、"理想"、"气质"、"性格"、"才能"、"态度"、"感情"、"意志"等等剖析得相当深刻，不少创见。然而，乾、坤、艮、兑、坎、离、巽、震等卦名，在论文中却只是章节的番号，与屈原的人格并没有内在的联系。对此，仍需作进一步的探索。

你的两本文学史，我早已拜读过。给我的总印象是：仿佛哲人的睿智，诗人的文采，史家的学识，都不同程度地有所展示。望好自为之，前途无量。

以上所言未必是，仅抒所见，以备参考。

姚老处，久疏音问，近况如何，时萦梦寐，见时乞代致候。

匆匆即颂

文祺！

汤炳正

一九九四年五月九日

八〇　致毛庆

毛庆同志：

　　我由于年老体弱，精力不济，不能参加六届年会，请代我向大会请假，并向理事会宣布：

　　本人滥竽会长职务，于兹十年，领导无力，百废待举。学会今年换届，急需选任高明，以利学会之发展。我相信数十名理事与几百名会员，是会做好这一工作的。望充分发扬民主，我没有任何个人意见。

　　最后祝大会换届成功！

汤炳正

一九九四年六月九日

八一　致小南一郎

小南一郎教授赐鉴：

前承两次寄来大作，有关《离骚》与《九歌》的辨析，有创见，甚佩！

兹奉寄拙文一篇，系以新出土的包山楚简为依据，分析《离骚》问卜情节的艺术结构。因此乃千古悬而未决的问题，故不惮词费，讲了许多话。是否有当，请不吝赐教。

崇此顺颂

文祺！

汤炳正

一九九四年七月十日

八二　致徐志啸

志啸同志：

六届年会，我因故缺席，未获晤谈，甚以为憾！

蒙寄大著《楚辞综论》一册，已收到。为你的努力与丰收而感到无比欣慰！

你的目标，是使屈原走向世界，这是很有意义的。因为自从一九五三年之后，在世界范围内，对屈原虽不陌生，但了解的深度与广度，还谈不到，望你努力为之！

《丛书》的复印与整理，多蒙帮忙，甚感，特此致谢！拙文一篇，发表于《文学遗产》，奉寄就正！

匆匆即颂

文祺！

汤炳正

一九九四年七月十四日

八三 致龚克昌

克昌阁下赐鉴：

五月二十九日大函早已奉悉。今夏成都酷暑逼人，健康不佳，稽复为歉！

《楚辞研究全书》的出版，因规模太大，投资太多，不易找到合作出版者，望阁下注意机会可耳。

赵执信学术会，本拟参加，借此领略一别半个世纪的故乡风物。不料从邮戳看，请柬发出很早，然收到时，会期已过。只怪邮递迟滞，徒唤奈何！如见到承办单位的同志，请说明情况，代致歉意！

匆匆即颂

文祺！

汤炳正

一九九四年九月四日

八四　致褚斌杰

斌杰阁下赐鉴：

这次江陵之会，炳因故未能参加，失却畅谈机会，殊感遗憾！

李诚等返蓉，大会情况，略有所知。炳本决心让贤，不再尸位素食。故在写给大会的信函中，力主改选，决不连任；并嘱充分发扬民主，把改选搞好。此信，未知毛庆同志公开宣读没有？不料本届改选工作，竟然延期；虽因理事到会者不足法定人数，但却为之不快者久之！炳秉性内向，对学会诸多繁琐工作，早有厌倦之意，今后实在不想过问。

闻此次大会期间，不少事务，有劳阁下费神，甚为歉然！

今夏成都酷暑，诸事停办。近日少有凉意，故特执笔奉候，恕不一一。

耑此顺颂

文祺！

汤炳正

一九九四年九月六日

八五　致刘信芳

信芳同志：

七月廿九日函，早已收悉；惟大著《卧虎地秦简文字编》直至上周始寄到，邮递迟滞，有如此者。

来函对《文字编》中的《通假字表》"没有把握"，希望我多提点意见。我觉得《通假字表》的体例是好的，内容也无错误。至于依章太炎先生的古韵分部排列，也是可以的。因为古韵学发展到晚清以后，已极精密，基本框架已定，依据何家，均无不可。但你以章先生的二十三部与王力的三十部相比，以为"章太炎先生的古韵分部似更近于秦简通假字的实际情况"，而且举了不少例证，并得出结论说："可知王力先生所分出的之职二部、幽觉二部、侯屋二部、鱼铎二部、支锡二部，实际上以各归为一部为好，这恰合于章太炎先生的分部。"你此话很有道理，但说起话长，它涉及有清以来古韵学史上两大学派治学态度的分歧问题，而不仅仅是阴声入声之间韵部的分合之异而已。

盖古韵分部，对入声与阴声的关系问题，历来有两大学派。一派以顾炎武、段玉裁、章太炎先生等为代表，乃根据先秦《诗经》等韵文阴入二声合用的事实，将入声并于阴声，不独立为韵部。一派以戴震、刘逢禄、黄季刚先生等为代表，乃根据中古的《广韵》系统，阳入二声相配，故将入声脱离阴声而独立为韵部，并作为阴阳对转的枢纽。前一派偏重于考古，故称"考古派"；后一派偏重于审音，故称"审音派"。你所举的之职二部以下，王分列为二部，章合并为一部，其分歧即由此而来。从方法论来讲，我赞成根据先秦押韵的客观事实，划分先秦的古韵部和排列古韵表。我不赞成使中古的《广韵》音系，介入对先秦韵部的划分与韵表的排列。当然，在韵部韵表确定之后，进一步作音理分析时，则不妨以《广韵》作为辅助，并利用现代音学理论为武器，以便得出接近科学的论点，亦即应当先"考古"以定韵部，而后"审音"以穷音理。

其实，关于阴入二声的分合问题，即使从"考古"角度看，它确实也呈现出极其复杂的状态；即由于入声韵的收势不同，其与阴声的关系亦出现三种情况：

（一）古韵中的入声缉、盍二部，先秦韵文不易找到与之相通转的阴声，故许多古韵学家的古韵表，往往没有与之相对应的阴声。原因在于：缉、盍是入声收双唇 P 塞音者，其发音特征，乃韵尾双唇紧闭。其闭唇状态与阴声之开尾韵部绝殊，故先秦韵文很少与阴声通转之迹。

（二）古韵的入声职、觉、屋、铎、锡等部，在先秦韵文中皆与阴声混用无别，故许多古韵学家皆与阴声合而不分。其原因在于：它们都是入声收舌根 K 塞音者，其韵尾皆舌根后缩，阻位隐而不显，与阴声之开尾韵部易于混淆。故先秦韵文与阴声通转频繁。

（三）古韵中的泰、队、至三部，历来的古韵学家在分合搭配上，苦心经营，歧见极多。其原因在于：他们都是入声收舌头 t 塞音者，其口舌特征，较收双唇塞音 P 之入声，其态势略隐；而较之收舌根塞音 K 之入声，其态势又略显。在先秦韵文中，其与阴声开尾韵之关系，往往在若即若离之间。故古韵学家，往往各据所见以为分合。

在阴入声的关系上，上述三种情况之产生，乃是由于古人用韵时，并不是先通过科学的音理分析，而只是凭直觉的音感与唇舌动态异同来决定的。故凡差异特大者，易分用；差异特小者，易混用；而一般差异者，则或分或合，摇摆不定。

基于上述情况，考古派是根据先秦韵文之分合为分合。故章太炎先生是：（一）入声缉、盍二部与阴声分而不合。（二）之与职、幽与觉、侯与屋、鱼与铎、支与锡等部，皆阴入合而不分。（三）入声至、队、泰三部，则视其与阴声的疏密程度，分别处理。亦即至部作为阴声，独立成部；队部则附于阴声脂部；泰部则附于阴声歌部。所列韵表，分寸之间，全以先秦典籍为准。至于审音派，则凡属入声，不管先秦用韵与阴声之关系如何，全部与阴声分离，独立为韵部。又据《广韵》体系，与阳声互相搭配，列为韵表。由于上述两大派的依据各异，方法不同，故在古韵分部上出现章先生的二十三部及后来的二十八部或三十部之异。

据我看，依先秦韵文证先秦韵部，较之依唐宋韵书证先秦韵部，要可靠得多。你在撰述《通假字表》时，觉得章先生的古韵分部，更符合《秦简》事实，有力地说明了在古韵学史上，考古派是靠得住的。当然，在考古的基础上进行审音，是必要的，但决不能本末倒置。

前人对古韵学上的阴入分合问题，分歧最大，但至今还未见有人能从音理学的角度作出科学的分析与评价。我的上述见解，也未曾公开发表。因你来信所问，又恰是阴入分合问题，故略作答复如上。是非得失，知者自能论定。

嵩此顺颂

文祺！

汤炳正

一九九四年九月十二日

八六　致戴锡琦

锡琦同志：

　　来函及大作收到。但《川师学报》不刊登已发表的作品，有负委托，至歉！

　　大作以丰富的资料，透辟的分析，在前人的基础上提出了独到的见解，不失为一篇佳作。我曾说，大作写得"很有分寸"，这主要是指：（一）你认为屈原只是熟悉南楚文化的"巫学家"，并没有视屈原为"巫师"；（二）你虽说《离骚》的"灵均"是借巫者之口以抒情，但并没有否定作者即屈原。这都体现了你在学术界异说蜂起之际，能独立思考，知所去取，故而写出了不尚奇诡、接近历史事实的文章。当然，对这类学术问题，虽一时难于论定，但加强交流，以求取得共识，是必要的。

　　专此顺颂

文祺！

汤炳正

一九九四年十月十六日

八七　致萧德君

德君同志：

　　想你近来已回单位，念念！这次你为我出国开会问题，积极筹划经费，甚为感激！但此间学校领导的态度是不同意我去。因我年高体弱，长途跋涉，怕出问题，不宜冒此风险。因此，欲办理一切有关手续是有困难的。此事看来已难实现。日前，周锡英曾来电话询问，并愿出巨款相助，热情可感！但她的电话号码，我不知道。望你能将上述情况转告她，以免挂念。

　　为伯骏先生写的画册题记，已完成，附寄，望转呈。此题记的写法，并不是纯客观的评画，而是以彼此的友谊为主线，以评画为副线，庶几更符合我们之间的特别关系。请伯骏先生斧正。

　　明年我八十五岁诞辰，伯骏先生允赐画幅祝寿，甚为感谢！我与老伴见到《光明日报》上的那幅《双天鹅》，深赏其用笔之高妙；尤其以水之墨绿托出鹅之洁白，更为传神。赐画如能以此为题材，则幸甚矣。非分之请，望勿见怪！

匆匆即颂

文祺！

汤炳正

一九九四年十一月五日

八八 致姚奠中

奠中尊兄：

大函及所写横幅，早已收到，谢谢！所盼写之巨字立轴，暇时仍望为之；但兴到方能得手，不敢限以时日。

先师《学谱》之作，极为重要。盖先师与一般政治家不同，政绩之外，尤在学术之卓绝千古！董君之《学术年谱》已成，可喜！它可为《学谱》之作奠定基础。推荐出版，义不容辞，代拟"推荐书"，定能得体，不烦寄示底稿。

能评析先师诗篇者，当代实无其人。兄之大作，堪补此缺。审时势，探典实，深得先师爱国忧民之博大胸怀。此外，先师的文章，高古典雅，但读之匪易，赏之者少，吾兄能为先师写此文论乎？企予望之！

兄之门下，毓庆之外，又有国炎，后继有人，令人欣羡！得毓庆来函，较前益谦恭好学，理应多事奖掖。相见望代致意。

冯俊杰君为届学年会而奔走，又为出版年会文集而筹划，甚为感谢！但自去秋即断绝音信，出版文集事，当又出现波折。故弟不便再事敦促，强人所难。兄如知情，能告知一二否？

匆匆顺颂

文祺！并祝

树兰嫂安吉！

汤炳正

一九九四年十一月廿三日

八九　致聂石樵

石樵阁下赐鉴：

十月廿五日大函敬悉。近日身体粗健,堪以告慰!

《楚辞研究全书》年前经国家教委批准列为"八五"社科项目之后,即多方联系出版社。几经周折,上周总算落实,由炎黄书社负责出版,并签订了《协议书》。故最近才真正展开工作。原拟由台湾出版的"楚辞文献丛书",由于台商毁约,现已转收入《全书》,惟体例略有改变,即去掉"校记"部分,只要求有三五千字的"前言",书中施加圆圈断句而已。记得前些时候,阁下曾答应与贵公子合作整理江有诰的《楚辞韵读》,未知情况有无变化? 我们跟炎黄书社订立的《协议书》,定于一九九五年秋季交稿,年底第一编见书。

附来赵君函,已悉。此次江陵年会,应当换届,改选领导班子。我虽因故未能参加会议,但在给毛庆的信中强调:(一)我决不连任;(二)望充分发扬民主,选好新的领导机构。不料后来竟因理事到会人数不齐,推迟了改选工作,令人失望! 但我的退意已决,一切不想再过问。对屈学会的前途,只有赖于诸君的努力。

　　耑此顺颂

文祺！

　　　　　　　　　　　　　　汤炳正

　　　　　　　　　　一九九四年十一月廿九日

九〇　致竹治贞夫

竹治贞夫教授赐鉴：

元月一日大函敬悉。得知先生新年康乐，精神爽健，不胜欣慰！

先生对拙文过事褒奖，甚感惭愧！将有大文发表于《东方》杂志，向贵国学术界作全面介绍，殊为荣幸！

关于拙文所谓公元前 316 年"屈原十五岁"问题，乃印刷工人排版之误；应当按先生所说，改为"屈原二十七岁"。因我对屈原生年，仍持原来结论，并无新说。此乃不应有之错误，承先生指出，甚为感激，特此致谢！拙文其他未妥之处，望多赐教。

蜀中近来腊梅飘香，春节将到，几明窗静，执笔作复，与先生讨论学术，亦人生乐趣也。

耑此顺颂

文祺！

汤炳正

一九九五年一月十四日

九一　致姚奠中

奠中兄：

　　元月三日手示拜悉，法书一幅亦收到，不胜感谢！法书苍劲雄浑，大气磅礴，可称杰作。"和而不流"，乃弟生平用以自勉者，以此相赠，实寓深意。自当悬之厅堂以为座右铭也。

　　由衰而带来了懒，似是人生规律。稼轩"懒上楼"，吾兄"懒作书"，弟亦有同感。弟曾坚持数十年的傍晚散步旧习，近竟对校园近地，亦懒于涉足。偶亦执笔立说，用以自怡，似亦无所追求。此种心境，只有任之。渊明所谓"纵身大化中，不喜亦不惧"也。

　　耑此奉复，顺颂

春节康乐！

汤炳正

一九九五年一月十四日

九二　致刘信芳

信芳同志：

　　元月九日函，早已收悉。大作发表于《中华文史论丛》，是一喜事，因该刊在学术界是有地位的。文中屡屡提及我，甚为惭愧！山河阻隔，对你的帮助实在不够！《文学遗产》上的拙文，未知你读到没有？其中涉及包山楚简，希望你能提点意见。

　　你在日本名古屋的演讲稿，如有发表机会，望寄我一份。你到香港后，当可开拓眼界，工作实即学习。见到饶宗颐君，请代我问候。

　　《楚简帛通论》望早成书，作序之事，自当勉为其难。书中是否可增加"楚简帛的形式与体制"一章？如包山楚简，居然已有句读符号，令人惊异！

　　你近年的每一成就，都令我喜不成寐；此种心境，你当知之！

　　顺颂

文祺！

汤炳正

一九九五年二月廿二日

九三　致陈怡良

怡良阁下赐鉴：

一月五日手示敬悉。时日迁延，今始作复，殊为歉疚！

得示后，对所需之四种屈学专著，经多方购求，结果只得《屈原新考》《屈原年谱》二种（其余《楚艺术研究》一种，未见书；《九歌十辨》一种，原有作者赠书，但被人借阅，不知去向）；外附中国屈原学会会刊《楚辞研究》一种，共三书，包扎奉寄，至请查收。学术交流，责无旁贷，些些小事，万勿客气！

前三书中，张、任二君系大陆屈学后生，望多赐教。《楚辞研究》中的作者多有代表性。而拙《序》所指出者，又系大陆屈学界所出现之不良倾向，未知阁下以为然否？

耑此顺颂

文祺！

汤炳正

一九九五年三月三日

九四　致竹治贞夫

竹治贞夫教授大鉴：

　　三月八日大函，早已奉读。惟《东方》与《丽泽杂咏集》，昨日始收到，当为邮递所误，迟复为歉！

　　拙作所述包山楚简与《离骚》的艺术结构问题，蒙在日本《东方》杂志上全面介绍，不胜感谢！于《丽泽杂咏集》中得讽诵阁下佳什，甚为赞赏；唱和之作，尤见二人友谊深情，诚国际学术界佳话。惟对鄙人称许之语，则不敢当耳。

　　春事已到，贵国樱花盛会，想当热闹非凡。遥隔重洋，不胜向往之至！

　　耑此顺颂

文祺！

汤炳正

一九九五年四月十九日

九五　致刘信芳

信芳同志：

三月十五日来函已悉。《江汉论坛》收到很晚，迟复，甚歉！

大作景氏、远氏、熊鹿氏、喜氏诸条，皆极精辟，不刊之论。如邅、蒍二字，偶视似不易通，实即歌、寒二部对转耳。

大著《楚简帛通论》在写定中，以后自当不断加工。但有些问题，如对楚金文之参考，对新出简书之研讨等，不妨将来以"续编"出之。况治学各有心得，各有特色，各有风格，这可谓之"学术个性"。盖以独有的成就，跻入学术之林，方能自名一家。前辈王国维、陈寅恪等，无不如此。一部论著，欲求面面俱到，肝胆俱全，似可不必。你以为然否？

拙文涉及简文，凡近人隶定之可取者，自当照改。蒙告诸条，有参考价值。

答辩问题，如已决定，深望借此机会，畅谈情怀。

耑此顺颂

文祺！

汤炳正

一九九五年四月廿日

九六　致《文学遗产》

《文学遗产》编辑部：

　　来函敬悉。举办贵刊创刊四十周年纪念活动，很有意义；邀炳参加盛会，尤为感谢！

　　通过纪念活动，可以回顾已往，展望将来，把代表祖国古典文学研究最高水平的《文学遗产》办得更好！而且以文会友，更有利于加强学术交流。我已决定参加这一盛会，其项目选定为：

　　第一项，参加"庆祝招待会"；第二项，为庆祝会"题字"。

　　会期如能订在八月初旬或中旬，则那时各高等院校暑假尚未结束，应邀参加者当会更踊跃些。

　　专此顺颂

文祺！

汤炳正

一九九五年五月三日

九七　致陈怡良

怡良教授赐鉴：

三月廿四日、四月廿一日两函，已前后奉悉。前函告知苏雪林教授百年华诞，当即拍一专电奉贺，贺电全文为：

兹值苏雪林教授百年华诞，谨致贺词如下：

大笔淋漓，为祖国骚坛生色；

沧波缥缈，祝南天婺女长明。

中国屈原学会　汤炳正敬贺

此电系拍给贵校的中文系，未知收到没有？甚为念念！

至于所寄赠的书，多系后学之作，望多提意见，以加强两岸学术交流。阁下专研屈学，成果丰硕，吾道不孤，万里神交，言不尽意。

顺颂

文祺！

汤炳正

一九九五年五月十六日

九八 致夏传才

传才尊兄大鉴:

前后两寄"中国诗经国际讨论会"请柬,均悉。嘱任大会"主席团"成员,愧不敢当。蒙邀偕老伴潘芷云同往,不胜感荷!届时文友毕集,当有一番乐趣也。

昨日,炎黄书社林宗仁社长专机飞成都商谈出版《楚辞研究全书》问题,并将该书第一编三十种书稿带回武汉,约定今年底见书。阁下为此事操心,甚为铭感,故特以进展情况奉告。

兹将该《全书》封面设计样本,抄寄一份,其中安排是否妥当,赐示为盼!

专此顺颂

文祺!

汤炳正

一九九五年五月廿八日

九九　致李温良

温良同志：

　　寄来大著《洪兴祖〈楚辞补注〉研究》，近已收到，谢谢！

　　大著乃系研究生毕业论文，但功力之深，实为晚近青年所难得。其间资料丰富，涉论全面，分析精当，堪称屈学力作。事前虽虚心垂问，书中亦屡屡称引拙著，然作为参考则可，作为论据则未敢当也。

　　毕业之后，就业于何处？以后望常常联系，加强两岸学术交流。

　　顺颂

文祺！

汤炳正

一九九五年七月十五日

一〇〇　致章念驰

念驰师侄大鉴：

读七月十四日函，并收到大著《章太炎与上海》，不胜感谢！

大著对先师居上海时之革命活动与学术交流研究，叙述极详尽。以贤侄而研讨先师之一生行谊，得天独厚，决非局外人之所能及。祝贺你的丰收！

"学术界的恩怨是非"，自古有之，炳一生备受其苦。但对此必须置之度外，才能在学术上有所建树，也只有在学术上有所建树，才能消弭此类牵累于无形。愿与贤侄共勉之！

大著附图，对"章氏学会之章"释文误为"护法后援会章"，当系手民之误。又书中由于校勘不精，错误屡见。以后出书，当亲视清样，切勿疏忽。现在的出版社，对此似已不负任何责任。

嵩此顺颂

文祺！

汤炳正

一九九五年七月廿五日

一〇一 致竹治贞夫

竹治贞夫教授赐鉴：

久疏音问，时驰远怀！新秋送爽，恭祝起居清吉。

自订交以来，书信往还，有裨学业之进展，诗歌唱和，得畅难尽之情怀。对此一段学术佳话，如无文以纪之，实属憾事。故不揣谫陋，曾草小文《学术与友谊》一篇，以抒所感、记所见。现已发表于中国著名刊物《文史哲》之"学术人物"栏内。现特奉寄一本，望哂纳，并指正。

书不尽意，诸希珍重是盼！

顺颂

文祺！

汤炳正

一九九五年九月十二日

一〇二　致竹治贞夫

竹治贞夫教授大鉴：

十月卅一日大函及我们"往复书简与唱和诗歌"的集子，均收到。

得悉今年是阁下七十七岁喜寿，并于十月二十八日开筵祝贺，宾客盈门，盛况空前，令人欣羡！惟我与阁下虽系知音，而海角天涯，未能躬与盛会，实属憾事！只有翘首云海，挥笔赋诗以表微忱耳。诗云：

闻说乐山仁者寿，谁知隔海友情殷。

蓬莱自古长生地，瀛海原多百岁人。

坐席说经应赐粥，临渊吟屈赖传薪。

羡君七七逢初度，旨酒嘉宾笑语亲。

诗并不佳，但友情之深与祝寿之忱，于此可见一二矣。望赐斧正是荷！

所编印"往复书简与诗歌唱和"册子，足见阁下对我们这段友谊是十分珍惜的。以此纪念阁下华诞之喜，固有深刻意义；以此纪录国际学术交流之盛,更非一般文字所能代替。捧读之余,往事如在目前,不禁为之欣然忘食!

前蒙寄赠之《丽泽杂咏集第二》,友人见而爱之,请阁下能再寄一本,以偿其愿,阁下其见允乎?诸多烦忧,当能见谅!

严寒逼人,贵国当甚于此间,诸希珍摄是盼!

耑此顺颂

撰祺!

汤炳正

一九九五年十二月二日

一〇三　致《东方文化》的一封公开信：
在汉字讨论中所想到的

《东方文化》编辑部：

　　在最近一段时间里，贵刊开展了汉字问题的讨论，这是多么好的一场及时雨。新时期以来，在中国传统文化领域里，有多少问题要重新评估。我深望在这场及时雨的浇灌之下，传统文化问题的讨论，能出现百花齐放的大好春光。

　　在汉字问题的讨论中，我受到不少启发，也引起了不少的回忆。现在略记于下，作为这场讨论会中的一个小小插曲。

　　首先使我感到的是，在科学研究领域里，对一个相同的课题，而在不同的时代或不同的人们，用不同的资料或从不同的角度进行探讨，往往会得出相同的结论。这样的事实，是不乏其例的。一般地说，这种相同的结论，又往往是更接近科学或更接近真理的。当然，从我个人的体会来看，这其间，也并非一帆风顺的坦途。

　　记得抗战时期我在蜀中西山书院讲学时，曾提出"文字之初不本语音"之说。于一九四五年七月间，我又写成了论文，题目是《〈说文〉歧读考源》。内容主要是利用《说文》所残留的一字"歧读"现象，证明上述的那个文字不表语音的论点,并反对当时语言学界种种最权威的论调,诸如什么"语言是第一性的,文字是第二性的","文字是在语言的基础上派生出来的","文字是从属语言的,是语言的符号"等等学说。对此我明确地提出了如下的结论:

> 先民之初,语言与文字,应皆为直接表达社会现实与意识形态者。并非文字出现之初即为语言之符号,根据语言而创造。即使人类先有语言,后有文字,然文字只是在社会现实与意识形态之基础上产生出来,而不是在语言之基础上产生出来。语言者,乃以喉舌声音表达事物与思想;而文字者,则以图画形象表达事物与思想。语言由声音以达于耳,而文字则由形象以达于目。在文字产生初期阶段,语言与文字,各效其用,各尽其能。因此,先民实依据客观现实以造字,并非依声以造字,亦即文字并非在语言的基础上派生出来的。

不料,我的这个结论,竟在"文革"中被列为十大罪状之一,几遭灭顶之灾。一九八四年学术界已解冻,我又把此文作为"中国训诂学会"年会论文提交大会。当时虽有不少青年同志同意我的意见,但似乎也并没有被认为是语言文字学理论上的重大突破;甚至可能有人仍视为异端邪说,也未可知。直到一九八七年香港中文大学中国文化研究所才把我的这篇文章发表在他们主办的《中国语文研究》第九期。一九九〇年,我又把此文收入我的文集《语言之起源》,由台湾贯雅文化事业有限公司出版,我的这个观点才算是跟国内外的学术界见了面。但由论文完稿到论文发表，先后竟经历了四十多年之久！

但是，我对前人所说"空谷足音"这句话的意境，直到最近读了毕可生等同志的文章，才有了更真切的感受。在《东方文化》上，毕可生同志等对亚里士多德到索绪尔以来流行了两千多年的"文字是记录语言的书写符号"这一世界性的经典定义，提出了挑战，这不能不说是语言文字学领域具有重大理论意义的问题。我首先佩服他们学术探索的勇气，其次也佩服他们的科学精神。长期处在寂寞的"空谷"之中的我，忽然听到这难得的"足音"，其"跫然而喜"之情，是不言而喻的。

我虽然不算是这次讨论的参与者，但读了讨论文章之后，也有一些感想。

索绪尔既认定"文字是记录语言的书写符号"，故说："语言和文字是两种符号体系，后者唯一的存在理由，是在于表现前者。"这个定义，已经够明确的了。但有的同志最近又引用索绪尔的另一段话："有两种文字体系：（一）表意体系，这种体系的古典例子就是汉字；（二）通常所说的表音体系（按即指欧洲的拼音文字）。"并认为这是索氏对汉字的"认可"，承认表意字的存在。其实，索氏"文字是记录语言的书写符号"学说，固然是错误的；而索氏的这个"有两种文字体系"的学说，仍然是错误的。因为文字的表音与表意问题，应当纳入历史发展的范畴加以解释，而不应当纳入民族区域的范畴予以探讨。否则就会有很多问题扯不清楚。我的意见是：任何一个民族，从文字上追本溯源，其原始性的文字，都是表意的，而不是表音的。即以欧洲的拼音文字来讲，是古希腊人向邻族借用了腓尼基文字的字母作为希腊字母,开创了欧洲的表音文字;而腓尼基文字的字母,原来本是表意字,而非表音字。从东方来讲,日本作为拼音字母用的平假字、片假名,也是借用了汉字楷书的偏旁或草书作为字母的;而汉字则是世界公认的所谓表意字。我这里所谓任何一个民族的"原始性"的文字,即指此而言。故从历史发展的角度看问题,在文字产生之初,都是表意的,而不是表音的。半个世纪以前,拙文所谓"先民之初",也就是这个意思。

从上述的情况看,如果不能历史地对待问题,而笼统地说欧洲文字是表音的,并不准确;反之,若笼统地说汉字是表意的,也同样不准确。因为对汉字的特点,也要从历史发展角度看问题。而世界著名的表意字的典型——汉字,其发展过程是相当复杂的。

先民之初,汉字是从表意开始的,这是没有争议的史实。但到了殷代的甲骨文,已出现了假借字(即借音字,亦即表音字),其中多系语词。此盖因:对实物,表意易;对词语,表意难。故不得不借表意字而只取其音,以济造字之穷。与此同时,甲骨文中又有少数的形声字,即在借音字之旁,加注意符以区别事物之品类,成了半音半意的文字。但从汉字的发展趋势看,此后的借音字虽有发展,而远不及形声字的发展之迅速而且广泛。

汉字的这个走向,很值得注意。它说明了汉字在走入表音阶段,似乎碰到了什么困难,故不得不在借音字上留下个表意的尾巴。这是否由于汉语为单音节,同音词语多,单用表音字,易生混淆,故不得不加附意符以示区别?(西方为多音节语,可用音节的加减以示区别。)这有待于语言文字学家的进一步讨论。因为,这是汉字没有直截了当地走向表音道路而走入了表意道路的一个分水岭,不能不作深入的研究。

实际上,到两汉时代,汉字仍在表音与表意的歧途上徘徊不定。我们只要看看两汉及其以前的典籍,其中借音字之多,以及形声字的大量出现,就会发现汉字在两汉时期的处境。即当时是表意字与表音字同时并存,混用无别;再加上表意字在含义上的引申延绵,更加令人眼花缭乱。

但也正在两汉时期,学者们已发现了先秦以来汉字在表意或表音的道路上所形成的混乱与识别上的不便。为了解决这些问题,就出现了大批的所谓"训诂学家",企图打通先秦典籍中的诸多语言隔阂。除了表意字的引申义之外,尤其是对表音字,亦即假借字所造成的理解上的困难,皆一一作了疏通。《尔雅》一书,其中大部分是对这些文字问题的解决,也是对这些文字现象的总结。看来,汉儒为了清理文字在表音表意尚未稳定时期,对古代典籍记录中所造成的混乱现象,确实费了不少周折。

但到东汉时期的许慎,又把秦代的"书同文"政策所确定下来的小篆,作了一番整理,写成一部《说文解字》。他的主旨,是以先秦留下的九千多个小篆为主体,摒弃其中曾被用作表音字的假借义,各归本位,记下了它们的本来定义。其中当然也包括大量的形声字,即附有表意符号的表音字。总之,这是一部以总结表意字为宗旨的著述,大有对一切表音字,即一切假借字的含义一扫而空之势(许氏在《叙》中所说的"假借"字,实即意义上的引申字,并非我们今天所说的表音字)。从此以后,《说文解字》一书,大为朝野所重视。在学术界乃至群众中，表音字，亦即假借字，在写作实际中，大为收敛，没有无限制地再向前发展。从此，中国文字的表音道路，基本结束。

这是否说明，中国自东汉以后，文字又完全走上表意的道路呢？并非如此简单。因为此后对先秦迄东汉凡已惯用的表音字，即假借字，已成历史事实，仍皆沿用不改；而且大量的形声字，本属表音字，但因附有表意的偏旁，仍然合理地流行，甚至有所发展。不过上述这两种表音字，因时代变迁，多已失其表音功能，与现实的语音，已互不相应。而且即使是真正的表意字（包括所谓"象形"、"指事"、"会意"等字），而由于时代的变迁，由篆到隶，由隶到楷，亦皆不是本来面貌，逐渐失掉了表意的功能，形与意互不相属。因此，东汉以来的汉字，从实质上讲，只能说它们是表音、表意两者并用，而且趋向了"定形化"，故不能笼统地说中国文字是表意文字的典范。

我们今天通常所说"汉字是表意字"，这主要是从广义而言，即指：汉字在千百年的运用过程中，代代相传，心心相印，约定俗成地见形而知意；而不是说汉字的形与义之间，至今都具有必然的先天关系。

但是，也正是这样一种经过千变万化、千曲百折、千锤百炼的汉字，它已成为连结着亿万中国人民思想感情的纽带，负荷着中华民族数千年历史文化的载体。我们中国人民一天也离不开它。它闪烁着灿烂夺目的多角折光，是中华民族智慧的结晶，是东方民族的一颗明珠。

写到这里，毕可生同志有一段话，给我以极大的启发。他说：

世界上有影响的拼音文字，也都在向“定形化”转化。尤其当这种文字形成了较大的文化积累之后，更是如此。

毕可生同志又接着说，拼音文字如果不能随着语音的变化而变化，其结果只会变成“拼音表意符号”。这话很有见地。从被称为表意字的汉字来讲，它虽非拼音，只是部分的记音，但由于种种历史原因，有大量的文字已变成了“记音的表意符号”。例如假借字乃借字记音，其形与义之间已皆失掉联系。如借“易”为难易之“易”，则蜥蜴之本义已失；借“舊”为古旧之“舊”，而鸱鸮之本义全无；借“四”为表数之字，则鼻自之本义不存；借“而”、“其”为词语，则“而”为胡须之本义、“其”为簸箕之本义，已茫然难知。都已成了“记音的表意符号”。即以形声字而论，则义虽未变，音已多转，如“江”以“工”为声符，而今已不读“工”音；“柴”以“此”为声符，而今已不读“此”音；“海”以“每”为声符，而今已不读“每”音。它们多已失掉表音作用，而约定俗成地跟表意的偏旁一起构成了“记音的表意符号”。即使是汉字中本属表意的字，而由篆变隶，由隶变楷，早已失去象形表意作用，同样也变成了“记音的表意符号”而已。如“水”字本作“巛”，表流水之状，但今楷作“水”，读者只是约定俗成，见字知意，其本身并无表意作用。由于上述三种情况，故我把汉字统称为“准表意字”。而且这种“准表意字”，千百年来，早已走向了“定形化”的道路。

其实，西方的拼音文字，也正在向着“定形化”的道路前进。由于语言的演变，文字中的表音字母，多已失其表音作用。尤其是在它有“较大的文化积累之后”，则它们逐渐成了“准表意字”的可能性是极大的。亦即毕可生同志所说"拼音表意符号"。有人说,汉字的发展是"滞后"了。这话并不妥当。相反,汉字是在表音字尚未稳定的阶段,就走向了"准表意字";而西方的拼音文字,很可能还要"滞后"很长一段时间,才能进入"准表意字"。由此可见,东西文字的起源,都是从表意开始的。中国的汉字,是在表音尚未成熟的阶段,就走向了"准表意字";西方的拼音字,则在表音字极度发达之后,才开始有了"准表意字"的苗头。这并不是像索绪尔所说的"两种文字体系",而只能说是人类文字两段不同的发展历程。所谓"文字是记录语言的书写符号",这也只能说是文字在某一发展阶段的定义,而不是一个概括文字特征的完整的定义。

　　总之,通过这次汉字的讨论,使我受到不少的教益与启发。而这次汉字讨论的进展之大,又跟贵刊的热情支持是分不开的。故特略抒所感,写成这封信,以表达个人的一点极不成熟的看法,并向参加讨论的同志请教。

　　特此顺颂

文祺!

汤炳正

一九九六年二月廿六日

（见《东方文化》一九九六年第四期）

重校后记

此书系先祖父生前编定的文集,2004年首次刊印时被改为《渊研楼屈学存稿》,显然这个书名难以涵盖全书内容,故借此重版之际恢复先祖父所订原名。《存稿》先后出过两版,重印两次。傅杰教授曾写过一篇书评,刊在上海《文景》2007年第3期上,后又收入其《书林扬尘》《旧籍新书经眼录》两书中。他称此书"内容之丰富,足为《屈赋新探》《楚辞类稿》的补充"。

关于此书,先祖父在给我的信中曾十次写到。如"'回忆录'散文,已整理完毕,共二十篇,约十万字。连同'语录''序跋''书信'集合为一书,总名为《渊研楼论学集》"(1995年6月17日);"我的杂稿,已整理成两部书。一部是《剑南忆旧》(即回忆录部分);一部是《渊研楼论学集》(内含《屈学答问》《序跋荟存》《书信拾遗》)。前者约十五万字;后者约三十万字。现我正对电脑打印稿,校勘第五次。但由于打字员的文化水平低,搞得错误百出。我要赔上半年时间,才能校完"(1996年5月23日);"打字员的水平又低,许多已经校正的字句,打字员竟视而不见"(1996年12月20日)。后来先祖父又当面给我说起,有些已校出的误植又录成新的错字。

古人称校书如"庭中扫落叶，旋扫旋生"，洵为甘苦之言。不佞这次重校也只有备加小心而已，核了书中所有的文献。比如《屈学答问·二一》引李贤注的"屈原，楚大夫，抱忠贞而死。笃有志行文彩，故图其像而偶之焉"，也小心翼翼检出原书核对一过。自己贱辰虽早过还历之年，但在整理中亦常常是午夜篝灯，宵残不倦。

此书体例既为先祖父当年所亲定，今次仍以原貌付梓，不作更动，若《书信拾遗》中书札系年偶误者，此不作调整，请参《汤炳正书信集》《汤炳正先生编年事辑》二书。《序跋荟存》有所不备（如为《楚辞研究》第一期所作序言），此次亦拟暂不补入。

最后，要感谢念驰师叔与钰翰博士接受这本书，并以最快速度推出。

汤序波

2023 年 8 月 25 日写于黔中金河右岸

图书在版编目(CIP)数据

渊研楼文录/汤炳正著;汤序波整理. —上海：
上海人民出版社,2023
（菿汉丛书）
ISBN 978 - 7 - 208 - 18580 - 7

Ⅰ.①渊… Ⅱ.①汤… ②汤… Ⅲ.①汤炳正（
1910 - 1998)-文集 Ⅳ.①Z427

中国国家版本馆 CIP 数据核字(2023)第 191434 号

责任编辑 周 珍
封面设计 陈绿竞 等

菿汉丛书
章太炎研究中心 主编
渊研楼文录
汤炳正 著 汤序波 整理

出 版 上海人民出版社
    （201101 上海市闵行区号景路 159 弄 C 座）
发 行 上海人民出版社发行中心
印 刷 苏州工业园区美柯乐制版印务有限责任公司
开 本 890×1240 1/32
印 张 15.75
插 页 8
字 数 326,000
版 次 2023 年 11 月第 1 版
印 次 2023 年 11 月第 1 次印刷
ISBN 978 - 7 - 208 - 18580 - 7/K · 3332
定 价 98.00 元